개정 누리과정에 기초한

영유아교수학습방법

개정 누리과정에 기초한

영유아 교수학습 방법

김정희·김정열·송 영·이경아 공저

동문사

머리말

본 저서인 [개정 누리과정에 기초한 영유아교수학습방법]은 유아교육과 보육을 공부하는 학생들과 유치원과 어린이집 현장의 교사들이 영유아를 대상으로 보다 교육적이고 효과적인 교수학습방법을 준비하고 실행하는데 도움을 주기 위해 만들어졌습니다.

최근 개정된 4차 표준보육과정과 2019 개정 누리과정에 대한 기본 방향을 중심으로 가르침과 배움에 대한 이론적인 내용을 제시하는데 충실하려고 노력하였으며, 현장에서 수행되고 있는 실제적인 교수학습의 다양한 사례들을 담았습니다.

이 책의 제1부는 영유아 교수학습방법의 이해를 위하여 교수학습의 역사적 기초와 원리를 정리하였습니다. 2부에서는 영유아 교수학습의 운영에 필요한 교사의 역할 및 상호작용의 원리에 대한 구체적인 설명을 하였습니다. 또한 4차 표준보육과정과 2019 개정 누리과정에 기초하여 영유아학습에 대한 교사의 지원에 대해 제시하였고, 다중지능이론을 근거로 교수방법을 모색하였으며, 영유아 교수학습방법의 평가와 영유아를 위한 환경구성의 원리와 실제를 담았습니다. 마지막 3부에서는 영유아교수학습활동의 실제를 일상생활과 자유놀이, 집단활동 등으로 구분하여 다양하게 제시하였으며, 융합인재교육을 통한 영유아교수방법의 실제를 모색하였습니다.

저자들이 열심히 원고를 집필하는 과정 속에 많은 예비유아교사들과 현장의 교사들에게 도움을 드릴 수 있기를 원하는 맘이 더 간절해졌지만, 마무리하는 시점에서 여전히 부족하고 아쉬운 부분이 있습니다. 향

후 보다 완성도 있는 저서가 되기 위해 수정보완작업을 지속해 나갈 것을 다짐해 봅니다.

끝으로 이 책을 집필하는 데 사진자료와 다양한 실제활동자료들을 기꺼이 제공해주신 영락유치원, 남부선교원, 참사랑어린이집, 하늘빛어린이집 교직원분들께 감사말씀드리며, 물심양면으로 지원해주신 동문사 대표님과 직원분들께 진심으로 감사를 드립니다.

2021. 12.

저자일동

차 례

PART Ⅰ

영유아 교수학습방법의 이해

CHAPTER 01 영유아 교수학습의 기초

CHAPTER 02 영유아 교수학습이론

CHAPTER 01

영유아 교수학습의 기초

학습목표

1. 교수와 학습의 개념을 제시하고, 교수학습과정의 구성요소 및 절차를 설명할 수 있다.
2. 산업사회와 정보화 사회의 교수-학습 패러다임의 특징을 나열할 수 있다.
3. 교육사상가들을 중심으로 교수학습의 역사적 특징을 분석할 수 있다.

1 교수학습의 개념

교수와 학습은 별개의 개념이 아니라 서로 밀접히 관련되어 있는데 교사의 지도하에 학습자가 일정한 교육내용을 습득해 가는 통합적 의미의 '교수 · 학습의 과정'으로 일컬어지고 있다.

1) 교수

교수란 '가르치는 것'을 뜻하는 용어로, 교사가 설정된 교육의 목표를 달성하기 위해 취하는 행위와 연관된 것으로, 교수자에 의해 행해지는 일련의 의도적이고 계획적인 활동이며, 학습이 일어날 수 있도록 개인의 환경을 계획적으로 관리하는 전 과정이라고 할 수 있다. Corey(1971)는

"교수란 어떤 특정한 조건 속에서 특정한 행동을 습득하거나 배제하고 혹은 특수한 상황에 대해 반응하거나 학습이 일어날 수 있도록 개인의 환경을 계획적으로 관리하는 전 과정"이라고 하였다. 이처럼 학습자 대상의 학습특성과 발달수준에 따라 교수행위는 달라질 수 있는데, 일반적으로 교수자가 학습자에게 필요한 지식과 기술을 가르쳐 주는 것을 의미하며(이순형 외, 2007), 이 과정에서 학습자의 행동양식이 바람직한 방향으로 변화되도록 학습과정을 안내하고 통제하며 발전시켜 가게 된다.

교수를 두 가지 측면에서 살펴보면 먼저, 좁은 의미에서 교수는 '학문이나 기술을 가르치는 행위'를 말하며, 넓은 의미에서는 '교사가 의도적으로 계획한 교육적 활동'을 의미한다. 따라서, 교수란 좁은 의미의 가르치는 기술을 나타내는 기능적인 측면에서 추가하여 인성적인 측면까지 포괄적으로 모두 포함하는 것이다(김진영, 백혜리, 최윤정, 2003). 학습자의 배움을 염두에 두지 않은 교수, 가르치는 자의 자기만족을 위한 교수, 물질적 수업만을 위한 교수, 배우는 자를 도덕적으로 정당하지 못한 행위로 이끄는 교수 등은 진정한 교수라 볼 수 없다. 즉 교수는(심승환, 2007) 학습자가 올바르고 선하며 긍정적인 가치를 지향하는 성취를 이루어 인격적인 성숙에 이르도록 이끄는 것이라 볼 수 있다.

학자들에 따라 교수와 수업을 동일한 차원에서 해석하는 경우와 다르게 바라보는 견해가 있는데, 구체적인 관점에 따라 아래와 같이 나누어 볼 수 있다.

관점	내용
교수 〉 수업	• 수업(instruction)보다 교수(teaching)를 더 포괄적인 개념으로 보는 입장 • 교수: '교사가 교육적 의도를 가지고 하는 일체의 활동'
교수 〈 수업	• 교수(teaching)보다 수업(instruction)을 더 큰 개념으로 보는 입장 • 교수: '교사가 학생과 대면하여 직접적으로 지도하는 것', '학습자의 학습 목표 달성을 위한 교사의 가르침'. '학습자가 계획된 학습 목표를 달성할 수 있도록 체계적 계획적으로 정보와 환경을 제공해 주는 것' • 수업: '학습자가 특정한 조건하에서 특정한 행동을 학습할 수 있도록 학습자의 환경을 조정하는 과정', '학습이 일어나도록 하는 목적성, 의도성, 계획성을 가진 활동', '교사와 학습자 간의 상호작용뿐만 아니라 각종 교수학습매체를 이용한 학습 프로그램과의 상호작용에 의한 학습활동까지 포함하는 것 → 교사와 모든 매체에 의해서 전달되는 학습 경험을 의미함
교수 = 수업	교수와 수업을 동일한 의미로 보는 입장

출처: 서동미, 엄은나, 이혜경, 박성희(2020). 영유아교수학습방법론. 경기: 공동체.

2) 학습

학습이란 주어진 환경 속에서 학습자의 계속된 경험으로 인해 일어나는 행동의 변화를 의미하며, 개인이 사회의 일원으로 여러 가지 능력을 기르게 되는 복합적이고 다면적인 과정이다(신혜은, 고태순, 장세희, 2014). 또한 학습은 자극과 반응 간의 관계에서 일어나는 관찰 가능한 행동의 변화라고도 볼 수 있는데(임부연, 오정희, 2009), 교수행위를 통해 나타나는 학습자 행동의 비교적 영구적 변화로 진보적인 성격을 지닌다. Gagne와 Briggs(1979)는 학습이란 환경으로부터의 자극을 새로운 능력을 획득하는 데 필요한 정보처리의 여러 단계들로 변형시키는 일련의 인지과정이라고 정의하였다. 인지적 과정은 학습의 내적 조건이며, 학습의 인지과정을 돕는 환경으로부터의 자극은 학습의 외적 조건이 된다. 따라서 학습의 외적 조건인 교수와 내적 조건이 상호작용하여 학습의 결과를 나타낸다고 설명한다.

출생 시부터 인간은 생활에 적응하기 위해 필요한 모든 것을 능동적으로나 때로는 외부의 도움을 통해 배우고 익힌다. 걷기, 대소변 가리기, 옷입기, 세수하기 등과 같은 일상생활부터 글자읽기, 컴퓨터 사용하기와 같은 정교한 기술에 이르기까지 학습해 간다. 그러나 모든 학습이 학습자에게 가치 있는지는 고려해 보아야 한다. 학습된 지식이나 기술이 유해하게 활용되거나 사회에 물의를 일으킬 수도 있음을 간과해서는 안 된다. 이러한 측면에서 볼 때, 학습은 배우는 자를 전인적인 성숙으로 이끄는 것이어야 한다(염지숙 외, 2017). 심승환(2007)은 전인적 성숙은 합리적이며 논리적인 사고로만 이루어질 수 있는 것이 아니며 상대방의 처지를 공감하는 마음, 아름다움을 좋아하는 마음, 인생의 의미와 목적, 고통과 죽음 문제에 대한 깊은 성찰을 통한 감수성, 심미성, 영성 등을 증진시키는 일이 함께 필요하다고 하였다. 이러한 관점에서 진지한 사고와 성찰 없이 외부의 반복적인 자극이나 요구에 의해 수동적으로 반응하여 습득하게 되는 새로운 행동은 배움이 아니다. 교수자가 유익한 내용을 가르친다고 하더라도 학습자가 배우려는 의지가 없다면 교육의 효과는 감소하기 때문에 배우고자 하는 자발성과 주체성이 학습의 기초가 되어야 한다.

3) 교수학습과정의 구성요소 및 절차

① 교수학습과정의 구성요소

교수학습 환경은 가르치는 '교사'와 배우는 '학생', 경험해야 할 '교육내용' 등 3가지로 구성된다. 교수학습과정은 교사와 학생이 교육내용을 중심으로 상호작용하는 과정이며, 이 상호작용은 교육목표를 효과적으로 달성하기 위한 과정이다. 즉 교수학습 과정이란 교육목표를 달성하기 위해 교사와 학생이 교육내용을 중심으로 상호작용하는 과정이라 할 수 있다. '무엇을, 왜 교육할 것인가'하는 교육의 목적과 내용 설정은 교수학습 과정에서 가장 먼저 생각해야 할 과제이다. 교수법은 교수학습 과정에서 교사와 유아 중 어느 쪽이 주도하는가에 따라 교사 주도적 접근과 유아 주도적 접근으로 구분된다. 최근 교수법은 교사 중심에서 학생 중심으로 이루어지고 있으며, 유아교육에서는 영유아의 주도적인 역할이 강조된다. 현재 우리나라 유치원과 어린이집에서 활용되고 있는 국가수준의 교육과정으로 「4차 표준보육과정」과 「2019 개정 누리과정」이 개발·보급되어 있는데, 각 지역과 기관의 고유한 특성을 반영한 가운데 영유아의 놀이중심을 기초로 한 교수학습의 방향이 제시되어 있다.

② 교수학습과정의 절차

교수학습 과정의 절차는 교육 목적을 달성하기 위해서 학습자에게 어떤 학습경험을 선정하여 어떠한 방법을 활용하여 제공할 것인지에 대한 계획과 실행과정을 나타내는 것으로 일반적으로 다음의 5가지 절차를 통해 수행된다.

단계	내용
① 교수목표 설정	교수목표는 수업이 어느 방향으로 전개되어 가는지에 대한 전체적인 방향을 제시하기 때문에 구체적인 용어로 진술되어야 한다. 목표 간에 그리고 목표와 학습내용 간에 일관성이 있어야 한다. 교육활동을 통해 교육목표의 성취가 가능해야 한다.
↓	
② 사전학습(사전경험) 진단	사전학습 진단은 학습자의 현재 기준 지식과 기능, 태도 등이 포함된다. 학습과 관련된 학습자의 흥미는 교수학습에 영향을 미친다.
↓	
③ 학습내용 선정 및 조직	교수목표에 따라 학습내용이 선정되면 학습요소 간의 관계를 고려하여 가르칠 순서를 정한다. 학습의 반복을 통해 해당 학습경험의 폭과 수준이 더 깊이 있게 다루어지도록 한다. 학습경험들은 단편적 지식이 아닌 서로 유기적으로 통합되도록 한다.
↓	
④ 교수학습 활동 전개	교수학습 활동이란 교육내용을 실제로 가르치고 배우는 과정으로 교사의 수업에 대한 열정과 수업의 명료성, 다양성, 학생의 참여 등은 교수학습 활동이 적극적으로 전개되는 데 기여한다.
↓	
⑤ 평가활동	평가란 교수목표가 얼마나 성취되었는가를 밝히는 과정으로, 교사는 교수목표의 달성도를 확인하고 이를 수정, 보완하여 다음의 교수학습에 반영한다.

4) 산업사회와 정보화 사회의 교수-학습 패러다임

지금의 우리사회는 인터넷의 보급으로 학습자들이 다양한 방법으로 정보와 전문지식에 접근할 수 있다. 교사가 학습자들의 지식을 채워주는 역할을 주도했다면, 정보화 사회에서는 학습자가 교사 외의 인터넷을 활용하여 사이버환경에서 콘텐츠를 통해 직접 배우고, 수많은 사람들과 자료를 공유할 수 있다. 표 1-1은 백영균 외(2010)가 산업사회와 정보화 사회 조직의 특징과 관련하여 교수-학습 패러다임의 변화에 대해 정리한 내용이다.

표 1-1 산업사회와 정보화 사회 조직의 특성

구분	산업사회 특징	정보화 사회 특징
산업사회와 정보화 사회 조직의 특성	표준화(standardization)	주문생산(customization)
	관료적 조직(bureaucratic organization)	팀 조직(team based organization)
	중앙통제방식(centralized control)	자율성(autonomy with accountability)
	경쟁적 관계(adversarial relationships)	협동적 관계(cooperative relationships)
	권위적 의사결정 (autocratic decision making)	의사결정의 공유 (shared decision making)
	순종성 강조(compliance)	독창성 강조(initiative)
	동조 강조(conformity)	다양성 강조(diversity)
	일방적 의사소통 (one way communication)	네트워킹(networking)
	부분적(compartmentalization)	전체적(holism)
	분과지향(parts oriented)	과정지향(process oriented)
	계획된 노후화 (planned obsolescence)	전체적 품질(total quality)
	보스가 왕(CEO or boss as 'king')	고객이 왕(customer as 'king')
	산업사회 교수-학습 패러다임	**정보화 사회 교수-학습 패러다임**
산업사회와 정보화 사회 교수-학습 패러다임	선별에 초점을 둔 교육	학습에 초점을 둔 교육
	표준적 인재 양성	창의적 인재 양성
	일제식 수업	수업의 다양성
	경쟁적 학습	협동적 학습
	규준지향평가	준거지향평가
	표준화 교육과정 운영	맞춤식 교육과정 운영
	수동적 학습자	능동적 학습자
	권위주의적 교사	학습안내자로서 교사
	교사중심 교육환경	학생중심 교육환경
	적자생존의 교육철학	모두 생존의 교육철학
	공급자중심 교육	수요자중심 교육
	기존의 역할	**기대되는 역할**
학습자 중심 교육환경에서 학생의 역할 변화	교사가 정보를 제시해 주거나 학습의 방향을 제시해 줄 때까지 수동적으로 기다린다.	요구되는 정보와 학습경험을 탐색하고 무엇이 필요한가를 결정하며, 그것을 습득할 수 있는 방법을 적극적으로 탐구한다.
	항상 학습자의 역할만을 수행한다.	필요한 경우에는 전문가 또는 지식정보 제공자로 수업에 참여한다.

학습자 중심 교육환경에서 학생의 역할 변화	항상 주어진 절차(교사가 계획한 것)만을 따른다.	학습문제에 대한 창의적인 해결방법을 탐색하고 발견하며, 창조할 수 있도록 계획한다.
	교사를 백과사전(모든 답변을 제공해 주는)으로 간주한다.	교사는 학생들이 독창적으로 문제를 해결하도록 격려하는 자원이며, 모델이며, 안내자라고 생각한다.
학습자 중심 교육환경에서 교사의 역할 변화	기존의 역할	기대되는 역할
	학생들의 궁금증에 대한 모든 대답을 제공해 주는 교과전문가나 자원	경우에 따라서는 해당 내용을 잘 모를 수도 있으나 그에 대해서 알기를 원하는 사람으로 수업에 참여하는 존재
	학생들에게 계속적으로 정보를 제시해 주는 일차적 정보원	학생들이 자신에게 필요한 정보를 수집하고 평가할 때 보조자, 협조자, 코치로 간주
	학생들에게 항상 질문을 하고, 학생의 학습 초점을 컨트롤하는 사람	학생들이 스스로 문제의식을 갖고, 문제점을 발견하며, 그에 대한 스스로의 해결책을 탐색하도록 적극적으로 코치하는 사람
	학생들에게 자신이 사전에 계획한 단계적 계획에 따르도록 하여 결과적으로 모든 학생이 유사한 결과에 도달하도록 하는 사람	자신들의 개인적인 지식이나 기능을 사용하여 문제에 대한 독창적인 해결을 하도록 적극적으로 고무·격려하는 사람

출처: 백영균, 박주성, 한승록, 김정겸, 최명숙, 변호승, 박정환, 강신천, 김보경(2010). 유비쿼터스 시대의 교육방법 및 교육공학. 서울: 학지사.

2 교수학습의 역사적 기초

교수학습의 역사는 교육의 변화과정과 맥을 함께 하고 있다. 교육사상가들을 중심으로 역사적 배경을 아는 것은 교수학습방법의 특징을 이해하는 데 도움을 줄 것이다. 유아교육에 영향을 미친 사상가들이 제시한 교수학습을 시대순으로 살펴보면 다음과 같다.

1) 소크라테스(Socrates, B.C. 470~399)

소크라테스는 계몽과 철학의 지도자로 가르침을 개인적 소명으로 인식하고 살았다. 교육의 목적은 인간 개개인의 영혼을 염려하는 일이고, 이러한 염려에서부터 영혼에서 잠자고 있는 분별력과 진리를 깨우치는 일을 중시여겼다. 모든 교육의 목표는 대화를 통하여 인간에게 내재하고 있는 모든 이해의 능력과 내용을 끌어내어 정련하고, 인간이라는 의미를 부여하며 잠재력을 개발하고 행위의 핵심까지 파고들어야 한다고 보았다(송준식, 사재명, 2006). 고대 희랍시대 Sophist들이 즐겼던 강의나 웅변, 토론식 수사법은 체계적 교수·학습의 최초의 모형이라고 볼 수 있다. 소크라테스의 문답법은 특히 교사가 학습자에게 계속해서 질문을 던짐으로 학습자 스스로 모순과 논리를 터득하게 하였다는 점에서 자기반성적 교수법의 원리를 강조하였으며, 이는 오늘날 '토론법'이나 '대화법'을 활용하는 민주적 교수·학습법의 시초가 되었다(임부연, 오정희, 2013).

교수학습 원리 특징

- 문답법: 끊임없이 질문을 던짐으로써 학습자가 대답 속에서 스스로 학습하도록 안내하는 교수법을 의미한다.
- 토론법: 교수자가 일방적으로 가르치기보다는 적절한 질문을 통해 답을 유도하고 이러한 질문과 대답이 유의미하게 지속되도록 하는 토론을 위주로 한 교수법을 의미한다.
- 반어법: '나는 내가 모른다는 것을 안다'는 명제에서처럼 무지를 자각하게 하여 이 가운데 앎을 파악하게 한다.

2) 코메니우스(Johan Amos Comenius, 1592~1670)

코메니우스는 중세의 신학자로서 인간교육의 깊은 이해를 통해 체계적인 교수이론을 강조한 '대교수학'을 집필하였는데, 교육이란 학습자가 스스로 자신의 감각기관의 훈련을 통해 자연과 우주에 내재한 사물의 이치를 직접 깨닫고 이해하도록 해야 함을 강조하였다. '자연의 질서에 따른' 객관적 자연주의 혹은 합자연의 원리에 의한 교수법을 제시하였는데 요약하면 다음과 같다(김진영, 백혜리, 최윤정, 2003).

① 직관의 훈련을 통해 기억하고 판단하며 창조하는 과정을 거쳐 쉬운 것으로부터 어려운 것으로 나아갈 것.

② 언어 이전에 사물이나 모형을 먼저 제시하고 사물에 대한 언어의 적용은 나중에 할 것.

③ 자연은 비약하지도 중단하지도 않는다. 이와 마찬가지로 교수도 기초 학습이 다음 학습 단계로 옮겨져 끊이지 않고 점진적으로 이루어지게 할 것.

④ 학습은 직관에서 출발하여 감각에 호소하도록 할 것.

⑤ 자연은 불필요한 것은 하지 않음과 같이 학습도 생활에 유용하고 가치 있는 것을 선택할 것.

⑥ 학습은 어린이의 흥미와 의욕을 환기시켜 유쾌한 생활로써 진행되어야 하며 또한 교재 선택과 취급도 자연법칙에 따를 것.

⑦ 자연은 한 가지 사물에만 사로잡히지 않고 모든 사물에 동시에 똑같은 햇빛을 골고루 비추어 주듯이 학습도 그와 같이 이루어질 것.

교수학습 원리 특징

- 직관교수: 학습자가 스스로 깨닫고 이해하도록 가르치는 교수법을 의미한다.
- 실물교수: 지식을 글자나 추상이 아닌 실물을 활용하여 가르치는 교수법을 의미한다.
- 감각교수: 시각, 청각, 촉각 등 감각을 직접 사용하여 배우도록 가르치는 교수법을 의미한다.
- 시청각교수: 시청각교수법의 효시가 된 「세계도회(orbis Picture)」 저서를 통해 지식을 추상이나 글자가 아닌 시각적 그림으로 이해할 수 있는 교재를 개발하여 글자가 아닌 사물과 그림을 통해 언어교육을 실시하였다.
- 전인교육: 종교적, 도덕적 교육뿐 아니라 육체적, 사회적 환경에 대한 포괄적인 지식을 습득한다.

3) 로크(John Locke, 1632~1704)

17세기 영국의 경험론 철학자이자, 명예혁명을 이끈 정치가이다. 『인간오성론』에서 선천적인 생득관념을 부정하고, 백지설을 제기하였다. 선천적인 능력과 소질보다는 후천적인 교육과 환경을 강조한 그는 유아기에 환경적 자극을 가장 잘 흡수한다고 생각하여 올바른 습관과 철저한 훈육을 강조하였다. 이러한 그의 사상은 이후 행동주의 심리학의 이론적 토대가 된다. 로크의 교육사상의 주 저서는 『교육에 관한 고찰』이다. 교육론에서 경험을 중시하며 인간의 마음은 백지와 같이 깨끗하게 닦여진 칠판과 같다고 한다. 이는 유아기 경험의 중요성을 강조하며, 경험을 인간형성의 주요한 요소로 보는 관점으로 이어지고 있다. 로크의 교육목적은 시민사회의 구성원 형성에 있다. 교육목표는 신사의 양성이다. 신사는 덕과 지혜, 예의, 학문 등의 4가지를 갖추어야 한다. 이를 위해 필요한 여러 과목(읽기, 쓰기, 그리기, 프랑스어, 라틴어, 그리스어, 시, 산수, 지리, 역사, 기하학, 윤리학, 시민법, 헌법, 수사학, 논리학, 자연철학, 춤, 음익, 펜싱, 승마, 수공예, 회화, 다양한 레크리에이션, 여행 등)을 배워야 한다. 이 중 신체의 건강이 우선시되어야 함을 강조하였다(황현주, 신현정, 2019).

교수학습 원리 특징

- 건강한 신체에 건강한 정신: 건전한 신체에 건전한 정신이 깃든다. 생생한 건강 교육론을 제시하고 있다.
- 습관교육: 올바른 정신 형성은 교육에 의해 이루어지며, 유아기 습관 형성에서 기인한다. 어린 시기부터 엄격한 규율 속에 키워 모든 미덕이 자연스럽게 습관화되도록 교육한다.
- 훈육교육: 유아기부터 철저한 훈육은 강조하지만, 체벌은 반대한다. 체벌보다는 칭찬이나 어린이의 명예심에 호소하여 바람직한 미덕을 스스로 익혀 가도록 한다.
- 동기유발교육: 교육내용은 이론보다는 실제를, 암기보다는 실천을 통해 익히는 것이 바람직하다. 유아의 호기심을 중시하며, 유아가 좋아하는 것과 좋아하는 시기에 따른 교육을 강조한다.
- 모방교육: 유아와 교사의 관계는 절대적인 신뢰와 존경을 바탕으로 하고, 교사는 항상 시범을 통해 교육해야 한다.
- 개성 강조: 모든 유아는 각기 다른 기질을 타고나므로 획일적인 교육방법은 없다. 교육은 본성에 기초하여 필요한 지식과 습관을 배워 나가게 한다.

4) 루소(Jean-Jacques Rousseau, 1712~1778)

루소는 개인의 존재와 개성을 살리는 유아존중사상을 강조하였는데, 대표적인 교육방법은 자연주의 사상에서 출발한다. 이 사상은 자연의 질서를 발견하는 일이며 자연법칙에 따라 양육 또는 교육함을 의미한다. 유아를 어른의 축소물, 미성숙한 존재로 본 것을 반대하여 완성되고 독립된 시기로 보았다. 유아기는 미래의 생활을 준비하기 위해 희생될 수 없으며, 그 시기를 충분히 누리게 해야 함을 강조한다. 인간의 본성은 선이며, 선은 다름 아닌 자연으로 보았고, 인간들이 만들어 낸 악에 의해서 영향을 받게 되는 것이다. 성장기에 있는 유아기에 자연법칙을 무시하고 인위적인 인간의 법칙을 적용한다고 할 때 유아의 본성인 선을 말살하고 악을 배우게 하는 부정적인 결과를 초래하게 된다. 교육목적은 사회개조로 모든 인간이 평등한 권리로 행복하게 살기 위해 개인의 완성이 우선되어야 함을 강조한다. 교육방법으로 지적 훈련의 기초가 되는 관찰력이나 사물에 관한 직접적인 경험은 감각 훈련을 통하여 이루어진다고 보았다. 감각기관의 훈련은 신체적 발달에 중요한 역할을 하며, 지적 훈련뿐만 아니라 육체적 훈련 또는 육체노동의 필요성도 강조하였다.

교수학습 원리 특징

- 자연주의: 자연의 본성과 질서가 가장 중요한 교수원리가 되는 교수법을 의미한다.
- 성숙주의: 인간의 선한 본성이 자발적으로 성장하도록 최대한 배려하는 교수법을 의미한다.
- 소극적 교육: 유아 내부의 가능성을 보고, 외부의 간섭은 비교육적이다. 가능한 성인의 세계에서 떨어져 자연에 따라 성장, 발달해야 한다.
- 아동중심주의: 유아교육은 외부로부터 강제로 주입식 교육을 하는 것이 아니라, 유아의 잠재력이 자연스럽게 발휘되도록 좋은 환경을 마련해 주는 것이다. 인간의 성장단계에 따라 각 단계에 적합한 교육을 행해야 한다.
- 감각교육: 건강의 중요성을 강조하였고, 직접 경험할 수 있는 많은 기회를 주고, 놀이를 중요한 교육활동으로 여긴다. 충분한 감각훈련은 결과적으로 이성의 힘을 강화한다.

5) 페스탈로치(Johann Heinrich Pestalozzi, 1746~1827)

페스탈로치는 오늘날 '교육의 아버지'로 알려질 만큼 아동교육을 위해 헌신하였으며, 코메니우스와 루소의 '자연'과 '감각' 교육의 사상을 이어받아 도덕과 인성교육을 강조하였다. 페스탈로치가 주장한 교육의 목적은 인간개혁과 사회개혁에 두고 있다. 도야 된 인간을 통해 사회가 개혁된다고 보았다. 가난한 아이들과 고아에 관심이 있었는데 이는 이상사회 건설의 꿈과 연결된다. 교육의 출발점을 어머니와 아이의 관계로 보았는데, 가정에서 시작하여 동심원적으로 학교, 사회로 확대되어 나가야 한다고 보았다. 교사와 학생의 관계는 사랑에 기초하여 개성을 존중하는 교육이어야 하며, 충분한 시간을 가지고 교육하며, 학습자의 발달에 기초를 두어야 한다.

교수학습 원리 특징

- 자발성의 원리: 유아의 능력을 내부로부터 발전시켜야 한다. 자발적으로 인간성을 개발하며, 자율적인 훈련방법을 중시한다.
- 방법의 원리: 자기발전은 질서 있고, 일정한 단계를 거친다. 규칙이 없는 무율에서 제도, 관습, 규범에 의한 타율, 스스로 도덕률에 의하는 자율에 이르는 단계를 뜻한다.
- 직관의 원리: 관찰, 즉 감각적 직관은 학습의 기초이며, 언어는 직관과 실물, 내용과 결부되어야 한다.
- 균형의 원리: 지성과 덕성, 그리고 신체의 조화를 강조하는 교수법을 의미한다.
- 개성과 사회성의 조화 원리: 개인과 사회는 협력의 관계임을 의미한다. 개인은 사회개혁의 수단이 아니며, 자기목적적인 가치 있는 존재로 본다.
- 노작의 원리: 농경과 방직 등 노동의 가치를 강조하는 교수법을 의미한다.

6) 프뢰벨(Friedrich Wilhelm August Frobel, 1782~1852)

프뢰벨은 루소와 페스탈로치의 자연주의와 직관, 감각 교육의 교수원리를 받아들여 유아들을 위한 '유치원(kindergarten)'을 창시하여 오늘날 유치원의 효시가 되었다. 유치원 교실은 식물, 동물, 그림, 작은 책상과 의자, 뛰어놀 수 있는 개방적 공간을 갖추고 근처 공원에 접근 가능한 곳이어야 한다고 제시하였다. 유치원교육은 말과 책에 의존하기보다는 유아의 사고를 자극하는 구체적 물체를 공급하고 미술과 공예활동을 제공해야 한다고 주장하였다. 게임과 노래는 "어머니의 놀이와 노래(mother play and song)"를 중심으로 율동, 손유희를 함께 다루었고, 주로 원으로 손을 잡고 하는 활동을 통해 통합의 개념을 강조하였다. 동식물의 관찰과 자연의 경이로움에 대한 관찰로 종교적인 개념을 기르는 내용을 구성하였다(김진영, 백혜리, 최윤정, 2003). 인간은 신에 의해 창조되어 신성이 내재되어 있으며, 교육은 인간이 자신의 본질인 신성을 깨닫고 창조적 자기활동을 하도록 돕는 것이라 믿었다. 놀이와 작업 등 오늘날 유아교육기관을 상징하는 교육방법을 최초로 고안하였다.

교수학습 원리 특징

- 통일의 원리: 인간의 신성과 우주, 자연의 조화와 합일을 지향하는 교수법을 의미한다. 만물의 통치자는 신이며, 만물은 신에 의해 생겨났으며, 신은 만물 속에 존재하며 만물을 다스리고, 지배한다.
- 창조적 자기활동의 원리: 인간의 본성은 신적인 것이며, 신적인 것을 표현하는 것이 인간의 사명이라고 보고 있다. 교육은 유아의 자기표현을 도와주며, 이를 창의적이라고 본다.
- 유희의 원리: 유아의 흥미와 즐거움이 교수법의 핵심이다.
- 노작의 원리: 일하고 생산하는 활동에 직접 참여함으로써 배우는 교수법을 의미한다.
- 사회화의 원리: 교육도 사회활동의 과정이다. 협동, 예절 등이 유아교육의 특징이 되어야 하며, 교육에서 사회적 환경을 강조한다.
- 은물 교수: 놀이를 통한 이상적인 교구인 '은물'을 창안한다. 모든 사물의 기본 형태를 유아들에게 주어 물체 속의 원리를 파악하는 데 주력한다. 자신과 외부, 부분과 전체, 분해와 종합, 균형과 안정 등을 기른다. 오늘날 가베 교육으로 알려져 있다.

7) 듀이(John Dewey, 1859~1952)

미국의 진보주의 교육사상가인 듀이는 프뢰벨의 상징주의와 교사 중심 교수법을 비판하면서 인간과 환경 간의 사회적 상호작용과 유아 중심의 교육방법을 강조하였다. 아동의 일상생활과 분리되어 교사 및 교과서 중심으로 이뤄지는 전통적인 학교교육에 대해 반성을 촉구하면서, 아동 자신의 직접적인 욕구나 활동이 중심이 되는 '아동중심교육(child centered education)'이 되어야 함을 강조하였다. 아동중심교육은 자유방임적 교육이 아니라 자율적 교육의 인정을 의미한다. 듀이의 교육사상은 아동의 자발성, 흥미, 경험중심 교육방법에 대한 유아교육의 사상적 기초를 제공해 주었으며, 이후 유아들의 경험을 교육적으로 재구성하기 위해 프로젝트 중심 교육활동을 전개하는 데 많은 영향을 주었다. 일상생활에서 사용되는 도구나 물체와 같이 직접적이고 구체적인 교구 및 교재를 유아들에게 제공해야 함을 중시여겼다. 즉, 요리 활동, 바느질하기, 목공놀이, 작업, 구성놀이 활동 등을 통해 탐구와 발견의 기회를 통해 문제를 해결하는 것이 중요한 교육방법이라고 강조하였다(김진영, 백혜리, 최윤정, 2003). 1896년 듀이는 초등학교 내 부속학교를 설립하였는데 유아교육에 있어 놀이의 중요성을 강조하면서 발달수준에 맞는 구성놀이를 통해 유아 스스로 계획하고 수행하며 협동적으로 경험을 구성하는 것을 강조하였다. 듀이에 의하면 교육의 과정은 보다 완전한 성장을 지향한 경험의 계속적인 개조이며 미래를 위한 준비가 아닌 생활 그 자체임을 강조하면서 유아의 발달과 흥미에 맞게 교육과정을 재구성해야 한다고 주장하였다(김명희, 이종현, 고은님, 2011).

교수학습 원리 특징

- 경험의 원리: 학습에 의한 지적 사고활동의 형성과 전개는 신체적 활동과의 연결에 중점을 두어야 한다.
- 성장의 원리: 현재의 경험을 기초로 보다 좋은 미래의 성장을 가능케 하는 경험을 형성하게 해야 한다.
- 지성의 원리: 인간은 자신의 신체적 욕구와 생명의 보존을 위하여 대상이나 환경에 적응해 가려는 본질적 경향이 있으며, 이때 그 목적 달성을 위한 수단과 방법을 숙고하는 지성을 가지고 있다. 지성은 경험을 개조하고 경신하는 과정에 작용한다.
- 탐구의 원리: 탐구의 결론보다 그 결론에 이르게 되는 과정, 즉 탐구의 방법이 중요하다는 철학적 입장이다. 문제 해결을 위한 가설, 실험, 관찰 등의 탐구과정은 그 자체가 중요한 교육의 장이다.
- 흥미중심의 원리: 학습의 주제는 유아의 흥미에서부터 출발해야 한다.

8) 몬테소리(Maria Montessori, 1870~1952)

이탈리아 최초의 여의사로 알려진 몬테소리는 정신장애 아동의 교육에 관심을 가지고 그들을 위한 체계적인 교구와 교수법 개발을 하였다. 1907년 산 로렌조에서 어린이의 집(Casa dei Bambini)을 개원하여 자신의 교육적 신념을 실현하였는데, 아동의 행동을 체계적으로 관찰하고 이들의 발달특징을 고려한 교육을 전개하였으며 그 결과 1909년 『과학적 교육방법』을 저술하였고 이 책은 『몬테소리 방법』이라는 용어로 알려졌다. 몬테소리는 유아를 무한한 잠재성을 가진 능동적인 존재로 보았으며 유아의 자발성을 강조하였다. 유아는 독특한 인격을 갖고 있으며 교육은 각각의 학습자에게 개별화되어야 한다고 제안하였는데, 유아가 자기 스스로 발달해 갈 수 있는 능력을 소유하고 있으며 자신의 활동을 통해 내면이 표현될 수 있다고 보았다. 여기서 교사는 유아를 세밀하게 관찰한 결과를 기초로 이들에게 필요한 환경을 조성해 주어야 한다. 유아는 감각교육을 통해 지적 발달을 이룰 수 있고, 사물과의 상호작용을 통해 시행착오를 거쳐 학습한다. 몬테소리의 개인주의적 교육과정은 당시 집단 활동과 사회화를 강조하는 사조와 대치되었다(김지은, 2020). 몬테소리 교육사상은 아동존중, 민감기, 흡수정신, 준비된 환경, 자율교육 등으로 대표되며 교육이론의 기본은 '아동에 대한 존경'이다. 몬테소리는 아동의 발달은 민감기(sensitive period)와 흡수정신(absorbent mind)에 의해 이뤄지며 민감기는 0~6세에 해당되는 시기로 환경으로부터 흡수하여 자신의 것으로 만드는 능력이 뛰어난 시기이다. 흡수하는 정신능력을 통해 아동은 환경을 받아들이고 지식을 구체화시킨다.

교수학습 원리 특징

- 감각교육: 오감을 자극하는 교구를 개발하여 학습과정에 활용하였는데, 시각, 청각, 촉각, 후각, 미각의 오감각을 변별하도록 자극하는 것이다.
- 자유와 자기활동: 생물학적, 심리학적으로 생명이 방해를 받지 않고 외부의 간섭을 최소화하고 학습자의 자유를 최대한 존중하는 교수법을 의미한다.
- 준비된 환경: 교실에 감각교육, 일상생활 교육, 언어교육, 수학교육 등을 실행할 수 있는 교구가 제시됨
  - 감각교구: 분홍탑, 갈색계단, 빨간막대, 원기둥틀, 후각상자, 무게판, 색판, 소리상자 등
  - 일상생활교구: 단추 끼우기, 지퍼 올리기, 리본 매기, 벨트 매기, 구두끈 매기 등
  - 언어교구: 기하학적 도형과 색연필, 모래종이 글자, 알파벳 등
  - 수학교구: 숫자 막대, 모래종이 숫자, 구슬과 구슬대 등
- 자동교육(auto-education) : 교구와의 상호작용을 통하여 시행착오를 거쳐 스스로 잘못을 수정할 수 있다. 교사의 통제나 지시는 거의 필요하지 않다.
- 개별학습원리: 학습자가 교구와의 일대일 상호작용을 통해 개별적인 학습이 일어나도록 안내하는 교수법이다.

9) 슈타이너(Rudorf Steiner, 1861~1925)

슈타이너는 오스트리아에서 태어나 독일에서 철학박사 학위를 받고 자연과 우주와 연관된 인간 정신세계의 본질과 기능을 깊이 연구하였다. 철학과 문학, 건축과 의학, 예술과 자연과학 등 다양한 학문에 대한 관심과 연구 성과로 인간과 우주에 대한 새로운 철학으로 알려진 인지학(人智學; Anthroposophy)을 창시하였다. 독일의 문학가인 괴테로부터 깊은 영향을 받아 '살아 있는 것에 대한 현상'에 대한 독특한 관찰법, 색과 빛의 본질 탐구, 인간의 순수의식과 원초형상 등에 대한 탁월한 학습능력과 천재적 우주정신으로 교육에서 '예술'이라 불리는 '발도르프 학교(Waldorf School)'를 설립 운영하였다(임부연, 오정

희, 2013). 발도르프 학교는 교육내용을 교과서 위주로 가르치는 전통적 학교 교육과정과 차별화되는 것으로, 교과서를 가르치지 않은 채 교사가 예술적으로 형상화해 주는 시각적·청각적 이미지에 근거하여 학습자가 스스로 그림과 글자가 통합된 교재를 만들어 가는 교수방법을 기초로 하여 이루어진다. 발도르프 유아교육과정은 전인적 유아를 가르치기 위해 설계되었는데(문연심, 2012), 유아를 개별성, 자존감, 전인성의 맥락에서 양육하는 것을 교육의 목적으로 삼고 있다. 유아의 정신과 영혼, 신체를 조화롭게 해주는 전인교육을 위해 조각과 회화, 음악과 시, 오이리트미, 라이겐, 스토리텔링 등의 다양한 예술교육을 교육내용으로 구성하고 있다.

교수학습 원리 특징

- 아름다운 교육 환경제공: 유아는 환경에 민감하며, 오감을 통해 정보를 획득하고, 신체를 통해 환경을 경험한다. 아름다움과 질서에 대한 감각을 키우기 위해 놀잇감을 창조하고 상상하고자 하는 유아의 손과 마음을 이끄는 자연물 중심의 재료를 제공한다.
- 상상력과 창조성의 원리: 교육의 궁극적 가치를 자유로운 상상과 창조성으로 보기 때문에 유아기부터 미리 정해진 사진이나 그림, 글자를 제한하여 상상력을 돕는 교수법으로 특히 판타지가 풍부한 이야기를 많이 들려주고 아름다운 시구를 통해 풍부한 상상력을 키워나가는 교수법을 강조한다.
- 리듬과 규칙적인 일과구성: 공간적 질서, 시간적 질서-리듬, 영혼적 질서-기쁨, 감사, 자유 등을 경험하고 매일, 매주, 계절마다 반복되는 일과를 일관성 있게 구성하여 새로운 환경에 능동적으로 적응하고 공동체의식을 촉진한다.
- 행하면서 배우기: 모방이나 놀이에 몰입할 때 유아는 많은 것을 깨닫는다. 유아가 직접 행할 수 있는 풍부한 기회를 제공한다.
- 책임감과 자기조절력: 충분한 시간과 장소, 선택권을 가짐으로 스스로 자기통제를 연습한다. 성인의 주의 깊은 감독과 지도 아래 독립심과 상호의존을 발휘할 기회를 필요로 한다.

생각해봅시다

1. [교수와 학습의 개념]을 유아교육현장에 적용하여 본인만의 용어로 재정의해 봅시다.

2. 책에 제시된 다양한 교육사상가 중 1명을 선정하여 그들의 생애와 업적 등을 깊이 있게 분석하여 팀별로 발표해 봅시다.

3. 본인이 생각해 온 아동관(유아관)을 발표해 보고 그에 상응한 교사의 역할을 제시해 봅시다.

CHAPTER 02

영유아 교수학습이론

학습목표

1. 영유아 교수학습이론을 성숙주의와 행동주의, 구성주의, 정신분석 이론, 인본주의 이론에 기초하여 각 이론가와 주요개념, 교수학습원리 특징 등의 차원에서 이해할 수 있다.
2. 영유아의 발달적 특징과 놀이특징, 사용되는 놀잇감의 특징에 대해 제시할 수 있다.
3. 영유아 교수학습의 기본 가정을 나열하고, 영유아 교수학습의 원리를 9가지 차원에서 설명할 수 있다.

1 영유아 교수학습이론

교수학습에 대한 탐구의 초점은 시대적 가치 및 사회적 요구에 따라 변화되어왔다. 본 장에서 크게 성숙주의와 행동주의, 구성주의, 정신분석 이론, 인본주의 이론에 기초한 교수학습이론의 주요 내용을 중심으로 살펴보면 다음과 같다.

1) 성숙주의 이론

성숙주의 이론에서는 인간발달의 과정이 유전적으로 결정되어 있다고 본다. 즉, 인간이 태어날 때부터 발달의 유전적 청사진이 이미 존재한다는 것이다. 아동을 내적으로 발달 가능한 존재로 보고 아동의 성장 또는 발달은 성숙기제에 의하며 환경적 영향은 부가적인 것이라고 본다.

(1) 루소(Rousseau: 1712~1778)의 자연주의

루소는 프랑스의 철학자로서 인간을 매우 선하게 태어난 순수한 존재로 보았다. 루소에게 있어 교육이란 진리를 가르치는 것이 아니라, 아동의 마음을 사회의 악덕과 오류에서 지켜 주는 것으로 보았다. 이러한 견해는 "자연으로 돌아가라"는 자연주의 견해를 제시함으로써 인간발달을 자연 상태로 표현한 것으로 강조되었다. 아동발달과 교육에 관한 저서인 『에밀』을 통하여 자연주의 철학에 근거한 인간발달을 규정하였다. 여기서 자연이란 인간이 사회와 교육으로 인해 왜곡되기 이전의 경향, 즉 내적인 발달과정이다. 자연은 인간의 힘으로 좌우할 수 없는 원리로, 교육의 목적임과 동시에 방법 원리이다.

루소는 아동에게는 성인과 다른 아동의 세계가 있다고 주장하였다. 일찍부터 아동에게 지식을 주입하였던 잘못된 조기교육을 비판하여, 교육은 아동의 발달단계에 맞게 수행되어야 함을 강조하였다. 아동은 어떤 특별한 교육을 받아도 자연스러운 발달을 뛰어넘는 지식을 수용할 수 없다고 생각하였다. 따라서 발달 초기의 교육은 외부로부터 강제로 주입식 교육을 하는 것이 아니라, 아동의 잠재력이 자연스럽게 발휘되도록 좋은 환경을 마련해 주어야 한다고 보았다(문혁준 외, 2015). 루소의 자연주의는 현대 발달이론에 생물학적 성숙의 중요성에 대한 논의를 제공하였다.

(2) 홀(Hall: 1844~1924)의 발달론

홀은 다윈의 생물학적 진화론의 개념을 인간발달의 연구에 적용하여 인간의 모든 발달은 유전적 요인에 의해 결정된다고 보았다. 즉, 인간의 발달은 예정된 단계를 거치며 인류가 걸어온 역사의 단계를 반복한다는 발달론을 탄생시켰다. 홀은 인류의 발전 과정이 미개사회로부터 문명사회로 발달하듯이 개인의 발달 또한 유아기로부터 청년기를 거쳐 성인이 된다고 보았으며, 인간발달 단계를 다음의 4가지 단계로 나누어 설명하였다.

① 유아기(출생 후 4년): 감각발달이 우세하며, 자기보존에 필요한 감각운동 기술을 습득한다.
② 아동기(4~8세): 고기잡이와 사냥이 주요 활동이던 시대를 반영한다. 숨바꼭질이나 총 놀이, 활쏘기 등의 놀이를 한다.
③ 전청년기(8~12세): 수천 년 전 미개사회의 단조로운 삶을 반영한다. 읽기, 쓰기, 셈하기 등의 일상적인 훈련과 연습을 한다.
④ 청년기(사춘기-25세): '질풍노도의 시기'로 청년기가 혼란스러운 것은 인간의 진화 과정에서 과도기적인 단계를 반영하기 때문이다.

(3) 게젤(Gesell: 1889~1961)의 성숙론

게젤(Gesell, 1946)은 홀의 발달이론을 계승하여 성숙이론을 발전시켰다. 성숙이론의 주요 개념으로서 성숙과 학습준비도 등을 제시하였고, 객관적이고 체계적인 연구를 통해 이러한 개념을 과학적으로 입증하였다. 그는 아동이 환경보다 성숙에 의해 발달한다는 발달의 예정론을 주장하였다. 성숙의 과정은 인간의 생이 수정되는 순간부터 예정된 발달 순서에 따라 진행된다. 영유아마다 준비도에 이르는 내적 시간표가 다르므로 개별 영유아가 준비도에 이르기 전에 외부로부터의 교육이나 연습과 같은 인위적인 방법으로 서둘러 가르치지 않도록 주의해야 한다는 것을 강조하였다. '표준행동목록'을 제시함으로 성인이 아동의 발달에 지나친 기대를 하거나 아동의 발달 수준을 넘어서는 성취를 강요하지 말 것을 강조하였다. 표준행동목록은 게젤이 오랜 시간 아동을 대상으로 행동관찰과 부모면담을 통해 아동이 각 연령별로 할 수 있는 것과 할 수 없는 것을 밝혀내어 연령별 아동 행동의 표준이 되는 목록을 만든 것으로서 인간발달의 규칙성과 보편성을 제시하였다(문혁준 외, 2015).

(4) 성숙주의 접근에서의 영유아 교수학습방법

- 학습자의 타고난 능력이 발현될 수 있도록 정서적으로 안정된 환경을 제공해 주고 기다려 주는 것
- 유아의 싱징 발달을 주도하는 내부적인 힘이 발현되도록 돕고 촉진시켜 주는 것
- 자연스러운 학습 격려
- 학습자의 흥미를 따라가는 교육: 개별화 교육
- 자유롭고 허용적인 환경
- 세심한 관찰을 통해 요구를 파악, 필요를 충족시켜 주기
- 유아의 흥미에 따른 활동 선택을 존중하기

2) 행동주의 이론

행동주의 이론은 유전적 요인보다는 환경적 요인이 영유아의 발달이나 학습에 주된 영향력을 미친다고 보는 견해이다. 여기서는 고전적 조건형성이론과 조작적 조건형성 이론, 사회학습 이론을 중심으로 살펴보고자 한다.

(1) 왓슨(Watson: 1878~1958)의 고전적 조건형성 이론

왓슨은 행동의 기본 구성이 '자극-반응'의 단위이고 이 자극과 반응이 바라는 형태로 배열되는 한 어떠한 행동이라도 만들어지거나 설명될 수 있다고 본다. 인간의 가장 단순한 반사운동(빨기, 파악) 등은 타고나지만 인간의 인성, 성격의 모든 중요한 것들은 학습되어 진다고 보았다(김정희, 이용주, 조숙영, 2019). 왓슨은 고전적 조건형성의 원리가 아동의 행동에 적용될 수 있는지를 찾고자 11개월 된 앨버트(Albert)에게 흰쥐실험을 하였다. 흰쥐를 무서워하지 않고 오히려 손을 뻗쳐 만지려고 하는 영아에게 흰쥐를 보여주기 전에 큰 소리를 반복하여 들려주었더니 깜짝 놀라며 우는 반응을 보였다. 이를 반복한 결과, 영아는 흰쥐만 보아도 고개를 돌리며 피하고 울었다. 즉, 처음에는 중립자극이었던 흰쥐가 큰 소리와 연합하여 조건화된 놀란 반응을 보이는 조건형성이 이루어진 것이다. 나중에 영아는 토끼, 개, 솜, 털 코트같이 흰 털 달린 물건들을 모두 두려워하는 반응을 보였는데, 이러한 현상을 '자극일반화'라고 한다. 이와 같은 실험을 통해 공포나 사랑 등 영유아가 갖는 대부분의 정서반응은 고전적 조건 형성을 통하여 학습된다고 본다.

(2) 스키너(Skinner: 1904~1990)의 조작적 조건형성 이론

스키너는 반사적 반응이 아닌 유기체가 임의로 조작하는 행동으로 이루어지는 조건형성의 이론을 제시하였다. 이 이론에서는 영유아의 행동을 양육환경의 통제와 강화에 따라 바람직한 방향으로 수정할 수 있다고 본다. 영유아의 행동이 외적인 지도에 의해 수정되고 강화되므로 환경의 조절에 의해 영유아가 특정한 방향으로 행동할 수 있다고 한다. 이러한 접근에서 교사는 영유아가 형성해야 할 행동목록을 정하고, 바람직한 행동을 할 때 그 행동이 유지될 수 있도록 강화를 주는 역할을 한다. 강화는 시간이 지날수록 행동을 유지시키는 수단이 되는데, 특정 행동에 뒤따르는 자극사건이 그 행동을 다시 일으킬 가능성 또는 확률을 증가시킨다는 것을 의미한다. 강화의 유형에는 정적 강화와 부적 강화가 있다.

① 정적 강화

정적 강화는 행동 확률을 높이는 자극, 한 행동에 뒤따르는 자극 사건이 그 행동을 다시 일으킬 가능성 또는 확률을 증가시킨다는 것을 의미한다. 바람직한 행동을 증가시키기 위해 칭찬, 물건 제공 등의 좋은 대상물을 주는 방법이다.

〈효과적인 칭찬을 하기 위한 원리〉

① 효과적인 칭찬은 특별해야 하며 구체적이고 세부적인 진술이어야 한다.
② 효과적인 칭찬은 상황이 발생된 직후에 이행하여야 한다.
③ 정직하고 성실하게 언급하여 효과적인 칭찬이 될 수 있도록 한다.
④ 적절한 신체적 접촉 혹은 비언어적인 커뮤니케이션에 수반될 때 칭찬은 좀 더 효과적이 된다.
⑤ 효과적인 칭찬은 유아의 시도와 노력에 대한 보상효과가 있을 뿐 아니라 성공적으로 과업을 완성할 수 있도록 하는 자극제가 된다.
⑥ 칭찬할 때 부정적 언급은 피하여야 한다.
⑦ 완전하게 성공한 행동에만 칭찬하는 것을 피하여야 한다.
⑧ 행동의 각 단계가 성공적으로 끝날 때마다 칭찬하여야 한다.

출처: 김정희, 이용주, 조숙영(2019).

② 부적 강화

불쾌하거나 혐오스러운 자극의 철회를 통하여 그 행동은 강화된다. 부적 강화는 자극의 철회를 통하여 행동이 다시 일어날 확률을 증가시키는 결과를 가져오는 것이다. 즉, 바람직한 행동을 증가시키기 위해 영유아가 싫어하는 것을 제거하는 방법이다. 예를 들어, 동생을 잘 돌봐주는 유아에게 자신이 싫어하는 방청소를 면제해 준다.

(3) 반두라(Bandura: 1925~2021)의 사회학습 이론

영유아의 모방능력은 성장함에 따라 점차 정교해지는데, 특정 모델을 선택하여 모방한다. 대체로 부모의 양육행동, 타인으로부터 존경을 받는 모델, 자신보다 힘이 세며 매력적인 능력이 있는 사람을 모방한다. 생활 주변과 텔레비전, 영화 등에서 모델들을 접한다. 단, 영유아가 흥미를 갖고 모방하는 행동들은 모두 긍정적이지만은 않음을 알아야 한다.

표 2-1 인지과정의 네 가지 구성 요소

구성 요소	내용
주의집중요인(attention factor)	영유아가 상황과 사건을 변별하고 해석할 수 있는가?
기억요인(retentional factor)	영유아는 해당되는 상황 또는 사건에 관한 정보를 기억하는가?
재생요인(reproductive factor)	영유아는 상황과 사건을 재연할 수 있는가?
동기유발요인(motivational factor)	유아가 상황, 사건 등과 연관된 것들을 학습하려고 하는가?

출처: Bandura(1977).

(4) 행동주의 접근에서의 영유아 교수학습방법

- 학습자는 외부로부터의 교육에 수동적으로 반응하고 흡수하는 존재
- 외부로부터의 교수 행위를 통해 학습자 안에서 학습(환경적 자극을 통한 관찰 가능한 행동 변화)이 이루어지는 것
- 강화와 벌의 원리 적용
- 교육내용을 위계적으로 구조화하여 제공
- 대집단 중심
- 강의식, 설명법 활용
- 반복 연습
- 모델링을 통한 교육(모방, 관찰학습)

3) 구성주의 이론

구성주의 관점에서는 영유아의 발달 또는 학습이 영유아가 타고난 유전적인 요인과 환경적 요인의 상호작용 결과라고 본다. 구성주의 관점에 기초할 때 학습자는 학습의 주체로서 자신의 흥미나 경험, 이전의 지식을 바탕으로 새로운 지식을 구성해 가는 존재이다. 즉, 학습은 '학습자가 이전의 경험을 통해 습득한 지식을 바탕으로 새로운 지식을 구성하고 의미를 만들어 가는 과정'이다.

(1) 피아제(Piajet, 1896~1980)의 인지발달 이론

피아제는 아동의 사고 과정은 성인의 사고 과정과 질적으로 다르다는 것을 강조하였는데, 표 2-2, 표 2-3에서와 같이 주요 개념과 인지발달단계 특징을 제시하였다.

표 2-2 Piaget 이론의 주요 개념

용어	정의
도식 (schema)	유기체가 가지고 있는 기존의 체제, 즉 이해의 틀 또는 사고의 틀
동화 (assimilation)	외부 환경 자극의 정보를 받아들일 때 이를 기존의 틀에 끌어들여 해석하는 과정
조절 (accommodation)	새로운 환경 자극을 받아들일 수 없을 때 기존의 체제를 변화시키는 과정
적응(adaptation)	동화와 조절 중 어느 한쪽에 치우치지 않도록 평형을 이루는 것

표 2-3 Piaget 이론의 인지발달단계 특징

단계	특징
감각운동기 (0~2세)	영아는 감각과 운동 간의 관계를 발견하고 이를 조절하는 것을 배운다. 감각운동기 초기에는 생득적인 반사 활동을 보이나 후기가 되면 상징적 표상을 통하여 사고를 시작한다.
전조작기 (2~7세)	유아는 언어의 발달에 따라 상징적인 기호를 사용할 수 있게 되고 이에 따라 사고 능력에서 진보가 이루어진다. 그러나 이들 사고는 직관적이며 자신의 관점에서 벗어나지 못해 다른 측면을 고려하지 못하는 자아중심성을 보인다.
구체적 조작기 (7~12세)	아동은 양, 길이, 무게, 부피 등이 외형적으로 변화하여도 그 물질이 그대로 남아 있다는 것을 이해하는 보존개념을 획득하고 논리적인 조작을 통해 사물들 간의 관계를 이해하게 된다. 또한, 자기중심성을 탈피하면서 탈중심화가 이루어지고 서열화나 유목화를 할 수 있으며 분류 개념이 형성된다.
형식적 조작기 (12세 이후)	아동은 구체적이고 실제적인 상황을 넘어서 상징적인 추론이 가능해진다. 가설을 설정하고 체계적으로 검증할 수 있으며 이를 일반화할 수 있다.

영유아를 대상으로 교육을 수행할 때에는 발달적 특성에 따라 적절한 기대를 설정하는 것이 중요하다. 왜냐하면 유아들의 부적절한 행동 유형도 유아의 발달에 따라 다르므로 기대되는 행동도 이에 따라 달라져야 한다. 감각운동기에는 영아가 움켜잡거나, 물어뜯는 등의 행동으로 문제

가 발생되지만 이러한 행동과 결과를 인지적으로 관련짓게 하는 것은 어렵다. 이 시기는 양육자가 그 행동이 허용되지 않음을 알도록 분명하고 일관적인 반응을 해야 한다. 전조작기 유아는 언어를 획득하게 되지만 사고는 여전히 자기중심적인 특징을 가진다. 유아가 자신의 관점에서 세상을 인식하기 때문에 타인의 입장을 배려하도록 요구하는 방법은 발달적으로 적절하지는 않다. 오히려 유아가 그 상황을 어떻게 이해했는지 먼저 표현하도록 하여 수용한 후, 자신이 원하는 것을 하기 위한 또 다른 방법을 찾아보도록 유도하는 것이 요구된다.

표 2-4 전조작기 영유아의 사고 특징

사고 특징	내용
상징적 사고	영유아가 눈에 보이지 않는 사물이나 행동을 표상하기 위해 다른 무언가(상징)를 사용하는 능력을 말하며, 상징적 기능을 통해 정신세계가 크게 확장된다. 상징적 기능은 유아의 그림, 상징놀이, 언어를 통해서 가장 잘 표현된다.
자기중심성	정신적 표상을 하게 되었을 때 자신의 관점으로만 집중하는 경향이며, 다른 사람도 자신과 같은 방식으로 생각하고 느낀다고 가정한다.
물활론	무생물을 살아있는 생명체처럼 믿는 사고의 특징인데, 처음에는 모든 사물은 살아있다고 생각하다가, 움직이는 것만 살아 있다고 생각한다. 그 다음 단계에는 스스로 움직이는 것은 살아있다고 생각하다가 생물과 무생물의 개념을 파악하게 된다.
보존개념의 결여	보존개념(conservation)이란 대상의 외양이 변했다 하더라도 어떤 물리적 속성은 그대로 남아 있다는 것을 말한다. 이 시기의 유아는 보존개념이 없다고 보는데, 한 상황의 한 가지 측면만 보고 다른 중요한 특성은 무시해 버리는 중심화 특성 때문이다.
분류능력의 부족	논리적인 조작능력이 부족하기 때문에 대상을 유사성과 차이점에 근거하여 유목과 하위유목으로 분류하는 위계적 분류(hierarchical classification)를 어려워하는 특성을 보인다.

출처: 김정희, 이용주, 조숙영(2019).

(2) 비고츠키(Vygotsky, 1896~1934)의 사회문화적 인지 이론

비고츠키는 영유아는 타인과의 관계에서 영향을 받으며 성장하는 사회적인 존재임을 강조하면서 그들이 속한 사회, 문화 및 관습적 맥락을 함께 이해해야 함을 강조하여 인간발달에 대한 사회문화적 관점을 제시하였다. 비고츠키는 인간의 정신활동, 고등인지 과정, 사고와 행동을 조절하기 위해 언어를 사용하는 능력은 사회문화적 학습의 결과이며, 사고는 성인이나 자신보다 뛰어난 또래 간의 대화와 협력을 통해 발달한다고 보았다. 보다 성숙한 사회구성원들과 상호작용하는 과정 중에 자신이 속한 사회문화에 적합한 인지과정이 영유아에게 전이된다. 그러므로 사고 발달 역시 사회문화적 경험의 산물이다. 학습은 발달을 주도하는데, 학습에 발판화(스캐폴딩, scaffolding)를 제공함으로써 교육이 아동의 발달을 주도해 가도록 도울 수 있다(안선희 외, 2021). 교사는 과제가 새로운 것일 때, 보다 많은 도움을 주고 영유아의 능력이 증가함에 따라 도움을 줄여 나가며 점차 과제에 대해 보다 많은 책임을 맡게 함으로써 학습자의 자율성, 독립성, 책임감을 길러 주는 것이다. 이때 교사의 역할은 영유아의 학습에 민감하게 반응하며, 적절하게 발판을 설정해 주는 것이다. 이는 영유아의 인지발달을 위해 교사가 적극적으로 도움을 줄 수 있는 근거를 제공하고 있다.

또 다른 개념은 근접발달지대(the zone of proximal development)이다. 근접발달지대란 영유아가 혼자 해결할 수 없으나 성인이나 자기보다 뛰어난 또래와 함께 학습하면 성공할 수 있는 영역으로 학습과 인지발달이 일어나는 역동적인 민감성 지역이다. 그러므로 교육이란 영유아에게는 도전적이지만 민감한 성인의 안내를 받아 성취할 수 있는 활동들, 즉 근접발달지대에 있는 경험들을 제공하는 것으로 본다.

(3) 구성주의적 접근에서의 영유아 교수학습방법

- 학습은 학습자가 자신의 환경(물리적, 사회적)과 능동적으로 상호작용함으로써 지식을 구성하는 과정
- 학습자 중심 교육(요구, 흥미, 관심, 실제 삶의 맥락)으로 개인에게 의미 있고 타당하며 적합한 지식을 구성할 수 있게 돕기
- 사회적 상호작용의 기회 제공하기
- 발달수준에 적합한 기대수준을 설정하기
- 자기통제능력을 향상시키기
- 상황학습(실제 상황에서 배우는 것)이 필요함
- 갈등적 상황과 협동의 기회 활용하기
- 규칙 세우기에 참여하기

4) 정신분석 이론

정신분석이론에서는 인간심리발달의 원천을 인간의 무의식을 포함한 내면세계와 주변 사회환경에 두고 해석해 왔다. 여기서는 프로이트의 심리성적 이론과 에릭슨의 심리사회적 이론을 중심으로 살펴보고 영유아 교수학습방법에 주는 시사점을 찾아보고자 한다.

(1) 프로이트(Freud: 1856~1939)의 심리성적 이론

프로이트는 인간의 정신을 빙산에 비유하며 표 2-5에서처럼 의식, 전의식, 무의식으로 구성되어 있다고 하였다.

표 2-5 프로이트의 인의 정신구조

의식	인간이 인식할 수 있는 사고, 감정, 지각으로 구성됨
전의식	원할 때 의식화할 수 있는 것으로 기억, 사고, 꿈 등으로 이루어짐
무의식	정신의 가장 큰 부분을 차지하며, 관련 정보는 의식할 수 없음. 인간의 거의 모든 행동을 지배하며, 인간의 사고와 행동에 영향을 미침

프로이트는 인간의 성적 에너지인 리비도(Libido)가 일생동안 정해진 순서에 따라 신체 여러 부위에 집중되는데, 리비도가 집중되는 부위를 성감대라고 하였다. 성감대는 연령에 따라 변하며, 리비도의 집중 부위에 따라 성격발달을 구강기, 항문기, 남근기, 잠복기, 생식기 등의 다섯 단계로 나누었다. 성격발달 단계에 따른 특징은 표 2-6에 제시하였다.

표 2-6 프로이트의 성격발달 단계

단계	연령	특징	고착 성격
구강기	0~1세	구강 주위의 자극을 통해 쾌감을 느끼는 시기	손가락 빨기, 과식, 흡연
항문기	1~3세	배설물을 보유하고 방출하는 과정에서 쾌감을 느끼는 시기	인색하고 완고하며, 난폭한 성격
남근기	3~5세	성기의 자극으로부터 쾌감을 느끼는 시기	과시적, 공격적, 자기주장이 강함
잠복기	6~12세	성적 에너지가 무의식 속에 잠복하는 시기	이성과의 성관계에 어려움 겪음
생식기	13~18세	남근기의 성적 관심이 다시 나타나 이성에 대한 성적 관심이 높아지는 시기	자살, 비행, 정신이상

(2) 에릭슨(Erikson: 1902~1994)의 심리사회적 이론

에릭슨은 인간발달에 대한 심리사회적 환경의 중요성을 강조하여, 부모뿐만 아니라 가족이나 친구, 지역사회 등과 같은 사회문화적 배경이 인간발달에 있어 영향력이 크다고 보았다. 즉, 성격발달을 개인과 사회적 환경의 상호작용으로 이루어진다고 보았기 때문에 그의 이론을 심리사회적 이론이라고 한다. 에릭슨은 자아의 발달에 따른 자아정체감 형성의 중요성을 강조하였으며 자아를 성격의 자율적 구조로 강조함으로써 인간이 의사결정과 문제해결에 있어서 보다 더 합리적이고 논리적이라고 보았다. 에릭슨은 인간이 발달하면서 부딪치는 문제를 어떻게 극복해 가는가와 초기의 좌절이 어떻게 성장 후의 적응에 영향을 미치는가를 이해하는 것이 중요하다고 보았다. 심리사회적 이론은 초기 발달단계에서의 실패가 이후의 발달단계에 필연적으로 지장을 주는 것은 아니라고 보고, 낙관주의적 인간관을 제시하였다. 에릭슨은 각 발달단계마다 심리사회적 위기가 있다고 가정하였고, 그와 대조적인 개념인 발달의 위기를 함께 제시하면서, 각 단계마다 두 개념이 균형을 이루고 발달해야 그 다음 단계로의 이행이 순조롭다고 보았다.

표 2-7 에릭슨의 발달단계

단계		연령	발달 과제	덕목
1단계	신뢰감 대 불신감	0~1세	양육자에게 따뜻한 보살핌을 받은 영아는 세상에 대한 신뢰감을 형성하지만, 그렇지 않을 때는 불신감이 생긴다.	희망
2단계	자율성 대 수치심	1~3세	스스로 행동하고 결정하고 싶어 한다. 양육자가 선택권을 줄 때 영아는 자율성을 형성하지만, 강요하고 억압할 경우 수치심을 느낀다. 배변 실수 등의 기대에 못 미친 행동을 하면 회의감을 경험한다.	회의감·의지력
3단계	주도성 대 죄책감	3~6세	양육자가 유아의 새로운 목표를 지지해 줄 때 주도성이 발달하지만, 지나친 통제를 할 때 유아는 죄책감이 생긴다.	목적
4단계	근면성 대 열등감	6~12세	학교나 가정에서 여러 가지 기능을 배우는 과정에서 근면성을 형성하지만 실수나 실패를 할 경우 열등감을 형성한다.	능력
5단계	정체감 대 역할 혼미	12~18세	이 시기는 자신의 위치, 역할, 능력 등에 대한 자아 정체감을 형성하려고 한다. 그 과정에서 누군	충성심

단계		연령	발달 과제	덕목
			가 동일시 대상을 찾기도 하고, 역할 혼미가 생기기도 한다.	
6단계	친밀감 대 고립감	성인기	직업과 배우자를 찾게 되며, 다른 사람. 특히 이성과 친밀한 관계를 맺고 싶어 하나 잘 이루어지지 않으면 고립감을 느낀다.	사랑
7단계	생산성 대 침체성	중년기	자녀 양육과 직업을 통해 다음 세대에 공헌하고 싶어 한다. 반면 이러한 생산성을 경험하지 못한 사람들은 의미 있는 성취감을 느끼지 못하고 삶의 침체에 빠진다.	배려
8단계	통합감 대 절망감	노년기	지금까지의 삶을 돌아보며 가치 있는 삶이었음을 느끼지만, 자신의 삶에 만족하지 못하는 사람들은 절망을 느끼고 죽음을 두려워한다.	지혜

출처: 김정희, 이용주, 조숙영(2019).

(3) 정신분석적 접근에서의 영유아 교수학습방법

- 개별 아동의 독특성을 바탕으로 이들의 과거 경험과 왜곡되었거나 충족되지 못한 초기 욕구를 이해하여 문제증상 제거하기
- 놀이를 통해 영유아의 문제가 자연스럽게 표현되도록 지원하기
- 무의식에 잠재되어 있는 문제를 놀이를 통해 해소할 수 있음
- 놀이를 통한 상담 및 치료가 필요함
- 영유아의 개별성과 독특성을 이해하려는 태도 가지기
- 개별 영유아의 가정환경 파악, 독특한 과거 경험이나 고유성을 그대로 수용하기
- 영유아의 감정, 사고, 행동을 지배하는 무의식의 요소 인식하기
- 문제행동을 보일 때 훈육보다는 원인을 이해하기

5) 인본주의 이론

인본주의 교육과정에서는 인간의 자아실현을 목표로 한다. 따라서 학생들의 잠재력을 발휘하고 다른 사람과 함께 지낼 수 있는 환경을 조성함으로써 행복하고 창조적인 사람으로 발달하도록 돕는 것 등이 학습 내

용에 포함된다. 여기서는 로저스의 인간중심이론과 매슬로우의 욕구의 위계이론의 관점에서 교수학습원리를 모색하고자 한다.

(1) 로저스(Rogers: 1902-1987)의 인간중심이론

로저스이론의 주요 개념은 자신에 대한 자아개념의 발달이라 할 수 있으며, 자아개념은 주변의 수많은 사건에 대하여 사람이 어떻게 반응하고 또 그들 사건들과 관련되어 자기 스스로를 어떻게 느끼느냐에 기초하여 형성된다고 보았다. 또한 타인으로부터 인정받고, 수용되고, 지원받는 등의 긍정적인 관심에 대한 욕구는 누구나 갖고 있으며, 타인으로부터의 긍정적 관심이 내면화되어 자신을 긍정적으로 생각하게 된다고 본다. 만약 유아가 어른으로부터 긍정적인 인정을 받지 못한다면, 유아는 자신의 잠재력을 발휘하기보다는 어른으로부터 인정을 받으려는 데에 에너지를 사용하게 되어 자아 발달에 문제가 생길 수 있다. 그러므로 타인으로부터 긍정적인 관심을 받고, 유아 나름의 개인적 지각을 인정받을 때 비로소 온전한 인간으로 기능할 수 있게 된다. 로저스 이론에 의한 교수법에 영향을 줄 수 있는 기본적 원리는 다음과 같다(김정희, 이용주, 조숙영, 2019).

① 심리적 관계 형성: 애정적이고 신뢰할 수 있는 양육자와의 관계 형성이 먼저 이루어져야 한다. 양육자와 유아 간의 긴밀한 애착관계의 형성은 발달과 행동지도에 중요한 의미를 가진다.

② 불일치된 상황의 인식: 유아의 실제 상황이 자신의 견해와 일치되지 않는 경우가 일상생활에서 자주 있음을 이해하는 것이 필요하다. 예로, 동생이 사랑스러운 존재인지 알았는데, 자신의 놀잇감을 뺏어가고 엄마의 관심을 독점하는 상황을 경험한다.

③ 민감하고 지원적인 성인: 부모나 교사는 유아 자신의 느낌에 대해 이성적으로 다가가기보다는 우선적으로 유아에 대한 모든 감정을

있는 그대로 수용하고 개방적인 자세를 취해야 한다.

④ 유아의 감정을 수용: 유아를 독립된 인격체로 보고 이들에게 모든 종류의 감정이 존재한다는 것을 수용하는 것이 필요하다. 교사가 유아의 느낌을 인정하고, 함께 공유하며, 감정이입을 느끼고, 다정함을 보이는 등의 언어적 표현 또는 비언어적 접촉을 해야 한다.

⑤ 감정이입의 표현: 부모나 교사는 영유아에 대해 수용한 것과 감정이입한 부분을 해당 영유아에게 표현해야 한다. 영유아의 두려움, 분노, 질투 등의 감정을 이해하고, 이들에게 무엇이 이해되어졌는지에 대한 구체적인 의사소통을 해야 한다.

또한 로저스이론을 기초로 의사소통에 도움이 되는 언어적 표현의 유형은 표 2-8과 같다.

표 2-8 의사소통에 도움이 되는 언어적 유형

언어적 표현	특징 및 효과
조용히 들어주기	유아에게 문제가 생겼을 때 자신의 문제를 이야기할 수 있도록 조용히 계속 들어주는 것이다. 유아로부터 자신의 문제를 이야기하도록 하기 위해서는 먼저 심리적 · 애정적 관계가 형성되어야 한다.
인식반응	유아가 열심히 자신의 이야기를 하는데 교사가 묵묵히 듣고만 있다면 유아 자신은 어느 정도 수용되고 있는지 확인할 수가 없다. 그러므로 인식반응은 교사가 열심히 듣고 있으며 유아가 느끼는 감정을 수용하고 있음을 언어적 · 비언어적으로 표현하여 주는 것을 의미한다.
말하도록 유도하기	교사나 부모들이 유아들로 하여금 자신의 감정이나 문제를 이야기할 때 지속할 수 있도록 격려하여 주는 것으로 비평하거나 판단이나 질책 없이 문제를 함께 걱정하고 있음을 전달하는 것이다.
적극적으로 경청하기	교사나 부모들이 유아들에게 감정이나 생각이 존중받고 이해되고 수용되고 있다는 것을 느끼도록 하기 위해서는 적극적으로 들어주어야 한다.

출처: 지성애, 홍혜경(2008).

(2) 매슬로우(Maslow: 1908-1970)의 욕구위계론

매슬로우는 유전이 성격발달에 중요한 역할을 수행하고 있으며 유전 구조 속에 잠재적 재능이나 흥미가 결정지어졌다고 인정하였지만 이러한 유전적 토대 위에서 자아실현은 환경에 의해 결정된다고 하였다(Maslow, 1965). 또한 인간의 동기에 대한 가정을 다음과 같이 제시하였다.

- 한 인간의 행동은 여러 가지 동기에서 나온다. 예로, 성에 대한 욕구는 성적인 욕구뿐만 아니라 지배, 교제, 사랑과 존중의 욕구로 동기화된다. 또한 어떤 행동의 동기는 무의식적이고, 그 사람도 모른다.
- 인간은 계속해서 하나나 또 다른 욕구에 의해 동기화된다. 예로, 굶주림의 욕구가 채워지지 않으면 계속 음식을 찾으나 먹을 것이 충분할 경우 안전, 애정 같은 다른 욕구를 갖게 된다.
- 모든 곳의 모든 인간은 똑같은 기본적인 욕구에 의해 동기화된다.

매슬로우의 욕구의 위계는 1단계부터 5단계까지 제시하였는데, 낮은 수준의 욕구는 반드시 채워져야 하거나 상위 수준 욕구 전에 비교적 채워져야 한다고 가정한다(김정희, 이용주, 조숙영, 2019).

표 2-9 매슬로우의 욕구 5단계

욕구단계		특징
5단계	자아실현의 욕구	자기 성취, 자신의 잠재력을 포함하여 창조적인 것을 실현하는 것이다. 자아실현에 도달한 사람은 온전한 사람이고 다른 사람이 중요시하지 않는 욕구를 채운 사람이다.
4단계	존중의 욕구	자아존중감, 유능감, 명예 등이 해당한다. 명예는 타인의 눈에 의한 위엄, 인정이나 평가이고, 자아존중감은 자신의 견지에서의 가치감과 자신감이 해당된다.
3단계	애정, 소속의 욕구	우정, 사랑에 대한 욕구, 가족, 동아리, 이웃이나 국가에 소속되고자 하는 욕구 등이 해당된다. 심리적으로 성장하기 위해 영유아는 사랑이 필요하기 때문에 이 욕구를 채우려는 시도가 뚜렷하고 직접적이다.

욕구단계		특징
2단계	안전의 욕구	신체적인 안전, 안정성, 의존성, 보호, 질병, 공포, 걱정, 위험, 무질서 같은 위협적인 것에서 자유롭고자 하는 욕구이다. 법, 질서와 구조에 대한 욕구도 포함된다.
1단계	생리적 욕구	인간의 가장 기본적이며 강력한 욕구에 해당되며, 음식, 물, 산소, 몸의 체온 유지 등에 관한 욕구이다. 완전히 만족되거나 넘치게 만족될 수 있는 유일한 욕구이며, 계속해서 다시 생긴다.

(3) 인본주의적 접근에서의 영유아 교수학습방법

- 교사는 영유아의 권리를 존중하고 도덕적인 안내를 하는 전문가임
- 영유아가 책임감 있는 결정을 내리고, 그 결과를 생각해 보도록 돕기
- 교육의 우선순위는 영유아를 능력 있고 성인과 동등한 존재로 보고 민주적인 기술을 가르치는 것
- 교사의 권위적 통제는 지양하고, 영유아와의 감정교류와 친밀감 형성에 중점을 두기
- 자기이해를 통해 스스로 자아를 형성하도록 도와주기
- 영유아는 협력적 학습자, 민주적인 교실분위기 조성하기
- 교사와 영유아 간 권력을 공유하여 동등하고 공평한 관계 형성
- 도덕적 행동을 이끌어내고, 공감과 도덕적 추론능력 지원하기
- 영유아의 자율권 인정, 스스로의 힘을 갖도록 돕기

2 영유아 교수학습의 원리

영유아는 발달 속도가 빠르고 집중력이 짧아 정해진 시간표에 의해 엄격하게 하루일과가 진행되고 교수학습이 이루어지기 어렵다. 영유아와 교사 간의 교수학습이 효율적으로 이루어지기 위해서는 영유아발달에 대한 이해가 필수적이다. 여기에서는 영유아의 발달적 특징과 놀이특징, 이에 따른 영유아 교수학습의 원리를 살펴보고자 한다.

1) 영유아의 발달특징과 놀이특징

생후 24개월이 될 때까지의 영아들이 감각운동적 활동을 통하여 세상과 활발히 상호작용을 하는 시기이다. 0세인 12개월까지의 영아들은 무엇보다 낯선 환경에 대한 적응을 해야 하는 시기이다. 따라서 0~1세 영아를 위한 교수학습은 안전하고 일관성 있는 상호작용과 환경 및 분위기 조성이 중요하다. 1세부터 24개월까지의 영아들은 두 발로 걸으며 공간이동을 하고, 공간에서 만나는 사물과 사람들을 탐색하면서 자신과 타인을 식별하고, 사물의 이름을 알고자 하며, 보고 들은 것을 기억했다가 따라 하는 지연모방을 한다. 주변에 대해 궁금하고 호기심이 발생하는 것에 대해 질문을 하는 등의 인지적 탐색이 활발한 시기이다. 또한 오감각 활동을 할 수 있도록 자료 제공 및 실내외를 오가며 안과 밖의 감각적 차이를 경험할 수 있도록 기회를 제공한다(박찬옥 외, 2020).

표 2-10 영아기 놀이 발날 특징과 대표직인 놀잇감

구분	발달 특징	놀이 특징	놀잇감
영아기 (2세 이하)	• 급격한 신체 발달 • 자신의 요구나 느낌을 비언어적 행동과 언어적 행동으로 표현 • 눈의 협응을 통하여 애정을 교환, 다른 사람과의 사회적 행동을 보임 • 시각적 탐색의 절정기 • 자신과 타인을 구별하고, 자아정체감 형성 • 양육인에 대한 근접 추가와 자율성이 공존 • 이동능력의 증진으로 능동적인 학습을 하게 됨	• 우연히 발견한 사물에 흥미를 느껴 감각기능과 운동능력을 이용하여 반복적으로 탐색 놀이를 함 • 유아의 흥미를 지속시키기 위해 단순한 놀이활동을 자주 함 • 사물을 자신이 살고 있는 문화 안에서의 기능으로 활용하는 기능놀이를 함(음료수 컵을 마시는 흉내를 냄. 장난감 휴대폰을 진짜 휴대폰처럼 사용함)	• 많이 안아 주고(촉각), 월령(月齡)에 맞는 장난감을 주는(시각) 등 다양한 자극을 줌 • 모빌 • 딸랑이 • 봉제완구 • 거울 • 수건 • 부드러운 이불 • 선이 분명한 그림 • 대근육을 이용하는 놀이 • 여러 가지 크기의 공(농구공, 축구공 등) • 볼링핀

구분	발달 특징	놀이 특징	놀잇감
	• 활발하게 주위를 탐색, 탐색은 숙달감으로 연결되어 주변 세계가 호기심의 대상이 됨 • 공간적 탐색, 부분과 전체의 관계에 대해 알기 시작 • 자의식이 표현, 자기 주장과 고집이 셈	• 밀고 당기는 놀잇감이나 여러 가지 탈것, 안전한 실내 운동 시설을 이용한 대근육놀이를 좋아함	• 다양한 촉감의 장난감 • 탱탱볼 • 큰 블록

출처: 이순복 외(2013).

만 3세경에는 타인으로부터 인정을 받고자 하는 욕구가 강해진다. 따라서 3세 유아를 위한 교수학습은 교사의 관심 · 칭찬 · 격려를 통해 유아가 사회적 자아개념을 잘 형성할 수 있도록 돕는 데 중점을 둔다.

표 2-11 3세의 놀이 발달 특징과 대표적인 놀잇감

구분	발달 특징	놀이 특징	놀잇감
3세	• 기초적인 운동 능력의 발달 • 대근육 조절 능력의 증진 • 단순하고 구체적이며, 감각적인 사고를 함 • 자율성과 독립심이 싹틈 • 성인의 인정과 칭찬, 관심이 많음 • 언어 발달은 세 단어 시기에 해당함 • 어휘 수의 급격한 증가 • 한 가지 특성에 의존하여 사물을 판단하는 경향이 있음 • 단순한 원인-결과관계의 이해 • 초보적인 가위질과 그림 그리기가 가능함 • 그림책을 보면서 실제 내용과 비슷하게 꾸며 읽음	• 자신의 신체 기술을 연습하고 숙달하는 놀이를 많이 함 • 간단한 조작 활동을 좋아함 • 놀이 형태가 단순하고 같은 행동을 반복함 • 놀이 지속시간이 짧음 • 자아중심성으로 인해 혼자놀이와 병행놀이에 참여함 • 놀이에 성차는 나타나지 않음 • 성인 의존적인 놀이 • 주변에서 관찰한 행동을 모방하며, 사물을 사용한 상징놀이	• 세발자전거 • 가볍고 푹신한 큰 공 • 꼭지 달린 퍼즐 (5~8조각) • 그림책 • 장난감 전화기 • 큰 블록 • 밀가루 점토 • 리듬 악기 • 물, 모래 놀잇감 • 크레파스와 종이, 물감 • 그네, 미끄럼틀, 시소, 트램펄린 • 소꿉놀이 도구, 봉제인형, 유모차 • 타거나 밀고 다니는 장난감(씽씽카, 붕붕카)

출처: 이순복 외(2013).

만 4세는 자신의 능력을 향상시키기 위한 노력을 많이 한다. 즉, 달리다가 멈추거나 유연하게 방향을 바꾸는 운동능력을 보이고, 알고 있는 이야기를 바꾸어 보기도 하고, 생각한 것을 제안해 보기도 하며, 새로운 아이디어를 표현해 보고자 시도를 한다. 이 시기는 자신의 능력이나 의지에 대해 다른 사람이 알아주기를 정서적으로 표현하며, 격려나 반응을 얻으면 더욱 노력하고자 하는 주도성을 발달시켜 나간다.

표 2-12 4세의 놀이 발달 특징과 대표적인 놀잇감

구분	발달 특징	놀이 특징	놀잇감
4세	• 대근육 활동이 활발하고, 소근육과 눈과 손의 협응력의 발달이 점차 정교화됨 • 탐색적, 논리적 사고의 발달이 활발히 이루어짐 • 사물의 속성과 기능의 유사점 및 차이점에 의한 분류, 범주화 능력이형성되기 시작함 • 친구를 좋아하고, 동성의 유아에게 관심 • 타인을 이해하는 능력의 발달 • 남녀의 성역할 인식 • 4~5단어로 문장을 구사함 • 인정과 칭찬에 민감함 • 글자, 숫자, 단어 인식 • 왕성한 호기심으로 질문이 많아짐	• 친구와 함께 하는 연합놀이가 나타남 • 상징놀이의 양적, 질적 발점 • 집단 구성놀이가 나타남 • 탐색적, 모험놀이를 즐김 • 학습과 연관된 놀이에 관심(수, 분류, 언어놀이)을 보이기 시작함 • 책보기를 즐김 • 자유롭게 탐색하고 창의적으로 표현하는 놀이를 즐김(쌓기, 미술 등) • 남아는 동적이고 활발한 놀이, 여아는 정적 놀이를 선호함	• 세발자전거 • 퍼즐(9~12조각) • 인형과 소꿉도구 • 미술 자료 • 레고 블록 중형 • 목공놀이 도구 • 수 조작 놀잇감 • 자물쇠 잠그기 • 운동놀이 기구(탈 것, 매트, 뜀틀, 볼링, 공)

출처: 이순복 외(2013).

만 5세 유아들은 능동적이고 목표지향적 행동을 하게 되며, 규칙을 만들어 보고 놀이에 적용한다. 주변의 기대에 맞게 행동하려는 욕구와 자기중심적 성향이 공존한다(박찬옥 외, 2020). 만 5세 유아를 위한 교수학습은 유아가 놀이를 주도할 수 있는 기회를 제공하고, 생각과 감정을 표현하며 상상력과 창의성을 자유롭게 표현할 수 있는 데 중점을 둔다.

표 2-13 5세의 놀이 발달 특징과 대표적인 놀잇감

구분	발달 특징	놀이 특징	놀잇감
5세	• 자신의 운동기술을 실험해 보는 놀이를 선호함 • 유머감각의 발달 • 안정되고 균형적인 동작이 가능함 • 비교적 정확한 문장을 구사함 • 읽고 쓰는 일에 흥미를 느끼고 기본 기술의 습득 • 신체 협응과 대 · 소근육발달의 정교화 • 보존개념, 시간, 공간개념, 인과관계, 과학개념의 발달 • 거의 성인 수준과 비슷한 완전한 문장표현과 이해력 • 상호작용 기술의 발달 (돕기, 협동하기, 협상하기, 공감하기)	• 또래지향적 놀이 • 여아는 제일 좋아하는 친구를 선택하고, 남아는 집단 놀이를 선호함 • 놀이집단의 소속감을 느낌 • 실외 놀이를 좋아하고, 쌓기놀이 시 복잡한 구조물을 만듦 • 협동놀이의 발달 • 규칙 있는 게임을 선호 • 주변 세계의 관찰과 실험하는 놀이를 즐김 • 다양하고 정교한 놀이를 선호함 • 놀이 지속 시간의 증가 • 상징놀이의 규모가 커지고 계획하게 조직적으로 진행됨	• 두발자전거 • 퍼즐(13~20조각) • 다양한 블록 (캐프라, 플라스틱, 유닛, 레고 소형 등) • 디자인과 패턴 만들기 놀잇감 • 조립 세트 • 규칙 있는 게임류 • 운동기구 놀이 • 바느질하기 • 미술 자료 • 컴퓨터 • 숫자 카드, 글자 카드 • 그림 동화책 • 과학놀이 도구 • 목공놀이 도구 • 상징놀이 소품

출처: 이순복 외(2013).

2) 영유아 교수학습의 가정

NAEYC(1991)에서는 피아제(Piajet), 비고츠키(Vygotsky), 에릭슨(Erikson) 등의 이론들을 중심으로 하여 유아교육에서 연구된 유아의 학습과정에서 관한 가정들을 다음과 같이 정리하고 있다(김진영, 백혜리, 최윤정, 2003).

① 유아는 신체적 욕구가 충족되고 심리적으로 안전하다고 느꼈을 때 가장 잘 학습한다.
② 유아는 스스로 지식을 구성한다.
③ 유아는 성인과 다른 유아와의 사회적 상호작용을 통해 학습한다.
④ 유아의 학습과정은 인식에서부터 시작하여, 탐색으로, 조사로 진전되며, 끝으로 활용으로 옮겨 가는 순환적 주기를 따른다.
⑤ 유아는 놀이를 통해서 배운다.
⑥ 유아의 흥미와 '알고자 하는 욕구'는 학습을 자극한다.
⑦ 인간의 발달과 학습은 개개인에 따라 다양하다는 것이 특징이다.

3) 영유아 교수학습의 원리

(1) 놀이 중심의 원리

놀이 중심의 원리란 '영유아는 자신의 흥미와 관심에 따라 자발적으로 참여하고 몰입한 놀이를 통해 더욱 의미 있게 배울 수 있다'는 원리이다. 놀이는 영유아의 삶 자체이자 세상을 배우고 익히는 기회로서 좋아하는 놀이를 하는 동안 영유아는 주변의 사물과 상황에 관련된 지식과 기술 및 태도를 자연스럽게 발전시킬 수 있다. 특히 놀이를 통한 신체적 움직임은 운동과 균형을 담당하는 소뇌의 기능 및 인지적 사고를 주관하는 대뇌피질의 활성화에 긍정적인 영향을 미친다(김경철, 홍정선, 2005). 또한 놀이 속에서 경험하는 다양한 감각자극들은 대뇌피질을 자극하여 인지적 사고 기능의 발달을 촉진한다. 그뿐만 아니라 영유아가 놀이를 하면서 느끼는 긍정적인 정서(즐거움, 재미, 몰입, 행복감 등)는 학습의 효과를 높이는데 긍정적으로 기여하게 된다(서동미, 엄은나, 이혜경, 박성희, 2020).

(2) 개별화의 원리

개별화의 원리란 '학습자의 개인적 요구와 능력에 알맞은 학습 활동의 기회와 교수학습방법을 제공해 줄 때 더욱 의미 있는 학습이 일어날 수 있다는 것'이다(김경철, 홍정선, 2005). 즉, 교육은 학습자를 개별적 존재로 인정해야 하고 그 개인에 맞는 교육방법을 제공해야 한다. 같은 연령이라 하더라도, 영유아에게는 개인차가 있으며, 개별 영유아의 흥미, 이해 정도에 따라 교수학습방법을 적합하게 제공할 때 유의미한 학습이 잘 이루어진다는 원리이다. 개인은 지능, 특성, 흥미 등의 면에서 각자 차이가 있다. 개별화의 교수방법으로는 두 가지가 있다. 하나는 개인에 따른 능력별 지도와 개별화를 강화하는 방법이다. 둘째, 학습 집단 속에서 개성을 살려 공동작업을 할 수 있게 하는 방법이다.

(3) 생활중심의 원리

생활중심의 원리란 '영유아는 자신의 생활 맥락에 가깝고 친숙하며 의미 있는 상황 속에서의 경험을 통해 가장 잘 학습한다는 것'이다(김경철, 홍정선, 2005). 기존에 알고 있는 지식과 새로운 정보가 의미 있게 연결될 때 영유아는 더욱 긍정적인 정서와 동기를 가지고 학습 내용에 더 잘 집중하게 되며, 결과적으로 적은 노력으로도 높은 학습 효과를 볼 수 있다.

(4) 탐구학습의 원리

탐구학습의 원리란 '영유아는 자신에게 흥미 있는 문제를 스스로 제기하고 발견하는 탐구 과정을 통해 더욱 효과적으로 학습할 수 있다'는 것을 의미한다(김경철, 홍정선, 2005). 즉 영유아는 자신의 흥미와 호기심, 질문으로부터 문제해결에 이르는 탐구 과정에 자발적으로 참여할 때 흥미와 집중력을 오래 유지할 수 있다. 또한 이러한 탐구경험은 학습 동기와 주도성 및 성취감, 창의력과 문제해결력 향상에 긍정적인 영향을 미친다. 탐구학습의 원리에 기초한 대표적인 교수학습방법에는 프로젝트접근법, 문제해결학습, 발견학습 등이 있다(서동미, 엄은나, 이혜경, 박성희, 2020).

(5) 통합성의 원리

통합성의 원리란 '영유아의 인지 · 언어 · 사회 · 정서 · 신체 영역의 통합적 발달이 이루어지도록 교육 활동을 계획할 때 더욱 잘 배울 수 있다는 것'을 의미한다(김경철, 홍정선, 2005). 영유아의 발달은 각 발달 영역 간에 상호 유기적인 영향을 주고받으며 통합적으로 이루어진다. 영유아의 과거 경험과 현재 경험이 연결되고, 영유아가 또래 및 교사와 경험을 공유하며, 가정과 교육기관, 지역사회가 서로 협조하는 등 상호 연결되어 전체성을 이룰 때 유의미한 학습이 진행된다. 따라서 지식과 기능을 포함하여 자연과 사회의 여러 생활영역과 상호작용하며 통합될 수 있는 전인교육이 이루어져야 한다. 유아의 생활이 통합적이기 때문에 교재나 활동, 가르칠 교과영역 등이 통합적으로 실시되어야 한다.

(6) 흥미 · 자발성의 원리

인간의 성장 발달은 내부의 자발성에 의해서 이루어지며 이것이 외부 환경의 영향을 받아서 인격으로 완성된다. 수업은 학습자 스스로가 배우고자 하는 자발적인 의욕을 가지고 있을 때 이루어진다. 즉 동기가 내재된 학습을 하는 것이 중요하다. 이는 흥미의 원리, 자기활동의 원리, 활동 중심의 원리라고도 일컬어진다(김진영, 백혜리, 최윤정, 2003). 흥미의 원리는 교수 · 학습의 결정권이 누구에게 있느냐의 문제와도 밀접한 관련이 있다. 영유아의 의사를 최대한 존중하여 흥미를 유발할 수 있도록 환경을 조성하고, 자발적인 활동을 촉진해야 한다. 성인 주도의 일방적 교수방법은 영유아의 학습의욕을 감소시킨다.

(7) 구체성의 원리

구체성이란 눈에 보이는 사물과 사건을 말하며 유아의 학습을 위해 활동 및 자료는 만지고 조작할 수 있는 실물을 주는 것이 효과적이다. 구체물을 가지고 충분히 조작한 후에 추상적이고 상징적인 것으로 진전된다. 오감을 활용한 탐색활동이 주로 일어나는 영아기뿐만 아니라 유아기에도 직접 만지고 듣고 조작할 수 있는 자료를 제공하는 것이 바람직하다. 구체성은 상대적이다. 글과 그림의 관계에서는 그림이 글보다 더 구체적이지만, 상대적으로 사물이나 실제 동작보다는 덜 구체적이다. 영유아의 발달, 흥미, 사고 특성을 고려하여 구체적인 것에서 추상적인 것으로 나아갈 수 있도록 돕는다(신혜은, 고태순, 장세희, 2014). 영유아의 이해를 돕기 위해 일상생활 도구, 놀잇감 등 다양한 구체물을 사용하거나, 동영상 · 그림 · 사진 · 도표 등 시청각적 자료를 제시하고, 직접 신체표현 · 동화구연 등 지각적 인상이 강한 방법들을 사용하여 상호작용하도록 한다(박찬옥 외, 2020).

(8) 사회화의 원리

사회화의 원리는 영유아들이 다양한 형태의 집단생활을 통해 사회적 관계를 형성하고 협력, 나누어 쓰기, 도움주기와 같은 긍정적인 상호작용을 학습할 수 있는 기회를 제공하는 것을 의미한다. 영유아들은 사회적 관계를 통해 사회적 질서를 알아갈 뿐 아니라 공동과제를 수행하면서 경험하게 되는 협력을 통한 문제해결을 통해 인지적인 발달을 도모할 수 있다(신혜은, 고태순, 장세희, 2014).

(9) 다양성 및 융통성의 원리

같은 상황이라도 영유아들은 서로 다른 생각과 느낌을 가질 수 있다고 인식하고 인정하며, 영유아의 개별적 성향을 열린 마음으로 수용하여 교수학습방법을 다르게 제공할 때 유의미한 학습이 잘 이루어진다는 원리이다. 융통성의 원리를 따르는 교사는 사전에 작성한 일일교육계획안을 운영하면서도, 그날의 즉흥적인 상황에 따라 계획된 활동을 바꾸어 차질 없이 운영하는 유연함을 보인다. 또한 영유아 개개인의 다양성을 존중하며 영유아의 생각과 느낌을 경청하고 그 입장을 배려하는 태도를 보인다(박찬옥 외, 2020). 이러한 교수학습과정에서 영유아는 다양성에 대한 경험을 익히게 된다.

생각해봅시다

1. 실제 영아와 유아를 선정하여 이들의 놀이특징을 관찰한 후 놀이행동을 분석해 봅시다.

2. 본 장에서 다루어진 성숙주의, 행동주의, 구성주의, 정신분석 이론, 인본주의 이론을 중심으로 각 교사의 교수법에 대한 특징을 정리해 보고 본인이 선호하는 교사역할에 대해 발표해 봅시다.

3. 본문에 제시된 [7가지 영유아 교수학습의 가정]을 팀별 토론을 통해 2-3가지 추가해 봅시다.

PART Ⅱ

영유아 교수학습의 운영

CHAPTER 03

교수학습에서 교사의 역할 및 상호작용

학습목표

1. 영아교사의 역할 및 상호작용원리를 기술할 수 있다.
2. 유아교사의 역할 및 상호작용원리를 설명할 수 있다.
3. 교사의 자질을 이해하고 나열할 수 있다.

역할은 어떤 위치에 있는 사람에게 사회적으로 기대하는 활동 유형을 의미한다. 교사의 역할은 교사의 세계관, 철학, 신념과 가르치는 대상을 이해하는 것에 따라 달라진다. 따라서 영유아교사의 역할은 사회가 영유아 교육을 위해 교사에게 기대하는 행동을 뜻하며, 교사가 영유아의 발달 특성과 중요성을 얼마나 잘 인식하고 있는지에 따라 달라진다고 본다.

영유아 교육의 질을 결정하는 요소는 학급 규모, 물리적 환경, 교육 프로그램 등 여러 가지가 있지만 무엇보다 가장 중요한 것은 영유아교사이다. 교사는 영유아의 학습과정에서 중요한 역할을 한다. 영유아와 교사의 상호작용은 영유아의 발달에 의미 있는 경험으로 지원된다. 따라서 교사의 역할과 상호작용의 의미를 살펴보고 전문성을 지닌 교사로 성장하기 위한 교사의 자질을 고민해봐야 한다. 유아교사의 역할과 상호작용 원리는 다음과 같다.

1 영아교사의 역할 및 상호작용원리

영아는 발달 특성상 성인의 돌봄과 보호가 절대적으로 요구된다. 영아교사는 영아에게 안정되고 따뜻한 환경을 제공하는 것이 중요하다. 영아의 반응에 민감하게 반응해야 하며 수용적인 태도를 가져야 한다. 더욱이 영아교사는 수유 및 기저귀 갈기와 같은 영아의 기본적 욕구를 충족시켜 주며 정서적 안정감을 느낄 수 있도록 사랑과 관심으로 영아를 돌봐야 한다.

영아교사의 특수성으로 인해 초임 교사가 영아를 담당하게 되면 돌봄의 문제에서 많은 갈등을 겪을 수 있다. 그러나 갈등의 시기가 지나면 영아교사의 역할을 이해하며 적응하게 된다(천혜정, 2007). 영아교사가 영아기 발달과 관련된 전문적인 지식을 갖고 영아의 발달에 적합한 상호작용을 실시할 때 영아가 어린이집에 잘 적응하고 행복한 생활을 하게 되므로 영아교사의 상호작용원리를 이해하고 활용하는 것이 중요하다.

1) 영아교사의 역할

(1) 안정적 애착 형성

영아교사의 일차적 역할은 영아를 양육하며 보호하는 것이다. 영아교사는 영아를 안전하게 보호하고 신체적 · 생리적 욕구를 충족시켜 주며 건강을 돌봐주는 역할을 해야 한다. 따라서 영아교사는 영아와 개별적인 관계를 형성해야 하고 영아의 욕구충족을 위한 민감성을 가져야 한다.

영아기는 애착이 형성되는 결정적 시기이다. 영아는 주양육자와의 안정적 애착뿐 아니라 하루 중 많은 시간을 함께 보내는 영아교사와의 애착이 중요하다. 교사와 애착이 형성되었을 때 어린이집 생활에 적응하며 안정된 생활을 할 수 있게 된다. 특히 현대사회에서 영아가 영유아교육기관에서 영아교사와 지내는 시간이 많아지면서 영아와 교사의 관계가 영아발달의 중요한 요인으로 인식되었다. 따라서 교사는 영아와의 긍정적인 애착 형성을 위해서 바라보기, 안아주기, 이름 불러주기, 신체 접촉하기 등의 상호작용을 해야 한다.

(2) 환경 제공자

영아교사는 영아의 발달단계에 맞는 환경을 제공하는 역할을 한다. 영아가 생활하는 실내 및 실외환경을 조직함에 있어 영아의 발달적 욕구에 민감해야 한다. 또한 영아가 자유롭게 자연을 탐색하고 건강하게 성장할 수 있는 환경을 제공해야 한다.

교사는 영아에게 안전한 환경을 제공해 줘야 한다. 영아는 스스로 주변 환경의 안전을 인식하고 대비하는 것이 미흡하므로 교사가 영아의 환경을 민감하게 점검하는 것이 필요하다. 영아는 입으로 놀잇감을 탐색하거나 던지며 놀이하기 때문에 안전사고로 이어지는 경우가 많다. 따라서 교사는 영아가 위험해지거나 다칠 수 있는 환경을 제거하고 안전한 놀잇감을

제공해 줘야 한다. 또한 영아는 조절능력과 균형감각이 부족하기 때문에 신체를 움직이다가 다치는 경우도 많다. 그러므로 안전한 환경에서 자유롭게 움직이면서 놀이할 수 있도록 발달에 맞는 놀잇감을 지원해야 한다.

그러나 교사가 안전사고를 예방하기 위해 영아의 놀이를 지나치게 제재한다면 영아가 놀이와 표현에 제한을 가질 수 있다. 그러므로 교사가 편안하며 안전한 환경을 제공한 뒤에는 영아가 그 안에서 자유롭게 탐색하고 활동하며 도전하는 경험을 가질 수 있도록 지원해야 한다.

(3) 상호작용자

영아교사는 영아의 활동을 관찰하고 도와주는 상호작용자의 역할을 해야 한다. 교사와 영아, 영아와 자연, 영아와 사물 등 다양한 상호작용이 이루어지도록 도움을 줘야 한다.

언어발달 과정에 있는 영아는 눈짓, 표정, 몸짓, 손으로 가리키기 등 비언어적 소통을 많이 한다. 이때 교사는 영아가 보내는 비언어적 신호를 민감하게 읽어야 한다. 영아가 교사와 자신이 상호작용하고 있다는 것을 느끼고 받아들일 수 있도록 교사가 읽은 영아의 신호를 다시 말해주면서 상호작용해 주는 것은 영아의 언어발달에도 긍정적인 영향을 줄 수 있을 것이다.

(4) 모델

영아와 많은 시간을 보내는 교사는 모델의 역할을 한다. 따라서 영아교사는 영아가 모방하더라도 부끄럽지 않은 행동과 언어를 사용해야 하며, 영아에게 긍정적인 태도를 보이면서 바람직한 동일시 대상이 되도록 해야 한다.

영아기는 기본생활습관이 형성되는 시기이다. 일상생활 속에서 식습관, 예절, 청결, 배변 등의 기본생활습관이 습득되도록 해야 하므로 영유아교육기관에서 반복되는 일상적 경험을 통해 바람직한 습관을 형성해 가도록 해야 한다. 이때 영아교사는 영아에게 기본생활을 강요하기보다 모범을 보이는 것이 좋다. 즉 일과 속에서 자연스럽게 반복하면서 기본생활습관이 형성될 수 있도록 도움을 줘야 한다.

영아교사는 영아가 또래와 긍정적 상호작용을 시도할 수 있도록 모범보이기 전략을 시도해야 한다. 영아의 사회성 향상을 위한 인사하기, 안기, 또래의 이름 알려주기 등의 모델기술을 사용하면서 또래관계를 긍정적으로 형성할 수 있도록 도와야 한다.

(5) 관찰자

영아교사는 영아의 발달 수준과 요구를 파악하기 위해서 영아의 건강, 행동, 정서 등을 관찰하여 기록해야 한다. 영아교사가 작성한 관찰 기록은 유아의 발달에 맞는 교육을 제공하기 위해 사용되거나 부모와 협력해야 하는 문제행동을 발견하고 해결하기 위해 활용한다.

(6) 부모 · 지역사회와의 교류자

교사가 영아의 부모와 원활한 의사소통을 하는 것은 중요하다. 이를 위해 가정과 부모의 요구를 이해하고 지원해 주는 것이 필요하며 교사와 부모 사이에 신뢰감을 형성해야 한다. 또한 영아의 지역사회를 활용하여 영아가 지역사회를 긍정적으로 인식할 수 있도록 해야 하며 지역공동체에서 지원을 받아 오는 역할도 해야 한다.

2) 영아교사의 상호작용원리

교사의 긍정적이며 지지적인 상호작용은 영아를 안정적으로 성장할 수 있도록 돕는다. 영아와의 상호작용은 다음과 같은 수준으로 이루어진다(이영, 김온기, 우현경, 2006).

- 교사는 영아를 보며 웃고 고개를 끄덕이는 방법으로 상호작용한다.
- 영아의 놀이를 촉진시켜 주는 놀잇감을 제공해 준다.
- 교사가 영아의 놀이에 참여하여 시범을 보여주거나 함께 놀이한다.

(1) 신체적 접촉하기

영아는 교사와의 신체적 접촉을 통해 안정감을 느끼며 자신의 사고와 느낌을 표현하게 된다. 영아와 하는 신체적 접촉은 그 자체로 의사전달 기능을 한다. 이처럼 영아는 신체를 움직이고 협응해 가는 과정을 통해 자신과 타인을 탐색하고 자신을 통제할 수 있는 능력을 키워나간다.

영아와 할 수 있는 신체적 접촉은 정적인 접촉과 동적인 접촉으로 나뉜다. 정적인 접촉은 쓰다듬기, 마사지하기, 뽀뽀하기 등과 같은 부드러운 접촉이며 동적인 접촉은 업어주기, 꼭 안아주기, 흔들기, 들기 등의 신체적 놀이에서 사용되는 접촉이다. 영아교사와 영아의 신체접촉은 신체발달, 지각발달, 운동능력발달, 사회정서발달 증진을 위한 중요한 상호작용이므로 적극적으로 활용해야 한다.

(2) 자율성 격려하기

영아는 자신에 대한 이해를 바탕으로 자율성이 출현하며 발달한다. 다양한 대상에 관심을 가지고 탐색하면서 인정과 관심을 받을 때 자신이 존중받고 있다고 느낀다. 영아가 탐색하고 놀이하는 과정에서 느리거나 적극적이지 않다고 하더라도 교사가 가르치듯이 지도하는 것은 옳지 않다. 따라서 영아교사는 영아를 이끌기보다 영아의 반응을 기다려 주는 상호작용을 해야 한다.

영아교사는 영아가 먼저 탐색을 시도할 수 있도록 환경을 구성해 줘야 한다. 영아가 탐색을 시도할 때 교사가 적절하게 개입하면서 지원해 주면 영아의 자율성이 증진되고 성취감을 높인다.

(3) 의사소통 격려하기

영아교사는 영아가 말하고 듣는 것을 즐기고 상황에 맞는 언어를 적절하게 이해하고 표현할 수 있도록 의사소통을 격려해야 한다. 영아가 다른 사람과 함께 소통하는 것을 즐거워하고 읽고 쓰는 것에 관심을 가질 수 있도록 하는 교사의 상호작용 전략이 중요하다.

- 교사는 영아와 친밀하며 의미 있는 관계를 형성해야 한다.
- 교사는 언어사용의 긍정적 모델이 되어야 한다.
- 교사가 영아와 함께 책을 읽는다.
- 교사는 영아가 긁적거리기를 할 수 있도록 지원한다.
- 교사는 영아의 언어발달이 자극되는 환경을 구성한다.
- 교사가 영아의 일상생활 속 다양한 의사소통상황에 참여한다.

(4) 문제해결력 격려하기

영아의 문제해결력을 격려하는 것은 영아가 무엇인가를 탐색하는 과정에 대한 지지가 필요하다. 영아가 문제를 해결하려고 시도하는 과정을 관찰하여 적절한 힌트를 주면서 스스로 해결할 수 있도록 해야 한다. 이러한 격려와 지지를 통해 영아는 문제를 해결할 수 있는 적극적인 태도와 능력을 기르게 된다. 영아의 시도에는 시행착오가 많고 부정적 정서를 표현하는 경우가 많다. 이때 교사가 영아의 과정과 시도를 부정적으로 피드백하기보다 세심하게 관찰하고 인정하며 수용해야 한다.

예를 들어, 퍼즐을 끼우는 상황에서 퍼즐이 안 끼워져서 짜증을 내고 있는 영아에게 “퍼즐이 잘 끼워지지 않아서 화가 났구나. 이렇게 돌려서 넣어 볼까?”라고 말하며 영아의 놀이에 관심을 가지고 퍼즐 끼우는 것을 마무리할 수 있도록 적절한 개입을 통해 돕는 것이 필요하다. 이러한 교사의 상호작용은 영아의 정서조절과 문제해결력을 높일 수 있다.

(5) 공동주의 촉진하기

영아의 언어발달은 유아에 비해 미흡하므로 눈짓, 몸짓, 미소 등과 같은 비언어적 상호작용이 중요하다. 공동주의는 영아가 하는 의사소통 방법 중 하나로 흥미 있는 상황과 대상을 함께 바라보면서 주의를 기울이는 것이다(Bakeman & Adamson, 1984). 즉 사회적으로 상호작용하는 대상이나 대상의 시선으로 고개를 돌리는 것과 타인이 가리키는 것을 보고 따라가는 행동을 말한다.

영아의 공동주의가 촉진되면 주변 사물을 새롭게 인식하게 되고 언어와 인지가 발달하게 된다. 이후 영아의 언어적 발달이 확장되면 몸짓과 공동주의는 언어적 의사소통으로 대체된다. 따라서 영아가 바라보는 것에 대해 민감성을 가져야 하며 즉각적으로 반응해야 한다. 교사는 영아의 요구에 따라 적절한 환경을 마련해 주고 영아가 환경을 탐색하는 과정에서 언어, 인지, 사회적 발달이 이루어질 수 있도록 해야 한다.

2 유아교사의 역할 및 상호작용원리

유아교사의 역할은 영아교사의 기본적 역할과 유사하지만 유아의 발달과 성장으로 인해 차이가 나타난다. 유아기는 신체와 운동능력이 발달하고 표현능력이 향상되면서 사고력과 탐구력이 높아진다. 또한 협력기술과 상호작용기술이 향상되면서 사회성이 발달된다. 이와 같은 유아의 발달을 적극적으로 지원하기 위해서 교사의 역할이 중요하다.

유아교사의 역할은 시대에 따라 변화되기도 하였다. 초기 학자들은 유아교사의 역할이 어머니와 크게 다르지 않다고 보았으나 시간이 지나면서 가르치는 역할이 강조되었다. 따라서 유아교사는 유아의 건강과 안전을 돌보는 동시에 교육과정을 계획하고 실행하는 역할이 요구된다. 구체적인 유아교사의 역할은 다음과 같다.

1) 유아교사의 역할

(1) 양육자

교사는 유아를 신체 · 정신적으로 건강하고 안전하게 보호하며 정상적인 발달이 이루어질 수 있도록 지원해야 한다. 특히 어린 유아일수록 기본적인 욕구를 표현하는 능력이 부족하기 때문에 집단생활에 불안감을 느낄 수 있으므로 위로와 애정을 기반으로 한 교사의 양육적 태도가 요구된다. 교사가 양육적 역할을 수행하기 위해서는 가정과 같은 편안한 환경을 구성하는 것이 좋다. 교사는 유아가 생활하는 환경을 지속적으로 관찰하면서 위험 요소가 없는지 살펴보고 점검해야 하며 안전한 환경에서 생활할 수 있도록 해야 한다.

유아교사는 유아와 애착 관계를 맺는 밀접한 대상으로서 세심하고 지속적이며 적절한 반응을 보여주는 것이 필요하다. 교사와 정서적으로 안정된 관계가 형성된 유아는 놀이에 적극적으로 참여하게 된다. 그러므로 유아가 정신적, 신체적으로 건강한 상태를 유지할 수 있도록 해야 한다.

(2) 교수자

유아기는 지적 호기심이 발달하는 시기로 인지적 성장이 급격하게 이루어진다. 특히 유아는 자신이 관심 있는 분야가 생기고 이와 관련된 개념과 정보를 자세하게 알기를 원한다. 자신의 관심 분야를 이해하는 과정에서 성취감을 느끼게 되고 주도적으로 놀이하며 학습하게 된다. 이때 교사는 유아의 흥미와 관심을 반영한 환경을 제공하고 평가하는 교수자의 역할을 해야 한다.

유아교사는 유아의 학습과정에서 적극적 사고가 발달할 수 있도록 환경을 구성해야 한다. 교사는 학습과정에서 유아의 지적 호기심에 대한 직접적인 정보를 제공하는 것보다 유아 스스로 알아볼 수 있도록 동기부여를 해주는 것이 좋다. 학습 과정을 즐기고 사고하고자 하는 태도를 기르게 해야 하며, 성취감을 느끼고 발전할 수 있도록 지원해야 한다. 즉, 유아교사는 유아의 발달과 흥미에 맞는 교재 교구 등 다양한 학습 자료를 제공하여 유아가 스스로 지식을 구성할 수 있도록 해야 한다.

(3) 상호작용자

유아교사는 하루 일과를 통해 유아의 행동을 관찰하고 적절한 상호작용을 통해 학습이 이루어지게 한다. 다양하고 풍부한 자료를 준비하고 활동을 계획하여 유아에게 선택권을 줘야 하며, 다양한 언어적, 교육적 상호작용이 지속적으로 이루어져야 한다. 따라서 교사는 유아의 개별적 요구와 흥미에 따라 교재 교구를 제공해서 개별성이 인정되는 교육을 해야 한다.

유아와 교사 상호작용의 대부분은 언어를 활용한다. 그러므로 교사는 언어적 상호작용자의 역할을 해야 한다. 교사는 유아와 다양한 대화를 주고받고 대화하면서 질문, 토의, 이야기 나누기 등의 언어적 전략을 사용하는 다양한 학습상황을 제공해야 한다.

(4) 놀이지원자

유아기는 놀이활동이 활발해지는 시기로 교사는 유아가 놀이를 충분히 만끽할 수 있도록 유아중심 · 놀이중심의 일과 운영에 대한 책무를 수행해야 한다. 교사가 유아의 놀이를 이해하고 존중하는 태도를 가져야 하며 놀이의 흐름이 끊기지 않고 유아가 주도하는 놀이가 될 수 있도록 놀이 시간을 제공해 줘야 한다. 유아는 다양한 놀이를 통해 학습의 기회를 가진다. 놀이를 통해 개념을 학습하고 확장한다. 따라서 교사는 유아가 놀이를 통한 학습이 지속적으로 이루어질 수 있도록 환경을 제공해야 한다.

유아교사는 유아의 놀이를 살피고 확장하며 심화될 수 있도록 적절한 발문을 통한 상호작용을 해야 한다. 유아의 놀이 속의 교육적 의미를 분석하여 상호작용과 환경을 적극적으로 지원해야 한다. 유아의 놀이가 확장되면 사회적 관계 또한 발달하게 된다. 교사는 유아가 또래와 함께할 수 있는 놀이를 다양하게 제공하여 서로 이해하고 소통해 보는 기회를 주고 사회성이 발달할 수 있도록 해야 한다.

(5) 의사결정자

교사는 전문가로서 여러 가지 의사결정을 해야 할 때가 있다. 의사결정은 책임을 수반하는 일이므로 교사는 교수학습 상황에서 자율권과 책임을 동시에 가지고 있다고 할 수 있다. 교육 현장의 끊임없는 결정 상황은 교사에게 의사결정자로서의 역할을 수행하게 한다.

교사는 교실뿐만 아니라 유아교육기관의 운영방법과 정책 마련 과정에서도 의사결정을 하게 된다. 이때 교사는 교육의 효과를 높이기 위한 선택을 해야 한다. 교사는 의사결정 과정에서 선택하는 갈등을 경험하면서 시행착오를 거치며 성장한다. 교사의 의사결정이 유아의 발달과 교육에 중요한 영향을 미치기 때문에 적절한 의사결정을 위해 끊임없이 고민하고 노력해야 한다.

(6) 관찰 및 평가자

유아교사는 효과적인 유아교육을 위해서 유아의 발달 수준과 요구를 이해해야 한다. 따라서 유아교사는 유아의 일상생활과 놀이에서 나타나는 행동과 놀이를 관찰해야 한다. 유아교사는 유아가 경험하는 놀이가 유아의 발달에 적합한지, 놀이가 잘 진행되었는지, 발달과정과 어떠한 연결이 있는지, 놀이의 확장이 이루어졌는지를 관찰하고 기록해야 한다.

유아교사가 유아를 관찰한 결과는 유아의 발달을 파악하게 하며 부모에게 유아의 정보를 제공하기 위해서 활용된다. 또한 교사가 자신의 교수학습을 반성하고 개선할 수 있는 기초 자료로 활용되거나 유아의 발달에 더 적합한 활동이 될 수 있도록 교육 프로그램을 계획하고 수정하는 것에 반영된다.

(7) 부모교육 및 상담자

유아기는 부모의 영향을 많이 받는 시기이기 때문에 유아교육의 대상을 유아와 부모까지로 확대해야 한다고 말하는 학자도 있다. 또한 가정과 유아교육기관의 협력과 일관성 있는 지도가 이루어질 때 효과적인 유아교육이 이루어질 수 있다. 따라서 유아의 가정환경과 상황에 대해 부모와 적극적으로 상담하는 것이 요구되며, 부모교육과 심리상담 등의 프로그램에 참여하여 유아기 행동과 발달에 대한 이해를 넓힐 수 있도록 도와야 한다.

2) 유아교사의 상호작용원리

교사가 어떠한 상호작용 유형을 사용하는가에 따라 유아의 의사소통과 놀이 참여 수준을 달라지게 한다. 이에 따라 교사는 유아와의 상호작용에 있어 다양한 전략을 사용해야 한다. 브레드캠프(Bredekamp)와 로즈그란트(Rosegrant)는 교사와 유아의 상호작용에서 주도성이 누구에게 있는가에 따라 비지시적 유형에서 지시적 유형까지 8가지로 구분하여 제시하였다(Bredekamp & Rosegrant, 1992). 왼편으로 갈수록 비지시적 성격을 나타내며 오른편으로 갈수록 지시적 성격을 띤다. 유아와의 상호작용 시 교사의 교수유형을 제시하면 다음과 같다.

표 3-1 유아와의 상호작용 시 교사의 교수유형

비지시적(nondirective)			중재적(mediating)			지시적(directive)	
인정하기	모델 보이기	촉진하기	지원하기	비계 설정하기	함께 구성하기	시범 보이기	지시하기

(1) 인정하기

인정하기는 유아가 활동에 지속적으로 참여하며 주의를 기울일 수 있도록 관심을 보여주는 것으로, 고개를 끄덕이는 것과 같은 긍정적인 격려를 하는 것이다. 교사가 인정하기를 적절하게 사용하면 유아의 관심을 높이고 참여도를 높일 수 있다. 하지만 지나치게 사용하게 되면 동기유발이 감소 될 수 있다. 그러므로 인정하기를 할 때는 사실에 근거하여 명확하고 긍정적인 방법으로 격려해야 한다.

- 친구들 앞에서 말하기가 쑥스러워서 천천히 말하는 유아에게 집중하며 미소를 보내는 것
- 유아 스스로 퍼즐을 완성하는 모습을 지켜보며 고개를 끄덕이는 것
- 놀이하고 있는 유아의 행동을 그대로 읽어주는 것

(2) 모델 보이기

모델 보이기는 교사가 유아에게 바람직하고 즐거운 행동을 제시하는 것으로 일상생활에서 자주 사용된다. 놀이하는 방법에 대한 정보를 제시하기도 하고 일상생활의 습관을 형성하기 위한 모델을 보여주기도 한다. 예를 들어 교사가 실외놀이에서 낙엽을 탐색하고 뿌리는 것을 보여주며 탐색하고 놀이할 수 있도록 하기도 한다.

모델 보이기는 명시적 모델 보이기와 함축적 모델 보이기가 있다. 명시적 모델 보이기는 꼭 필요한 정보를 제시하거나 조언, 힌트 등을 제공하는 것으로 지시적으로 보일 수 있다. 함축적 모델 보이기는 교사의 행

동과 암시를 통해 모범을 보이면서 바람직한 행동을 모방할 수 있게 하는 것이다.

■ **명시적 모델 보이기**

- 학기 초 화장실 사용법에 대해 안내하는 것
- 쌓기 놀이에서 교사가 블록으로 헬멧을 만들고 "위험한 곳에서는 헬멧을 써야 해"라고 하는 것

■ **함축적 모델 보이기**

- 교사가 원장, 동료, 유아 등에게 인사를 잘 하며 인사예절을 보여 주는 것
- 교사가 유아에게 친절하고 상냥하게 이야기하며 대화 예절을 알 수 있도록 하는 것

(3) 촉진하기

교사가 활동에 직접적으로 참여하는 것이 아닌 유아가 스스로 해볼 수 있도록 환경을 제공해 주는 것을 촉진하기라고 한다. 이때 교사는 유아가 다음 수준의 발달을 이룰 수 있도록 일시적으로 도움을 제공할 수 있다. 교사가 민감하게 유아의 놀이를 관찰하여 적절한 도움을 제공해야 한다. 교사의 도움은 유아가 다음 수준으로 발달하는데 긍정적인 요소로 작용한다.

- 바다를 표현할 수 있도록 파란색 천을 제공해 주는 것
- 자전거를 처음 탈 때 교사가 뒤에서 잠깐 잡아 주는 것
- 그림 그리는 것을 시도해 볼 수 있도록 화이트보드를 제공하고 격려하는 것

(4) 지원하기

지원하기는 교사가 지속적으로 유아에게 도움을 제공하는 것이다. 이는 촉진하기와 비슷하지만 교사의 참여 정도에 따라 다르다. 촉진하기는 행동과 놀이의 시작과 끝을 유아가 주도하는 것이라면, 지원하기는 교사와 유아가 함께 의논하고 결정하는 것이다. 지원하기는 유아가 적극적인 활동을 할 수 있도록 교사가 분명한 도움을 제공한다.

- 유아의 자전거 보조 바퀴를 달아주거나 떼는 시기를 함께 결정하는 것
- 모래성을 쌓기 위해 교사가 어떤 지원을 해줄지 유아들과 의논하는 것

(5) 비계설정하기

비계설정하기는 비고츠키(Vygotsky)의 이론에 기초한 것으로 지지하기의 의미를 가진다. 비계는 유아가 자신이 완벽하게 성취 가능한 것보다 높은 단계의 과제를 수행하는 것으로 언어, 인지, 사회적 기술을 확장하게 되는데 긍정적인 역할을 한다. 이때 교사는 유아의 현재 능력에 기초해서 비계를 설정하고 도전할 수 있는 기회를 마련해 주며 유아가 가진 잠재적 가능성에 도달하도록 해야 한다. 이를 위해 교사는 유아가 어떤 단계에 위치하는지를 파악하고 있어야 하며 더 높은 단계로 발전할 수 있도록 적절한 상호작용을 해야 한다.

- 유아가 퍼즐을 맞추지 못할 때 잘 맞출 수 있도록 밑그림을 제공하는 것
- 유아의 능력에 따라 놀이자료를 점차 높은 수준으로 조정해 주는 것

(6) 함께 구성하기

함께 구성하기는 교사와 유아가 공동의 학습자가 되는 것을 의미한다. 교사가 유아의 놀이에 파트너로서 함께 참여하여 구성해 가거나, 교사와 유아가 문제와 과업을 함께 해결해 가면서 성장하게 된다.

- 프로젝트를 수행하면서 문제를 해결하기 위한 의견을 함께 나누는 것
- 역할영역에서 교사와 유아가 각각 역할을 맡아 함께 놀이하는 것

(7) 시범 보이기

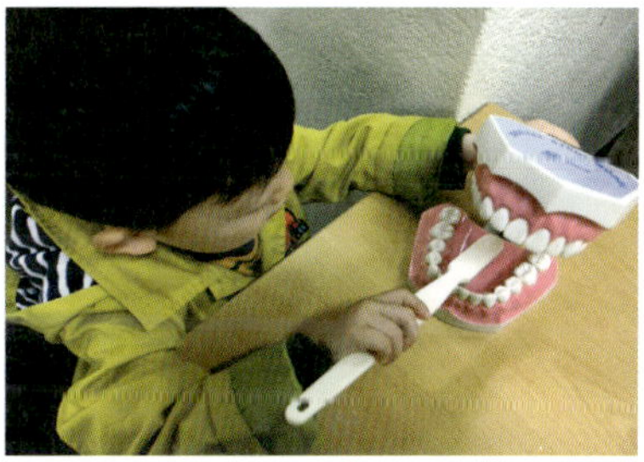

교사가 능동적으로 참여하는 자로서 적극적으로 시범을 보이는 것이다. 이 방법은 유아가 교사의 행동을 관찰하고 따라 하도록 하는 것이다. 시범 보이기는 함께 구성하기보다 지시적인 교수유형으로 의도적으로 사용되기도 한다. 아울러 위험한 상황이 발생했을 때 유아가 교사의 시범을 보고 따라 하는 데 효과적이라고 할 수 있다. 하지만 유아가 직접 경험해야 하는 상황이거나 개별적 탐색이 필요할 때 사용하는 것은 바람직하지 않다.

- 요리 활동에서 다양한 도구를 안전하게 사용하는 모습을 보여주는 것
- 버스 승하차 시 손잡이를 잡고 한 칸씩 이동하는 모습을 시범 보이는 것
- 양치질하는 모습을 자세히 보여주며 바른 양치질 방법을 익히게 하는 것

(8) 지시하기

지시하기는 교사가 유아에게 요구하는 행동 방향을 구체적으로 제시하여 주는 것이다. 이 방법은 유아가 해결해야 할 과제가 반드시 특정 방법으로 수행되어야 할 때 사용할 수 있다. 따라서 교사는 유아가 시행착오 없이 학습이 이루어질 수 있도록 명확한 지시를 해야 하며 놀이 흐름에 방해되지 않도록 꼭 필요한 상황에서만 개입해야 한다.

- 색종이로 하트를 접기 위해 종이접기 순서를 안내하는 것
- 숟가락 사용에 어려움이 있을 때 숟가락 사용법에 대해 정확하게 알려주는 것

이와 같은 교수유형 중 한 가지 방법만 사용해서 상호작용을 하는 것은 바람직하지 않다. 여덟 가지 교수유형은 서로 연속성을 가지고 있으므로 상황과 활동 내용에 맞춰 골고루 활용되어야 한다.

3 교사의 자질

교사의 자질은 교사의 역할을 수행하기 위한 능력이다. 교사가 갖춰야 할 자질은 성격, 기질과 같은 개인적인 자질뿐 아니라 교육적 지식, 가치관, 기술 등의 전문적인 자질도 포함된다.

1) 개인적 자질

교사의 개인적 자질은 영유아를 사랑으로 보살피며 남을 배려하고 사회를 위해 봉사할 수 있는 태도이다. 이러한 개인적 자질은 부모의 양육태도, 성격, 가치관, 기질 등으로 형성된다. 개인적 자질을 인성적 측면으로 살펴봤을 때 영유아교사가 지녀야 할 자질은 타인에 대한 긍정적 사고, 정서적 안정, 건강한 자아상 등이다. 교사의 개인적 자질은 영유아의 자아개념, 학습 태도 등에 전반적인 영향을 미치게 된다. 따라서 영유아교사는 신체적으로나 정신적으로 건강해야 하며 올바른 가치관을 소유하고 있어야 한다. 영유아교사가 갖추어야 할 개인적 자질을 구체적으로 살펴보면 다음과 같다.

(1) 신체 및 정신적 건강

신체와 정신이 건강한 교사가 영유아를 건강하게 이끌 수 있다. 영유아에게 교육 활동이 풍부하게 제공되어야 하므로 교사의 신체적 건강은 필수적이다. 영유아는 활동력이 높고 활발하므로 하루 일과가 진행되는 동안 교사가 영유아의 다양한 요구에 적절하게 부응하기 위해서는 건강해야 한다. 아울러 정신적으로도 건강한 사람이어야 한다. 정서적으로 안정되어 있어야 하며 자신의 감정을 잘 통제할 수 있어야 한다. 영유아의 요구에 민감하게 반응할 수 있는 긍정적인 사람이어야 하며 교사가 가져야 할 의무를 다하는 책임감을 가지고 있어야 한다.

(2) 온정적 성품

영유아를 교육하는 교사는 온정적 성품을 지녀야 한다. 영유아는 하루의 많은 시간을 영유아교육기관에서 생활하게 되기 때문에 교사는 주양육자와 같은 따뜻한 사랑으로 영유아를 대해야 한다. 교사의 온화한 성품은 영유아를 편안하게 해주고 환경에 적응할 수 있도록 돕는다. 더불어 온정적 성품의 교사는 영유아를 인정해 주고 존중한다. 이처럼 교사의 따뜻한 사랑을 받은 영유아는 안정감을 얻고 건강한 자아정체감을 형성하면서 건전한 성장과 발달을 이룬다.

(3) 생명에 대한 존엄성

영유아교사는 영유아를 존중하며 소중하게 대해야 한다. 더 나아가 주변 사람들과 모든 생명체를 존중하는 태도를 지녀야 한다. 교사의 이러한 태도는 영유아의 가치와 권리를 인정하고 존중하게 되며 영유아의 성장 가능성을 발견하게 된다. 또한 영유아의 생각과 느낌을 소중히 여기고 수용해 주기 때문에 영유아의 긍정적 자아개념 형성에 영향을 미친다.

(4) 성실하고 적극적인 태도

영유아교사는 주어진 직무뿐 아니라 자신의 삶에 대한 의욕을 가져야 한다. 자신의 맡은 바에 최선을 다하며 성실하고 열정적인 태도를 지녀야 한다. 교사의 성실하고 적극적인 태도는 자신의 전공분야를 끊임없이 탐색하여 전문성을 발달시키고 현장을 발전시킬 것이다. 더불어 교사의 성실하고 적극적인 태도는 영유아에게 좋은 본보기가 될 수 있다.

(5) 원만한 인간관계

영유아교사는 주변의 많은 사람들과 관계를 맺는다. 특히 원장, 원감,

동료 교사, 학부모, 지역사회 등과 밀접한 관계를 맺게 된다. 다양한 사람들과 원만한 인간관계를 유지하기 위해서는 효율적인 의사소통이 필요하다. 교사가 효율적으로 의사소통을 하기 위해서는 언어적 의사소통과 비언어적 의사소통에 능통해야 하며 경청하는 기술을 길러야 한다.

■ 대인관계의 특징

- 원장과의 관계: 위계적 관계인 동시에 상호보완적인 관계이다.
- 교사와의 관계: 수평적 동료 관계로 서로 존중해야 한다.
- 직원과의 관계: 협조적 관계로 맡은 일에 최선을 다해야 한다.
- 학부모와의 관계: 협력적 관계로 존경심을 보인다.

2) 전문적 자질

영유아교사는 영유아를 교육할 수 있는 전문적인 능력과 기술을 갖추고 있어야 한다. 교사의 전문적 자질은 영유아의 전인적 발달에 도움을 준다. 영유아교사가 갖추어야 할 전문적 자질은 아동발달을 이해하고 적용하는 능력, 영유아의 행동을 관찰하고 평가하는 능력, 학습 환경을 구성하는 능력, 발달에 맞는 교육과정을 계획하며 수행하는 능력, 사회적 맥락 속에서 유아를 이해하고 지원하는 능력 등이다.

영유아교사의 전문적 자질은 단순히 지식적인 부분으로 알고 있는 것에서 끝나는 것이 아닌 상황에 맞춰 적용할 수 있는 실제적 지식으로 활용되어야 한다. 구체적으로 영유아교사가 갖춰야 할 전문적 자질은 다음과 같다.

(1) 전문적 지식

영유아교사는 아동발달과 성장에 대한 체계적인 지식을 알고 있어야 한다. 더불어 전공과목에 대한 체계적이며 깊이 있는 지식을 가지고 있어야 한다. 영유아 교육과 관련된 다양한 이론, 프로그램, 교육과정, 관찰, 평가 등에서 전문적인 지식을 구축하고 있어야 한다. 이 밖에도 교육에 영향을 주는 사회적, 문화적 지식과 일반교양 지식도 갖춰야 한다.

(2) 교수 기술

영유아교사는 현장에서 교육 프로그램을 계획하고 실천한다. 따라서 교수 기술과 관련된 능력을 갖고 있어야 한다. 교수학습 과정에서 필요한 교재와 교구를 제작하고 활용할 수 있는 기술을 갖추어야 하며 상호작용의 원리를 알고 있어야 한다. 또한 교육 프로그램을 융통성 있게 운영하여 효율적인 교수학습이 이루어질 수 있도록 하는 능력도 지녀야 한다.

(3) 올바른 교육관 및 교사윤리

영유아교사는 자신의 전문성을 함양하기 위해 계속해서 노력해야 하며 교육에 대한 소명감을 가지고 교사윤리를 숙지해야 한다. 교사의 윤리는 윤리강령을 토대로 하여 영유아의 개인차를 인정해야 하며 인격적으로 존중하고 개성을 존중해야 한다. 또한 신분에 대한 사회적 책임을 지키고 봉사해야 하며 동료 교사와 협동해야 한다. 더불어 자율과 책임을 지키며 교직에 대한 긍지를 가지고 교사의 지위 향상을 위해 적극적으로 동참해야 한다.

생각해봅시다

1. 영아와 유아의 상호작용을 비교하고 공통점과 차이점을 토의해 봅시다.

2. 교사와 영유아의 상호작용 모습을 관찰해 보고 상호작용원리를 분석해 봅시다.

3. 영유아 교사의 자질을 나열해 보고, 본인의 자질과 연계해서 이야기 나누어 봅시다.

CHAPTER 04

4차 표준보육과정과 2019 개정 누리과정에 기초한 영유아교사의 학습지원

학습목표

1. 4차 표준보육과정에 기초한 영아교사의 학습지원의 구체적인 원리와 역할을 제시할 수 있다.
2. 2019 개정 누리과정에 기초한 유아교사의 학습지원의 구체적인 원리와 역할을 제시할 수 있다.

1 4차 표준보육과정에 기초한 영아교사의 학습지원

제4차 어린이집 표준보육과정은 놀이중심 보육과정을 편성 및 운영하는 것을 기초로 하고 있으며, 다음의 공통적 기준을 따르는 것이 바람직하다.

1) 영아·놀이 중심 교육과정 편성

계획하기란 교사가 영아의 '놀이'를 통한 배움을 지원하기 위하여 보육과정 내용과 시간을 조직하는 것이다. 제4차 어린이집 표준보육과정에서는 교사가 하나부터 열까지 미리 계획하고 그대로 실행하는 것을 지양하고 만들어 가는 보육과정을 추구한다. 따라서 계획과 관련하여 각 기관의 특성이나 보육철학에 맞게 보육계획의 양식, 작성 시기, 활동 방법 등에 자율성을 주며, 영아가 일생생활을 유지하기 위해 경험해야 할 내용 및 영아가 관심을 가지는 대상, 상황 등을 조합하여 계획하는 것이 필요하다. 기존 계획안 양식을 그대로 사용하는 경우, '실행된 보육과정'을 담아내지 못하는 경우가 생기게 되는데, 이것은 계획했던 것에 대한 평가를 기록해야 하는 고정 관념으로 인하여 계획에 없던 놀이를 하게 되는 경우 실제 놀이에 대한 기록을 누락하게 되기 때문이다. 따라서 보육 계획안 작성 및 평가 시, 계획안의 형식을 변경하거나, 계획안에 없던 것이라도 실제 놀이에 대한 평가를 기록하는 것이 바람직하다(교육부, 보건복지부, 2019).

(1) 어린이집 운영시간에 맞추어 편성

놀이중심 보육과정 편성은 국가에서 고시한 표준보육과정을 기준으로 각 어린이집 수준에서 재구성하는 과정이다. 어린이집의 보육과정은 종일제를 기반으로 각 어린이집의 일과 운영시간에 따라 편성할 수 있다. 어린이집 운영시간은 휴식과 낮잠, 바깥놀이 등을 포함하여 영아가 중심이 되고 놀이가 살아나는 영아 놀이 중심 보육과정 운영시간이다(보건복지부, 2020).

(2) 표준보육과정 기초로 각 기관의 상황에 맞게 계획 및 운영

각 어린이집은 표준보육과정을 기초로 하여 어린이집의 상황에 맞춰 적합한 계획을 수립 및 운영해야 한다. 표준보육과정은 계획안 수립에 있어서 어린이집과 교사의 자율성을 강조하며, 계획안 수립 시 영아의 경험이 교육적 가치를 가지도록 놀이를 중심으로 계획하고 운영해야 한다. 반을 운영하는 교사를 어떻게 지원할지에 대한 계획도 포함되는 것이 바람직하다.

어린이집은 각 기관의 보육철학, 가정과 지역사회의 특성, 영아의 요구 등을 반영하여 자율적으로 계획을 수립할 수 있다. 계획안의 종류, 형식, 분량 등을 자율적으로 조정하여 작성할 수 있는 것이 특징이다. 따라서 반드시 따라야 하는 계획안의 형식보다는 각 어린이집과 교사가 자율적으로 계획안의 형식을 변경하여 사용할 수 있으며, 미리 제공하는 계획안 대신에 영아가 실제 놀이한 내용과 배움에 대한 기록을 고유하는 방식으로 변경하여 운영할 수도 있도록 자율성을 부여하였다.

영아의 경우 놀이를 미리 계획하여 운영하기 쉽지 않기 때문에 교사는 영아가 놀이한 경험을 바탕으로 계획안을 작성할 수 있다. 기존의 정해진 형식(자유선택활동, 대 · 소집단활동, 바깥놀이 등)보다는 영아가 실제 놀이한 내용 및 놀이를 지원하는 내용이 포함된 자율적인 형식을 사용할 수 있다. 이것은 기존의 방식에 비해 사전 계획을 최소화하여 계획을 수립하는 것을 강조한다. 이를 통해 교사는 영아가 주도하는 놀이를 적극적으로 지원하는 것에 의미를 둔다. 하지만 이것이 교사가 자율적인 계획안을 작성하지 않거나 교사의 업무량을 줄이는 것이 목표가 된다는 것은 아님을 명심해야 한다(보건복지부, 2020).

(3) 바깥놀이를 포함하여 영유아의 놀이가 충분히 이뤄지도록 편성 및 운영

영아놀이 중심 보육과정에서는 교사가 미리 계획하여 하루 일과를 운영하기보다는 영아의 흥미와 관심에 따라 놀이를 충분히 즐길 수 있도록 탄력적으로 편성 및 운영하는 것이 핵심이다. 영아는 하루 일과 중에서 놀이와 일상생활을 하면서 다양한 경험을 한다. 일상생활(등원, 손 씻기, 화장실 다녀오기, 간식, 점심, 낮잠, 휴식 등)은 영아의 신체적 리듬을 반영하여 탄력적으로 편성 및 운영하여 즐겁게 하루를 지낼 수 있도록 하며, 교사는 영아가 주도하는 놀이를 지원하기 위해 필요에 따라 적절한 활동을 계획하여 운영할 수 있다. 이때 교사는 미리 계획했던 활동을 모두, 순서대로 운영해야 한다는 생각보다는 영아가 주도하는 놀이의 흐름을 따라 융통성 있게 일과를 운영하는 것이 필요하다.

영아의 놀이시간은 짧게 여러 번 진행되는 것보다는 놀이의 흐름이 끊기지 않도록 길게 운영하여 영아가 충분히 놀이하고 몰입할 수 있도록 해야 한다. 교사는 바깥놀이를 포함하여 놀이시간을 2시간 이상 확보하되 여러 가지 주변 환경(날씨, 계절, 기관의 상황, 영유아의 관심사, 놀이 특성 등)을 고려하여 융통성 있게 편성 및 운영한다(보건복지부, 2020).

(4) 차별(성, 신체적 특성, 장애, 종교, 가족 및 문화적 배경 등)이 없도록 편성 및 운영

표준보육과정은 영아가 성, 신체적 특성, 장애, 종교, 가족 및 문화적 배경 등으로 인해 차별받지 않고 서로 배려하는 마음을 가지도록 편성하고 운영하는 것을 기초로 하고 있다. 영아가 다른 사람을 대할 때 다른 것과 틀린 것을 구별하여, 다른 것을 특성으로 받아들이고 편견 없이 대할 수 있도록 지원해야 한다. 물론 교사는 성별, 신체적 특징 및 장애 등에 따라 영아를 비교, 평가하거나 차별하여 대하지 말아야 하며 영아에게 고정적인 성 역할과 특정 종교를 강요해서는 안 된다. 또한 영아들에게 다양한 가족 형태 및 문화적 배경을 이해할 수 있는 경험을 제공하여 다양성을 존중하고 배려할 수 있도록 지원하는 것이 필요하다(보건복지부, 2020).

(5) 영아의 발달과 장애 정도에 따라 조정하여 운영

영아의 놀이는 연령 및 발달적 특성에 따라 다양하게 나타나는데, 같은 연령의 영아라도 흥미, 관심, 경험, 발달, 가정의 문화 등 많은 부분에서 차이가 있기 때문에 교사는 영아가 자신에게 적합한 방식으로 놀이할 수 있도록 보육과정을 조정하여 운영한다. 또한 교사는 특별한 요구를 가진 영아(발달 지연 혹은 장애 영아 등)도 또래 영아와 함께 하는 경험이 필요하며 또래와 더불어 생활하고 함께 놀이하도록 지원해야 한다. 어린이집에서는 이를 위해 통합반을 편성하여 운영할 수 있다. 교사는 장애 영아의 특성과 요구를 파악하여 개별화된 맞춤 교육계획을 수립하고 운영해야 한다. 특별한 도움이 필요한 영아의 효과적인 보육과정의 운영을 위해 부모, 특수교사, 사회복지사, 의료진 등과 협력하는 것이 중요하며, 필요 시 특별한 보조장치나 기구, 혹은 자료를 활용하여 영아가 장애로 인한 불편함을 최소화할 수 있도록 지원해야 한다(보건복지부, 2020).

(6) 가정과 지역사회와의 협력과 참여에 기반한 운영

영아 놀이중심 보육과정의 운영을 위해서는 부모의 역할이 강조되며, 부모는 영아의 놀이중심 보육과정을 이해하여, 가정에서도 영아의 놀이를 지원하는 것이 중요하다. 이를 위해 부모교육, 간담회, 워크숍 등을 통해 부모의 역할을 지원할 필요가 있다. 영아는 지역사회를 통해 다양한 경험을 할 수 있다. 어린이집에서는 지역사회의 여러 기관을 통해 관심 및 지원을 받을 수 있으며, 이를 통해 영아의 경험을 확장할 수 있다. 또한 어린이집을 지원하는 공공기관과의 상호 협의를 통해 표준보육과정 운영이 원활히 이루어질 수 있도록 한다(보건복지부, 2020).

(7) 교사 연수를 통해 표준보육과정의 운영 개선

교사는 영아의 놀이와 배움을 지원하는 보육과정의 주체이자 영아와 함께 배우고 성장하는 전문가이다. 개정 표준보육과정에서는 표준보육과정의 실행자로서 영아의 놀이를 지원하는 교사의 역할을 강조하고 있다.

표준보육과정의 실천과 지속적인 개선을 위해서는 교사 연수가 필수적이다. 어린이집을 지원하는 국가 및 지역 기관에서는 다양한 형태의 교사 연수를 마련하고, 교사가 자율적으로 참여할 수 있는 기회를 제공해야 한다. 교사 연수는 교사가 참여하는 다양한 유형의 교육, 배움 공동체, 소모임 등을 포함한다. 교사는 표준보육과정에 대한 이해 및 필요 정도에 따라 자발적으로 연수에 참여하여 표준보육과정 운영을 개선해 가도록 한다(보건복지부, 2020).

2) 교수·학습 실천하기

교사는 놀이의 특성, 의미, 가치를 이해하여 영아가 즐겁게 놀이하면서 배우는 경험을 지원할 수 있다. 교사는 적절하게 환경을 구성하고, 영아와 바람직한 상호작용을 하여 영아가 놀이에 몰입하고 놀이를 확장하도록 돕는 역할을 한다. 교사는 다음 사항에 따라 영아를 지원한다.

(1) 영아의 의사 표현을 존중하고 민감하게 반응

영아는 교사와 신뢰감 있는 관계를 형성함으로 정서적 안정감을 가지며 이를 기반으로 또래 및 다른 성인과 긍정적인 관계를 확장시킨다. 때문에 교사는 영아의 생각이나 행동, 정서, 표현방식 등을 민감하게 파악하고 반응할 때 영아는 심리적 안정감을 얻을 수 있다. 이때 교사는 영아 개개인의 특성, 기질, 개인차, 발달 단계 등을 고려하여 영아의 의사표현을 존중하고 개별적으로 민감하게 반응해야 한다. 영아의 의사표현 방식 역시 개인적 특성과 기질에 따라서 다르기 때문에 교사는 이를 잘 관찰하고 이해하여 적절히 반응해야 한다. 특히, 영아는 언어표현이 미숙하기 때문에 시선, 손짓, 표정 등의 비언어적인 표현에 더 민감한 주의를 기울일 필요가 있다(보건복지부, 2020).

(2) 영아의 흥미와 관심에 따른 자유로운 놀이 참여 지원

표준보육과정에서는 영아가 자신의 흥미와 관심에 따라 자유롭게 참여하고 주도하는 놀이를 강조한다. 영아가 주도하는 놀이의 개념은 '영아가 자신만의 방식으로 자유롭게 이끌어 가는 놀이'를 의미한다. 교사는 먼저 놀이에 대한 충분한 이해를 기초로 하여 영아가 스스로 놀이를 선택하고 참여하는 것을 의미 있게 여기고 지원할 수 있어야 한다. 영아는 일상의 삶을 통해서 자연스럽게 자연, 사물, 사람 등을 경험하며 교감하는 방법을 터득하게 되고 영아의 놀이를 통해 더욱 발전한다. 때문에 영아에게 놀이는 새로운 것을 알아가는 삶의 방식이다.

영아는 놀이를 통해 자신의 경험을 재구성하고 확장함을 통해 세상을 이해한다. 영아의 경우 짧고 단편적인 놀이특성을 보이기 때문에 반복적으로 놀이하는 과정에서 배우고 성장한다는 사실을 교사는 충분히 이해하고 이런 영아의 놀이 특성에 맞게 지원해야 한다. 영아는 다양한 놀이 환경과 만날 때 활발하게 나타나는데, 이를 촉진시키는 것은 영아가 놀이를 주도하고 성인의 간섭과 통제가 최소화되어야 한다. 따라서 교사가 미리 준비한 놀이를 선택하게 하는 방식보다는 다양한 놀이 환경을 준비하고 영아가 자유롭게 선택하여 놀이하는 방식으로 변화될 필요가 있다. 교사는 영아의 놀이를 주의 깊게 관찰하고 상황에 따라서 놀이를 지속하고 몰입해 나갈 수 있도록 놀이자료, 공간, 안전 등을 고려해서 지원해야 한다(보건복지부, 2020).

영아의 흥미에 따른 놀이 참여

(3) 영아의 놀이를 통한 배움의 지원

표준보육과정은 놀이를 통한 영아의 배움을 강조하고 있다. 영아에게 놀이는 세상을 경험하는 과정이다. 영아는 어디서나 자유롭게 놀이하며 배울 수 있지만, 특히 어린이집의 놀이는 교사의 지원을 통해 이뤄지기 때문에 영아에게 더욱 의미 있는 경험과 배움이 기회가 된다. 교사는 다양한 방식으로 영아가 놀이를 통해 배우고 성장할 수 있도록 돕고 지원하는 역할을 해야 한다. 영아의 반복되는 놀이를 존중하고 그 즐거움을 충분히 느끼도록 하되 교사는 영아가 새로운 놀이를 탐색해 볼 수 있도록 영아의 개인적 리듬을 고려해 지원해 줄 수 있다(보건복지부, 2020).

① 놀이를 통한 배움

영아는 놀이하면서 자연스럽게 세상을 경험하고 교감하며 성장해 간다. 놀이는 시작과 끝이 명확히 구분되는 것이 아니라 연속적 과정이며 이는 곧 배움의 과정과 같다. 교사는 영유아의 놀이를 배움의 과정으로 이해하고 영유아의 놀이를 지원해야 한다. 표준보육과정의 각 영역은 어린이집에서 경험해야 할 의미 있고 가치 있는 배움의 내용으로 구성되어 있다. 이는 교사가 가르쳐야 할 내용을 의미하는 것이 아니라 영아가 즐겁게 놀이하면서 배우는 내용을 의미한다. 따라서 교사는 영아의 놀이에서 나타나는 통합적 경험을 영역별 내용과 연결해 보면서 영아의 놀이를 통한 배움을 이해할 수 있다(보건복지부, 2020).

놀이 과정 속 배움이 일어남

② 놀이와 연계한 활동을 통한 영아의 배움 지원

교사는 일상생활 경험과 활동에 영아의 흥미와 관심을 반영하는 것이 필요하고, 활동의 운영은 영아의 놀이 내용과 연계되는 것이 바람직하며 이를 통해 영아가 자연스럽고 즐겁게 배우도록 한다. 예를 들어, 현재 영아가 하고 있는 놀이와 관련된 동화 듣기, 노래 부르기, 게임 등을 제안하여 즐겁게 놀이하는 방식으로 활동할 수 있다. 만일 교사가 영아의 놀이를 지원하기 위해 다양한 활동을 계획했더라도 이는 영아의 관심과 흥미에 따라 얼마든지 수정하여 운영하는 것이 필요하다.

교사는 영아의 건강과 안전을 위해 필수적으로 요구되는 일상생활 습관지도나 안전 교육을 계획하여 운영할 수 있다. 이를 위해 어린이집에서는 안전한 일상생활을 위한 안전교육을 실시해야 한다. 안전교육의 항목은 화재, 교통, 약물, 유괴 등에 대처하는 방법이 있으며, 영아들이 이해하기 쉬운 방식으로 지도해야 한다. 영아의 경우 대집단 형태의 교육보다 놀이와 연계하거나 전이시간을 이용하여 자연스럽게 안전교육이 이루어지도록 하는 것이 바람직하다.

③ 자율성을 바탕으로 한 영아의 놀이 지원

표준보육과정에서는 영아가 놀이를 통한 배움을 지원하기 위해 교사의 자율성을 강조한다. 영아는 자신에게 가장 적합한 방식으로 놀이하는 특성으로 인하여 영아의 놀이를 예측하기 어렵다. 따라서 교사는 영아의 특성, 안전, 놀이 환경, 자료, 날씨, 기관의 상황 등을 고려하여 탄력적으로 운영하며 놀이를 지원해야 한다. 교사는 영아가 놀이하며 배울 수 있도록 상황에 따라 필요한 교육적 판단을 자율적으로 할 수 있어야 한다.

교사는 영아의 놀이를 존중해야 하는데, 이는 영아의 놀이를 관찰하는 것에 그치지 않고 영아가 놀이를 통한 배움을 위해 어떻게 지원할지 고민하고, 준비하고, 지원하는 과정 전체를 의미한다. 예를 들어 교사는 영아가 놀이하며 경험한 내용을 관찰하고, 놀이에서 나타나는 배움에 주목하여 이를 기록하는 것이 필요하다. 이를 통해 영아의 놀이 지원을 위한 교사의 자율적 판단의 근거가 된다. 교사는 계획안을 활용하여 영아가 실제 놀이한 내용을 기록하고, 그에 따른 교사의 지원 내용도 함께 작성할 수 있다. 계획안은 영아의 놀이 및 일과를 계획하는데 중점을 두기보다는 영아가 실제 놀이하며 배우는 과정을 기록하고 이해하는 자료가 되도록 하며, 이를 작성하면서 영아에게 필요한 놀이 지원도 함께 계획할 수 있다.

[놀이지원 사례]

<table>
<tr><td>놀이</td><td colspan="2">병뚜껑 놀이터</td></tr>
<tr><td colspan="2">"선생님! 친구들이 맞으면 안 돼요! 여기 너무 좁아요."

보육실에서의 놀이공간이 좁다고 생각한 영아들이 넓은 공간에서 놀이하기 위해 유희실로 병뚜껑을 들고 나왔다. 보육실에서의 병뚜껑 놀이가 유희실로 확장되었다.
바구니와 컵, 접시를 가져와 병뚜껑으로 음식놀이를 하고, 상자에 병뚜껑을 던져 골인시키며 놀이하는 모습을 보여주었다. 병뚜껑 소꿉놀이에서는 영아들이 역할을 분담하여 놀이하는 모습을 보였고, 병뚜껑 던지기의 놀이에서 활발하게 놀이하는 모습을 보였다.</td><td>
"나는 엄마 할게!"<br>"그럼 나는 이모 할래!"<br>"저기 옆에 있는 컵 좀 줄래?"</td></tr>
<tr><td colspan="2">교사의 놀이지원 실제</td><td>편성 및 교수학습</td></tr>
<tr><td colspan="2">보육실에서 병뚜껑 놀이를 하면서 공간이 좁다 느껴진 영아들이 넓은 장소에서 자유롭게 병뚜껑을 가지고 놀이할 수 있도록 장소를 지원하였다.</td><td>공간의 변화
(교실 밖으로 확장)</td></tr>
</table>

(4) 영아의 다양한 놀이와 활동 경험을 위한 실내외 환경 구성

표준보육과정에서 놀이 환경은 영아가 놀이하는 실내외 모든 공간과 놀이자료를 포함한다. 영아가 보고 듣고 만지며 자유롭게 표현할 수 있는 놀이 환경은 놀이가 다양하게 이루어지도록 하는 중요한 교육적 자원이다. 따라서 교사는 다양한 실내외 놀이 환경과 풍부한 놀이자료를 제공하여 영유아의 놀이가 활성화되도록 돕는다(보건복지부, 2020).

① 다양하고 안전한 실내 · 외 놀이공간 구성

보육실을 포함한 어린이집의 실내 공간은 영아에게 가장 친숙한 놀이 환경이다. 교사는 놀이공간을 어떻게 구성할지 고민하고 논의하며 영아의 자유로운 놀이를 지원할 수 있는 공간으로 만들어야 한다. 보육실의 흥미 영역은 영아들이 가장 좋아하는 놀이를 중심으로 구성하는 것이 바람직하며, 흥미가 감소되는 영역은 다른 영역과 통합 및 재구성하는 것도 가능하다. 또한 영아의 관심과 흥미, 요구에 따라 새로운 영역을 구성할 수 있으며, 교사는 영아가 주도적으로 놀이 영역을 창조할 수 있도록 지원해야 한다. 영아의 경우, 신체를 움직이며 탐색할 수 있는 충분한 공간을 구성해 주어야 한다. 보육실 밖의 복도나 계단, 구석진 공간 등 영아가 놀이할 수 있는 실내공간은 먼저 안전에 문제가 없는지 파악하고 안전을 확보한 이후 새로운 놀이공간을 구성할 수 있다.

실외 공간은 영아가 몸을 충분히 움직이며 마음껏 뛰어놀고, 자연을 경험할 수 있는 놀이 환경이다. 실외 놀이환경은 영아가 안전하게 놀이할 수 있는 공간과 자료로 구성해야 한다. 실외 놀이를 통해 영아는 마음껏 신체활동을 통해 놀이하고 위험으로부터 스스로 안전을 지킬 수 있는 능력을 기를 수 있도록 해야 한다. 또한 영아들이 활발한 신체 움직임을 바탕으로 모험과 도전을 하면서 궁금한 것을 찾아 자유롭게 탐색하는 놀이를 다양하게 경험할 수 있는 놀이 환경으로 구성한다. 실외 자투

실내 · 외 놀이공간

리 공간, 텃밭, 통로, 작은 마당 등은 공간의 특성과 안전을 고려하여 놀이 환경으로 구성하며, 어린이집의 상황에 따라 인근 공원과 놀이터 등도 놀이공간으로 활용할 수 있다.

② 풍부한 놀이자료 제공

놀이자료는 영아가 놀이에 사용할 수 있는 놀잇감, 매체, 재료와 도구 등을 포함한다. 영아는 놀이자료를 통해 자신의 감정과 생각, 상상 등을 자유롭게 표현하고 이를 통해 세상에 대한 이해를 넓혀 나가는데 중요한 역할을 한다. 영아의 경우 발달특성에 맞게 크기, 감촉, 모양, 색 등을 고려하여 놀이자료를 제공해 주어야 한다. 교사는 영아 주변의 평범한 사물, 자연물, 악기, 미술재료, 그림책, 재활용품 등을 적절히 제공하는 것이 좋다. 또한 비구조적인 열린 자료를 풍부하게 제공하여 영아 자신만의 방식으로 다양하게 놀이할 수 있도록 지원하고 영아가 찾아낸 새로운 놀이자료 혹은 창의적인 놀이 방식을 인정하고 존중해야 한다. 놀이자료를 제공할 때는 영아가 자유롭게 탐색할 수 있도록 자료의 사용 방법이나 놀이 방식을 지나치게 제한하지 않는 것이 바람직하다.

영아를 위한 다양한 놀이 자료

(5) 영아와 영아, 영아와 교사, 영아와 환경 사이에 능동적인 상호작용 지원

어린이집에서 영아는 또래, 교사 및 자신을 둘러싼 환경 등과 밀접한 관계를 맺고 있으며 이를 기반으로 성장한다. 또한 영아는 놀이에서 또래 친구와 교사, 자연환경 등과 적극적으로 상호작용하는 과정을 통해서 세상을 이해한다. 특히 영아의 경우 또래 간 상호작용과 함께 교사와의 애착과 신뢰감 형성이 배우 중요하다. 교사는 영아가 놀이에서 만나는 다양한 관계에 관심을 갖고 함께 상호작용함으로 영아의 배움을 지원해야 한다(보건복지부, 2020).

① 영아 사이의 상호작용

표준보육과정에서는 영아 주도의 놀이가 강조되기 때문에, 영아와 영아 사이의 상호작용이 더 활발하고 빈번하게 일어날 수 있는 기회를 주어야 한다. 영아는 또래들과 함께 놀이하면서 자신의 생각을 언어적, 비언어적 방법으로 표현하고, 또래들의 의견을 듣고 때때로 생각을 바꾸기도 한다. 더 재미있게 놀이하기 위해 양보, 배려 및 나와 다른 의견을 수용하는 경험을 통해 사회성이 향상된다. 교사는 영아들이 자유롭고 활기차게 놀이할 수 있는 분위기를 제공하여 영아 사이의 다양한 상호작용을 격려해 주어야 한다.

영아 간 상호작용

② 교사와 영아의 상호작용

영아의 경우 교사와의 상호작용 및 바른 애착관계의 형성은 영아의 삶에 매우 큰 영향을 준다. 교사는 영아의 놀이에 귀 기울여 놀이의 의미와 배움을 발견하고, 이를 확장하기 위해 다양한 상호작용(칭찬, 격려, 미소, 공감 등 정서적 또는 언어적 상호작용)을 통해 영아의 놀이를 긍정적으로 수용하고 격려한다. 교사는 답이 정해진 질문을 하거나 일방적으로 지식을 전달하기 위해 개입하는 것이 아니라 영아의 흥미와 관심에 교감하며 놀이를 지원하는 상호작용을 하도록 한다. 교사는 영아와 주변 세계를 이해하는 공동의 놀이자로서 놀이에서 발생하는 문제를 함께 해결하면서 영아의 배움을 이끄는 상호작용을 할 수 있다.

교사와 영아 간 상호작용

③ 영아와 환경의 상호작용

표준보육과정에서는 영아와 환경의 상호작용을 매우 중요한 요소로 판단하고 있다. 환경은 영아의 놀이가 활성화되는 배경이자 영아가 다양한 배움을 경험하는 원천이 된다. 영아와 환경의 상호작용은 영아 주변의 친근한 공간, 자료, 일상생활에서 자연스럽게 접하는 모든 환경과의 교감을 포함한다. 영아는 놀이를 통해서 다양한 사물, 자료, 자연물 등을

영아와 물리적 환경 간 상호작용

경험하고 조작하며 주변의 환경과 교감하며 새로운 흥미와 관심을 가지게 된다. 영아는 환경을 탐색하는 과정을 반복하며 새로운 것을 익히고 배우기 때문에 교사는 영아의 환경 탐색에 대해 관심을 가지고 지원하도록 한다. 교사는 영아와 환경의 상호작용에 관심을 갖고 이를 존중하며 환경과 즐겁게 상호작용할 수 있도록 지원해야 한다.

(6) 각 영역의 내용을 영아의 경험과 통합적으로 연결되도록 지원

표준보육과정에 포함된 각 영역의 내용은 영아가 놀이를 하며 통합적으로 경험할 수 있도록 구성되어 있다. 영아는 놀이를 하며 여러 가지 영역을 통합적으로 경험하며, 이러한 경험은 영역별로 구분되어 이루어지지 않는다. 또한 각 영역의 내용은 미리 정해진 주제 이외에도 영아의 관심과 흥미에 따라 확장하고 통합할 수 있다. 예를 들어, 교사는 영아가 놀이하면서 자연스럽게 경험하게 되는 계절 혹은 날씨 같은 친근한 주제, 영아가 놀이하면서 관심을 보이는 동화나 곤충, 그네 등과 같은 주제를 중심으로 영아의 경험과 각 영역을 통합적으로 연계하여 지원할 수 있다. 영아가 관심을 가지는 여러 가지 주변 환경, 이를테면 그림책, 사물, 우연한 상황 등도 충분히 영아의 경험을 통합적으로 연계하여 지원할 수 있는 자원이 될 수 있다. 교사는 자율성을 바탕으로 영아의 놀이 상황과 맥락에 따라 각 영역을 다양한 방식으로 융통성 있게 영아의 경험과 연계하여 지원할 필요가 있다(보건복지부, 2020).

놀이 과정 중 유발되는 통합적 경험

(7) 개별 영아의 요구에 따른 휴식과 일과의 탄력적 운영

어린이집에서 영아의 하루 일과는 놀이와 휴식을 적절하게 안배해야 하는데, 개별 영아의 요구를 반영하여 탄력적으로 운영하는 것이 필요하다. 획일적으로 하루 일과를 운영하기보다는 배변이나 낮잠, 휴식 등 영아마다 다른 신체 리듬뿐만 아니라 영아의 건강, 날씨, 기관의 상황 등에 따라 하루 일과를 융통성 있게 운영할 수 있다. 특히 영아는 어린이집에 오면서 가정에서 생활하던 신체리듬과 다른 변화를 겪게 된다. 영아의 월령이 낮을수록 개별 일과 운영은 더욱 중요하다. 교사는 영아가 어린이집의 일상생활과 신체리듬에 잘 적응할 수 있도록 충분히 기다려주며 지원해 나가야 한다(보건복지부, 2020).

(8) 영유아의 개별 특성에 적합한 방식으로 배우도록 지원

교사는 영아의 다양한 개별 특성(연령, 발달, 장애, 배경 등)을 이해하고 각 특성을 최대한 고려하여 배움을 지원해야 한다. 영아는 서로 다른 관심과 능력을 가지고 있으며 다양한 맥락 속에서 자신만의 방식으로 놀이하고 배운다. 영아가 가정에서 경험하는 다양한 문화적, 환경적 특성을 서로 인정하고 존중하며 가치 있게 여길 수 있어야 한다. 교사는 영아의 특성에 적합한 지원을 위해 발달 특성, 장애 정도, 문화적 배경 및 가정환경 등을 우선적으로 파악하고 필요할 경우 관련 기관 또는 전문가와 협력할 수 있어야 한다(보건복지부, 2020).

2 2019 개정 누리과정에 기초한 유아교사의 학습지원

1) 유아·놀이 중심 교육과정 편성

유아·놀이 중심 교육과정 편성은 유치원과 어린이집에서의 교육 내용과 시간을 하루, 한주, 한달, 한 학기, 일 년의 시간을 기준으로 조직하는 과정이다. 유아·놀이 중심 교육과정은 놀이, 일상생활, 활동으로 구성하되 특히 놀이가 충분히 이뤄지도록 편성하고 운영할 것을 강조한다. 여기서 놀이는 일과 구성의 단위로 실내놀이와 바깥놀이를 포함한다. 이 장은 개정 누리과정을 편성하고 운영할 때, 교사의 학습지원에 도움을 줄 수 있는 사례들을 중심으로 살펴본다(교육부, 보건복지부, 2019).

(1) 교육적 지원 계획

계획하기란 교사가 유아의 '놀이'를 통한 배움을 지원하기 위하여 교육과정 내용과 시간을 조직하는 것이다. 개정 누리과정에서는 교사가 주도적으로 미리 계획하고 그대로 실행하는 것을 지양하며 유아와 교사가 함께 '만들어가는 교육과정'을 추구한다. 따라서 계획과 관련하여 각 기관의 특성이나 교육철학에 맞게 교육계획의 양식, 작성 시기, 활동 방법 등에 자율성을 주며, 유아가 경험해야 할 내용을 바탕으로 배움의 통합성, 융통성, 자율성을 강조하므로 기존의 문서양식으로는 담아낼 수 없거나 필요 없는 부분이 생길 수도 있고, 작성의 시기가 변경될 수도 있다. 따라서 일일 계획안뿐 아니라 연간, 월간, 주간계획안의 형식이나 분량을 자율적으로 조정하고 통합하거나 선택적으로 활용할 수 있다.

기존 계획안 양식을 그대로 사용하는 경우, '실행된 교육과정'을 담아내지 못하는 경우가 생기게 되는데, 이것은 계획했던 것에 대한 평가를 기록해야 하는 고정 관념으로 인하여 계획에 없던 놀이를 하게 되는 경우 실제 놀이에 대한 기록을 누락하게 되기 때문이다. 따라서 교육 계획안 작성 및 평가 시, 계획안의 형식을 변경하거나, 계획안에 없던 것이라도 실제 놀이에 대한 평가를 기록하는 것이 바람직하다(교육부, 보건복지부, 2019).

① 연간계획을 검토

개정 누리과정에서의 연간계획은 인간상, 기관의 철학, 지역사회의 특성, 개인 수준의 다양성을 고려하여 원에서 자율적으로 수립할 수 있다. 연간계획은 기관 차원에서 수립하는 것이 일반적이며 1년간의 중요한 경험(예: 기관 적응, 계절, 명절, 자연 및 환경, 기관의 행사 등)을 미리 고려하여 계획한다. 연간계획은 기관 전체의 구성원이 공유하는 자료이므로 기관 차원에서 연간계획을 검토해야 한다. 개정 누리과정은 유아와 교사가 함께 '만들어가는 교육과정'이기 때문에 연간계획이 수립되었다 하더라도 유아들의 놀이 경험 및 발달에 따라 내용 및 시기와 기간 등에 융통성을 부여할 수 있어야 한다.

■ 2019 개정 누리과정의 적용

'2019 개정 누리과정'에서 추구하는 바와 같이, 유아주도활동을 통한 창의성의 발현을 극대화시키는 데에 교육의 방향성을 둔다. 교사는 관찰을 통해 놀이 속에서 의미를 찾고 놀이의 확장과 심화가 활발히 이루어질 수 있도록 지원하며, 이에 개괄적인 연간 계획안을 마련한다.

■ 연간 교육계획의 구성

크게 '유아 흥미 주제'와 '교사 계획 주제'로 구성되며, 유아 흥미 주제의 비중이 크게 작용한다. 유아 흥미 주제에는 자연적으로 발생한 유아 발현 활동과 교사 제안 활동이 포함되며, 교사 계획 주제는 1년간의 중요한 경험을 미리 염두에 두고 계획하되 유아 발현 놀이가 즉각적으로 반영될 수 있다. 또한 유아의 놀이 경험에 따라 시기와 기간 등이 변동될 수 있으며, 유아들의 놀이 발현은 주로 계절 영향을 많이 받으므로 절기와의 관련성이 높게 구성된다.

■ 연간교육계획안(만 5세반) 예시

학기	기간		생활주제	주제	주제 선정의 이유
	월	주			
1	3	1	유치원과 친구	유치원의 환경과 하루	5세 유아들이 새로운 물리적·인적 환경에서의 적응을 돕고 새로운 선생님, 친구들과 애착을 가지며 즐거운 유치원 생활을 시작할 수 있도록 주제로 선정하였다.
		2		유치원에서 만난 친구	
		3	건강과 안전	맛있는 음식과 영양	유아들이 음식의 영양과 건강과의 밀접한 관계를 이해하고 바른 식습관을 형성하며, 안전한 놀이와 생활을 통해 신체 건강한 생활을 습관화할 수 있도록 주제로 선정하였다.
		4		안전한 놀이와 생활	
	4	1	나와 가족	나의 몸과 마음	유아가 몸의 구조와 성장에 대한 기본적인 이해를 구성하고 자신의 감정을 인식하며 조절 능력을 기르며, 이를 토대로 긍정적인 자아 개념을 가지도록 한다. 또한 가족의 의미를 이해하고 소중히 여기며 협력하고 배려하는 태도를 기르고, 다양한 가족의 생활과 문화를 경험하면서 다른 형태의 가족도 존중할 수 있도록 주제로 선정하였다.
		2		소중한 나	
		3		소중한 가족	
		4		가족의 생활과 문화	
	5	1	봄	봄 날씨와 풍경 즐기기	봄 날씨의 변화를 생활 속에서 직접 체험하면서 계절의 특성을 알고 이에 적합하게 생활하도록 돕기 위하여 주제로 선정하였다.

학기	기간		생활주제	주제	주제 선정의 이유
	월	주			
1	5	2	동식물과 자연	궁금한 동식물	궁금한 동식물을 탐색해가면서 이들이 인간과 어떠한 관계를 맺고 살아가는지, 전체 생태계 속에서 인간과 동식물이 어떠한 공생관계에 있는지에 대해 탐색하고 더불어 살아가는 삶의 태도를 기르도록 주제로 선정하였다. 동식물과 자연 속에서 유아들이 관심을 보이는 주제를 직접 선택하고 주제를 자발적으로 탐구하는 자세를 키우기 위해 프로젝트 수업을 계획하였다.
		3		동·식물과 우리의 생활	
		4		자연과 더불어 사는 우리	
		5		동식물과 자연 프로젝트(1)	
	6	1		동식물과 자연 프로젝트(2)	
		2	우리 동네	우리 동네 모습	유아가 살고 있는 동네와 함께 살아가는 이웃에 대해 생활을 살펴보고 공동체의 한 구성원으로서 함께 살아가도록 한다. 또한 인간을 둘러싸고 있는 주변 환경을 탐색·적응하고 생활환경을 쾌적하게 만들며 소중하게 보전하는 태도를 길러 자신이 살아가는 환경을 주도적으로 구성하는 역할을 할 수 있도록 주제로 선정하였다.
		3		우리 동네 생활	
		4		우리 동네 사람들	
	7	1	환경과 생활	빛과 우리 생활	유아가 생활 속에서 접하는 자연 환경적 요소를 경험하며 자신의 주변 세계를 호기심을 가지고 다양하게 탐구할 수 있도록 돕고 지속적인 관심을 가지고 탐구할 수 있도록 주제로 선정하였다.
		2		돌 · 흙과 우리 생활	
		3	여름	여름 날씨 알기	여름 날씨의 변화를 알고 체험하면서 여름의 특성을 알고 적합하게 생활한다. 특별히 여름철 만나게 되는 환경요소인 물과 빛에 대해 탐색하며 유용함을 느끼고 자연보호를 실천할 수 있도록 주제로 선정하였다.
		4		여름 풍경 즐기기	
		5	인성교육	배려	자기 스스로를 존중하며 자기중심성에서 벗어나 타인 및 공동체와 바람직한 관계를 형성할 수 있도록 돕는 인성교육을 통하여 '더불어 살 줄 아는 인재'를 양성하고자 이 주제를 선정하였다.
	8	1		존중	
		2		협력	
2	8	3	환경과 생활	물과 우리의 생활	유아가 생활 속에서 접하는 자연 환경적 요소를 경험하며 자신의 주변 세계를 호기심을 가지고 다양하게 탐구할 수 있도록 돕고 지속적인 관심을 가지고 탐구할 수 있도록 주제로 선정하였다.
		4		바람 공기와 우리 생활	
	9	1	우리나라	우리나라 사람들의 생활	우리나라 사람들의 생활과 놀이, 예술, 문화 등을 경험하면서 우리의 과거, 현재, 미래의 모습이 각각 단절된 것이 아니라 서로 연관되어 발전하는 것임을 알고, 유아의 수준에서 할 수 있는 역사를 이해하며 자랑스러움을 느낀다. 나아가 유아 스스로가 기여할 수 있는 나라 사랑의 방법에 대해 알고 실천할 수 있도록 주세로 선정하였다.
		2		우리나라의 놀이와 예술	
		3		우리나라 역사와 자랑거리	

학기	기간		생활주제	주제	주제 선정의 이유
	월	주			
2	9	4	세계 여러 나라	세계 여러 나라 사람들의 생활	세계화와 다문화 가정의 증가로 다양한 사람들과 상호작용할 기회가 많아진 유아들이 편견 없이 인간을 존중하는 태도를 가지고 다른 나라와 교류할 수 있는 다양한 방법이나 내용을 경험한다. 또한 우리 문화에 대한 정체성을 기초로 세계 여러 나라 사람들의 생활과 독특한 문화에 관심을 갖고 이해하며, 다른 나라의 문화도 소중히 여기며 존중하는 인간으로 성장하도록 돕기 위하여 주제로 선정하였다. 세계 여러 나라 주제 속에서 유아들이 관심을 보이는 주제를 직접 선택하고 주제를 자발적으로 탐구하는 자세를 키우기 위해 프로젝트 수업을 계획하였다.
	10	1		세계 여러 나라의 문화유산(1)	
		2		세계 여러 나라의 문화유산(2)	
		3		세계 여러 나라와의 교류	
		4		세계 여러 나라 프로젝트(1)	
		5		세계 여러 나라 프로젝트(2)	
	11	1	가을	가을 날씨와 풍경 즐기기	가을 환경의 변화에 대해 알고 아름다움을 느끼며, 곡식과 열매의 풍성한 수확물을 보면서 감사한 마음을 가지도록 주제로 선정하였다.
		2	교통기관	교통 기관의 종류	일상생활 속에서 다양한 교통기관을 이용하고 있는 유아들이 교통기관의 종류와 차이점, 관련 기초개념을 습득하고, 교통기관의 이용방법을 알아 또한 교통기관과 안전하고 편리하게 이용할 수 있는 방법을 볼 수 있도록 하기 위해 주제로 선정하였다.
		3		고마운 교통 기관	
		4		교통 기관의 변천과정과 구조	
	12	1		교통 통신과 교통 생활	
		2	겨울	겨울 날씨 알기	겨울 환경의 변화를 경험하고 탐구하면서 겨울의 계절의 특성에 대해서 알고 겨울을 건강하게 보낼 수 있도록 주제로 선정하였다.
		3		겨울 풍경 즐기기	
		4	창의성 교육	과학적 창의	유아기는 다양한 사물과 상황에 대해 보고, 느끼고, 생각하는 경험을 통해 창의적인 사고가 발달하는 시기이므로 일상생활 속에서 문제해결을 위해 탐구하고 즐기는 태도를 길러주고자 이 주제를 선정하였다.
	1	1		예술적 창의	
		2		사회적 창의	
		3	생활도구	다양한 생활도구	다양한 생활도구의 종류와 기능, 생활도구를 움직이는 에너지, 미디어의 유용함과 유해함 등에 대해 알고 바르고 안전하게 사용하는 태도를 가지도록 돕는다. 또한 생활도구의 편리함과 개선점을 알아보고 새로운 것을 발명해 보려는 탐구심을 기르기 위해 주제로 선정하였다.
		4		생활도구를 움직이는 힘	
		5		생활도구로서의 미디어	
	2	1		미래의 생활도구	
		2	졸업과 입학	즐거웠던 유치원	유치원 생활을 돌아보며 감사하는 마음을 가지며, 졸업의 의미를 알고 초등학교에 가기 전 준비해야 할 것들에 대해 알고 실천하기 위해 주제로 선정하였다.
		3		초등학생이 되면	

출처: 영락유치원.

② 월간, 주간, 일일 계획을 검토

개정 누리과정에서의 월간, 주간, 일일계획안은 기관과 교사의 필요에 맞게 형식이나 분량을 자율적으로 구성할 수 있는 것이 특징이다. 월간, 주간과 일일계획을 반드시 수립할 필요는 없으며 하나만 선택하여 작성할 수도 있다. 개정 누리과정은 교사가 유아의 경험을 미리 계획하기보다 유아의 놀이를 관찰하고 이를 지원하는 방식, 즉 유아와 교사가 함께 이뤄가는 교육과정을 추구한다. 유아의 놀이는 시시각각 변하고 계획했던 것 이상으로 심화될 수 있어서 모든 것을 예상하여 놀이지원 계획을 미리 수립하는 것은 사실상 불가능하다. 따라서 교사는 매일 진행된 유아의 놀이를 기록하고 이를 토대로 다음 날 지원할 내용을 간단히 계획할 수 있다. 매주 혹은 유아의 놀이 주제에 맞추어 지원 계획을 수립할 수도 있다.

[주간보육일지 작성 예시] 놀이계획과 실행을 함께 기록한 일지

보 육 일 지(만○세)				담임	원장
기간	년 월 일 ~ 월 일				
일과(시간)	계획 및 실행				
	월	화	수	목	금
등원 및 통합보육 (7:30~9:00)					
오전간식 (9:00~9:20)					
오전 실내놀이 (9:20~10:40)	[데굴데굴 자동차를 굴려요] - 여러 가지 자동차와 자동차 사진을 준비함 *자동차 굴리기에 관심을 보이며 여러 유아가 함께 자동차 굴리기를 함 [도로에서 볼 수 있는 것] - 신호등, 표지판 등 도로에서 볼 수 있는 교통 관련 사진과 소품을 준비함 *산책활동에서 살펴본 신호등, 표지판을 만들어 도로 꾸미기 놀이를 함 [여러 가지 길] - 여러 가지 길을 만들 수 있는 블록 등을 준비함 *블록을 높이 쌓아가며, 터널, 오르막 내리막길 등 여러 가지 길에서 자동차 굴리기를 함(다양한 길에 관심을 보임)				
활동 (10:40~11:00)	-	[교통안전교육] 신호등을 보고 건너요	내가 만든 자동차를 소개해요	-	자동차 길을 만들 때 조심해요
바깥놀이(대체) (11:00~12:20)	놀이터에서 자동차 굴리기, 산책하며 자동차길 살펴보기 (대체놀이 : 유희실, 복도에서 자동차 굴리기) *놀이터에서 자동차 굴리기를 하더니 산책을 통해 살펴본 자동차길을 구체적으로 만들어 놀이함				
점심식사 (12:20~13:20)	-골고루 먹기 *유아들의 식사량이 크게 늘어남				
낮잠 및 휴식 (13:20~14:20)	-조용한 음악을 들으면서 휴식을 취하거나 낮잠이 필요한 유아들은 낮잠 자기 *미술영역에서 종이접기를 하며 휴식을 취함				
오후 놀이 (14:20~15:40)	-오전 놀이를 계속 진행하거나 확장하여 놀이하기				
오후간식 (15:40~16:00)					
귀가 및 통합보육 (16:00~17:00)	-자유롭게 놀이 후 순차적으로 귀가하기				
놀이 평가 및 다음 날 지원 계획					
	월	화	수	목	금
	한 유아가 자동차 굴리기를 하자 아이들이 점차 친구에게 관심을 보이며 주변으로 모여 놀이가 시작되었다. 자동차를 바닥에 굴리며 놀이하다가 블록으로 길을 만들어 그 위에서 움직이는 것으로 놀이가 변화 하더니 놀이터에서도 자동차 굴리기가 계속 되었다. 다양하고 넓은 공간에 서 놀이해 볼 수 있도 록 실외에서도 진행해 봐야겠다.	미세먼지로 인해 실외 놀이가 어려워 유희실에서 대체놀이가 진행되었다. 그에 따라 실내 놀이 시간을 20분(9:20~11:00) 확대하고 바깥 놀이 시간에 대체한 유희실 놀이는 1시간(11:20~12:20)으로 조정하여 진행하였다. 내일 미세먼지 수치가 낮아지면 충분한 바깥 놀이 기회를 제공해 주어야겠다.	오늘은 미세먼지 수치가 낮아져서 어제 하지 못한 바깥놀이를 1시간 30분(10:50~12:20)으로 조정하여 진행하였다. 확장된 실외공간에서 자동차 길을 만들며 안전문제가 발생하기 시작함에 따라 안전하게 놀이할 수 있는 방법에 대해 유아들과 이야기를 나눌 필요가 있겠다.		
다음 주 예상 놀이 및 지원 계획	다음 주에는 계절에 맞는 놀이로 변경하여 진행하고자 한다. 날씨가 추워진 만큼 겨울이 다가왔음을 알고 유아들과 함께 겨울에 대해서 알아보며 관심을 가질 수 있도록 계획해야겠다. 그러나 이번 주까지 자동차 놀이에 관심을 많이 보인 만큼 유아들의 자동차 놀이에 대한 흥미가 지속된다면 관련 놀잇감을 계속 제공해 주고 유아들의 흥미가 줄어들면 정리해야겠다.				
반 운영 특이사항	안전사고 : ○○○ 바깥놀이 시 넘어져서 찰과상으로 소독 후 처치함				

- 놀이시간에 정리 및 전이시간이 포함되므로 이를 고려하여 충분한 놀이시간을 확보하여 실시하고 계획된 놀이와 우연히 일어난 놀이 등의 실행(파란색으로 표시)을 중심으로 간단히 기록
- 낮잠 후 자연스럽게 실시되는 놀이를 실내외 구분 없이 기록
- 실행된 놀이에 대한 간단한 평가, 일과계획에서 그 날 변동된 시간 등을 기록
- 한 주의 놀이 평가를 바탕으로 다음 주 예상 놀이와 지원 계획 및 특이사항을 간략히 기록

출처: 중앙육아종합지원센터(2020). 제4차 어린이집 표준보육과정 「놀면서 자란다」 유아(3-5세 보육과정). p.67.

[주간보육일지 작성 예시] 보육사업안내 서식 활용_영역 구분 삭제

○○반 보육일지(만 세)					
기간	년 월 일 ~ 월 일			담임	원장
이번 주 교사의 기대	친구와 함께하는 놀이가 이루어지고 있으므로, 친구와 더불어 즐겁게 활발하게 어울렸으면 함				
요일 / 일과	월	화	수	목	금
등원 및 통합보육 (7:30~9:00)					
오전간식 (9:00~9:20)					
오전 실내놀이 (9:20~10:40)	데굴데굴 자동차를 굴려요			여러 가지 길 (오르막, 내리막, 넓고 좁은 길 등)	
	블록으로 만든 길		도로에서 볼 수 있는 것 (신호등, 표지판 만들기)		
			내가 만든 자동차		
	다양한 자동차가 있어요				
				내가 만든 자동차를 전시해요	
활동 (10:40~11:00)	-	[교통안전교육] 신호등을 보고 건너요	내가 만든 자동차를 소개해요	-	자동차 길을 만들 때 조심해요
바깥놀이(대체) (11:00~12:20)	놀이터에서 자동차 굴리기 *유희실에서 자동차 굴리기	산책하며 자동차 길 살펴보기 *유희실에서 자동차 굴리기	산책하며 자동차 길 살펴보기	놀이터에 길 만들기 *복도에 길 만들기	
점심식사 (12:20~13:20)					
낮잠 및 휴식 (13:20~14:20)					
오후 놀이 (14:20~15:40)	오전 놀이를 계속 진행하거나 확장하여 놀이하기				
오후간식 (15:40~16:00)					
귀가 및 통합보육 (16:00~17:00)					
놀이 평가 및 다음 날 지원 계획	한 유아가 자동차 굴리기를 하자 아이들이 점차 친구에게 관심을 보이며 주변으로 모여 놀이가 시작되었다. 자동차를 바닥에 굴리며 놀이하다가 블록으로 길을 만들어 그 위에서 움직이는 것으로 놀이가 변화하더니 놀이터에서도 자동차 굴리기가 계속 되었다. 다양하고 넓은 공간에서 놀이해 볼 수 있도록 실외에서도 진행해 봐야겠다.	미세먼지로 인해 실외 놀이가 어려워 유희실에서 대체놀이가 진행되었다. 그에 따라 실내 놀이 시간을 20분(9:20 ~11:00) 확대하고 바깥 놀이 시간에 대체한 유희실 놀이는 1시간(11:20~12:20)으로 조정하여 진행하였다. 내일 미세먼지 수치가 낮아지면 충분한 바깥 놀이 기회를 제공해 주어야겠다.	오늘은 미세먼지 수치가 낮아져서 어제 하지 못한 바깥놀이를 1시간 30분(10:50~12:20)으로 조정하여 진행하였다. 확장된 실외공간에서 자동차 길을 만들며 안전 문제가 발생하기 시작함에 따라 안전하게 놀이할 수 있는 방법에 대해 유아들과 이야기를 나눌 필요가 있겠다.		
반 운영 특이사항	안전사고 : ○○○ 바깥놀이 시 넘어져서 찰과상으로 소독 후 처치함				

● '추구하는 인간상'을 중심으로 이번 주에 유아가 어떻게 지냈으면 하는지 기술

● 놀이시간에 정리 및 전이시간이 포함되므로 이를 고려하여 충분한 놀이시간을 확보하여 실시하고 놀이가 진행되는 흐름에 따른 각 놀이의 변화를 놀이명 수준으로 간단히 기록
※추가되는 놀이는 파란색으로 기록

● 낮잠 후 자연스럽게 실시되는 놀이를 실내외 구분 없이 기록

● 실행된 놀이에 대한 간단한 평가, 일과계획에서 그 날 변동된시간, 운영의 특이사항 기록

출처: 중앙육아종합지원센터(2020). 제4차 어린이집 표준보육과정 「놀면서 자란다」 유아(3-5세 보육과정). p.68.

[주간보육일지 작성 예시] 일과를 일상생활, 놀이, 활동으로 구분

주 간 보 육 일 지(만○세)		결재	담임	원장
기간	년 월 일 ~ 월 일			
통합보육	등원 (7:30~9:00)	하원 (16:00~17:00)		

일과(시간)		계획 및 실행
일상생활	간식 (9:00~9:20)	
	점심식사 (12:20~13:20)	
	낮잠 및 휴식 (13:20~14:20)	
놀이	실내놀이 (9:20~10:40) (14:20~15:40)	▶ 놀이상황 놀이터에서 진행한 나무껍질 딱지놀이가 교실에서도 계속 이어짐. 유아들이 미술영역 등에서 다양한 재질의 종이를 찾더니 딱딱한 종이를 찾아 딱지접기를 함.
		▶ 놀이지원 유아들이 딱지에 관심이 높아 기존 재료 이외에도, 부족한 두꺼운 재질의 종이, 잡지 등을 추가로 제시함. 또한 유아들이 이야기하는 딱지 크기에 맞추어 종이를 잘라서 딱지 접기를 지원함.
	바깥놀이(대체) (11:100~12:20)	▶ 놀이상황 놀이터에서 유아들이 나무 밑에서 떨어진 나무껍질을 수집하며 딱딱한 성질을 발견하더니 한 유아가 "이거 딱지 같아"라고 이야기함. 유아들이 나무껍질을 모아 딱지놀이를 시작함.
활동 (10:40 ~ 11:00)		▶ 교통안전교육 '신호등을 보고 건너요'라는 주제로 안전교육이 이루어지면서 길을 건너는 상황에 따라 안전하게 신호등을 보고 건너는 방법을 알아볼 수 있었음. 가정연계로 유아들이 부모님과 신호등을 보고 길을 건너 볼 수 있도록 안전교육 내용을 안내해야겠음.

날짜	놀이 평가 및 다음 날 지원 계획	반 운영 특이사항
○일(월)	유아들이 다양한 재질을 활용할 수 있도록 재료를 추가로 제공할 필요가 있음. 딱지놀이 시 다른 놀이를 하는 유아들의 놀이공간이 확보될 수 있도록 실외 또는 유희실 등의 다양한 공간을 활용해야겠음.	부모개별면담 ○○○, ○○○, ○○○
○일(화)	미세먼지로 인해 실외에서 진행하고자 했던 딱지놀이를 유희실에서 진행하였음. 그에 따라 실외놀이 대체활동 시간을 1시간(11:20~12:20)으로 조정하였고 유아들의 요구에 따라 오전 실내놀이를 20분(9:20~11:00) 확대하여 진행하였음.	미세먼지 발생으로 인해 유희실에서 대체놀이를 함.
○일(수)	어제 진행하지 못한 실외 딱지놀이를 충분히 해볼 수 있도록 실외놀이 시간을 1시간 30분(10:50~12:20)으로 확대하여 진행하였음.	
○일(목)		
○일(금)		
다음 주 예상 놀이 및 지원 계획	바깥놀이를 하면서 발견한 딱지놀이에 대한 유아들의 흥미가 지속되어 실내놀이에도 딱지놀이가 활발하게 진행되었으므로 충분한 놀이 공간을 확보하기 유희실을 활용하거나 영역을 통합하여 놀이공간을 마련해 주어야겠음	

- 놀이시간에 정리 및 전이시간이 포함되므로 이를 고려하여 충분한 놀이시간을 확보 · 실시하고 계획된 놀이와 우연히 일어난 놀이 상황을 기록
- 실행된 놀이에 대한 간단한 평가. 일과계획에서 그 날 변동된 시간, 운영의 특이사항 기록
- 한 주의 놀이 평가를 바탕으로 다음 주 예상 놀이와 지원 계획 및 특이사항을 간략히 기록

출처: 중앙육아종합지원센터(2020). 제4차 어린이집 표준보육과정 「놀면서 자란다」 유아(3-5세 보육과정). p.69.

[일일보육일지 작성 예시] 보육사업안내 서식 활용_영역 구분 삭제

○○ 반 보육일지 (만○세)			
날짜	20 년 월 일	담임	원장
교사의 기대	친구와 함께하는 놀이가 이루어지고 있으므로, 친구와 더불어 즐겁게 활발하게 어울렸으면 함		
일과	계획 및 실행	놀이 평가 및 다음 날 지원 계획	
등원 및 통합보육 (7:30~9:00)		유아들이 자동차 경주 게임을 진행하며 속도의 차이에 대한 호기심이 생겼고 경사도나 바닥의 촉감에 따라 속도가 달라짐을 발견하게 되었다. 특히 유아들이 바닥의 촉감에 관심이 많아 내일은 다양한 촉감 길을 구성해 볼 수 있도록 재료를 추가로 제시해 주어야겠다. 또한, 유아들이 만든 자동차길이 공간의 제약으로 끊기지 않고 이어질 수 있도록 교구장 및 책상을 정리하여 공간을 확장을 해주어야겠다.	
오전간식 (9:00~9:20)			
오전 실내놀이 (9:20~10:40)	▶ 데굴데굴 자동차를 굴려요 자동차 굴리기를 하는 유아의 곁에 관심을 보이며 모여 들어 놀이가 시작됨. 바닥에서 자동차를 움직여 굴려보다가 한 유아의 어떤 자동차가 더 빠른지 대결을 하자는 제안에 자동차 경주가 진행되었고 더 빨리 자동차를 굴리기 위해 책상 위, 매트 등 공간을 바꾸어가며 놀이하였음 ▶ 내가 만드는 자동차길 유아들이 자동차를 굴리며 놀이하다가 "자동차가 있는 곳은 어디지?" 하는 유아의 질문에 "음...도로야!" 하고 대답한 것을 듣고 자동차길 만들기가 이루어짐. 무엇으로 만들지 의견을 나누고 큰 벽돌 블록, 작은 벽돌 블록으로 만들어 봄. 자동차 길을 만든 뒤 터널이 있다는 유아의 말에 우유팩을 뜯어 길 위에 놓거나 반원 벽돌블록으로 만들어 봄		
활동 (10:40~11:00)			
바깥놀이(대체) (11:00~12:20)	[바깥놀이] 놀이터에서 자동차 굴리기 [대체놀이] 유희실에서 자동차 굴리기		
점심식사 (12:20~13:20)			
낮잠 및 휴식 (13:20~14:20)			
오후 놀이 (14:20~15:40)	오전 놀이를 계속 진행하거나 확장하여 놀이하기		
오후간식 (15:40~16:00)			
귀가 및 통합보육 (16:00~17:00)			
반 운영 특이사항	부모 개별면담 진행 : ○○○, ○○○		

- '추구하는 인간상'을 중심으로 이번 주에 유아가 어떻게 지냈으면 하는지 기술
- 실행된 놀이에 대한 간단한 평가와 다음 날 놀이 지원 계획 기록
- 낮잠 후 자연스럽게 실시되는 놀이를 실내외 구분 없이 기록
- 반 운영 특이사항 (부모면담, 안전사고, 감염병 발생 등) 기록

출처: 중앙육아종합지원센터(2020). 제4차 어린이집 표준보육과정「놀면서 자란다」유아(3-5세 보육과정). p.70.

[일일보육일지 작성 예시] 일과를 일상생활, 놀이, 활동으로 구분

<table>
<tr><td colspan="3">일 일 보 육 일 지(만○세)</td><td rowspan="2">결재</td><td>담임</td><td>원장</td></tr>
<tr><td>기간</td><td colspan="2">20 년 월 일</td><td></td><td></td></tr>
<tr><td>통합보육</td><td colspan="2">등원 (7:30~9:00)</td><td colspan="3">하원 (16:00~17:00)</td></tr>
<tr><td>일과(시간)</td><td colspan="5">계획 및 실행</td></tr>
<tr><td rowspan="3">일상
생활</td><td>간식
(9:00~9:20)
(15:40~16:00)</td><td colspan="4"></td></tr>
<tr><td>점심식사
(12:20~13:20)</td><td colspan="4"></td></tr>
<tr><td>낮잠 및 휴식
(13:20~14:20)</td><td colspan="4"></td></tr>
<tr><td rowspan="3">놀이</td><td rowspan="2">실내놀이
(9:20~10:40)
(14:20~15:40)</td><td colspan="4">▶ 놀이상황
놀이터에서 진행한 나무껍질 딱지놀이가 교실에서도 계속 이어짐. 유아들이 미술영역 등에서 다양한 재질의 종이를 찾더니 딱딱한 종이를 찾아 딱지접기를 함.</td></tr>
<tr><td colspan="4">▶ 놀이지원
유아들이 딱지에 관심이 높아 기존 재료 이외에도, 부족한 두꺼운 재질의 종이, 잡지 등을 추가로 제시함. 또한 유아들이 이야기하는 딱지 크기에 맞추어 종이를 잘라서 딱지 접기를 지원함.</td></tr>
<tr><td>바깥놀이(대체)
(11:100~12:20)</td><td colspan="4">▶ 놀이상황
놀이터에서 유아들이 나무 밑에서 떨어진 나무껍질을 수집하며 딱딱한 성질을 발견하더니 한 유아가 "이거 딱지 같아"라고 이야기함. 유아들이 나무껍질을 모아 딱지놀이를 시작함.</td></tr>
<tr><td colspan="2">활동
(10:40~11:00)</td><td colspan="4">▶ 교통안전교육
'신호등을 보고 건너요'라는 주제로 안전교육이 이루어지면서 길을 건너는 상황에 따라 안전하게 신호등을 보고 건너는 방법을 알아볼 수 있었음. 가정연계로 유아들이 부모님과 신호등을 보고 길을 건너 볼 수 있도록 안전교육 내용을 안내해야겠음.</td></tr>
<tr><td>다음 주
예상 놀이 및
지원 계획</td><td colspan="5">딱지놀이가 지속적으로 진행되면서 유아들이 자신이 만든 딱지를 어디에 보관해야 할지 고민하는 모습을 볼 수 있었음
내일은 유아들이 딱지 가방이나 보관함을 만들어 볼 수 있도록 종이상자, 리본끈 등의 조형재료를 추가로 제공해 주어야겠음</td></tr>
<tr><td>반 운영 특이사항</td><td colspan="5">부모 개별면담 진행 : ○○○, ○○○, ○○○</td></tr>
</table>

● 놀이시간에 정리 및 전이시간이 포함되므로 이를 고려하여 충분한 놀이시간을 확보하여 실시하고 계획된 놀이와 우연히 일어난 놀이 상황을 기록

● 실행된 놀이에 대한 간단한 평가, 일과계획에서 그 날 변동된 시간, 운영의 특이사항 기록

출처: 중앙육아종합지원센터(2020). 제4차 어린이집 표준보육과정 「놀면서 자란다」 유아(3-5세 보육과정). p.71.

③ 기관이나 교사의 실정에 맞게 계획안 형식을 변경

개정 누리과정에서는 연간, 월간, 주간, 일일계획안을 자율적이고 융통성 있게 작성하도록 하고 있다. 기존의 계획안이 '실행된 교육과정'을 충분히 반영하지 못하고 있다면 이를 적절히 반영할 수 있도록 계획안의 형식을 변경하는 것을 고려해야 한다. 일반적인 경우, 교육계획안 안에 계획, 기록, 평가를 통합하여 기록하고 있는데, 이런 양식을 놀이기록과 평가, ○○반 놀이이야기 등 다양한 명칭으로 부를 수도 있다.

(2) 일과 구성

개정 누리과정에서는 일과(놀이, 일상생활, 활동)에서 유아의 놀이(바깥놀이 포함)가 충분히 이루어지도록 편성, 운영하는 것이 핵심이다. 이를 위해 교사는 유아의 놀이를 지원하는 활동을 계획할 필요가 있다. 교사는 유아가 놀이에 충분히 몰입하고 진정한 배움이 일어날 수 있도록 놀이와 일상생활, 활동을 유아들과 함께 순서를 정하거나, 날씨의 변화 및 놀이의 흥미 여부에 따라서 유연하게 운영할 수 있어야 한다(교육부, 보건복지부, 2019).

① 놀이시간을 충분히 운영

바깥놀이를 포함하여 놀이시간 및 흐름이 끊어지지 않고 지속적으로 운영될 때, 유아는 놀이에 몰입하며 의미 있는 배움의 기회를 갖는다. 그러므로 유아들이 충분히 놀았다고 느낄 수 있도록 놀이 시간을 편성하는 것이 중요하며, 놀이의 중단으로 유아의 배움의 기회가 방해된다고 판단될 때는 놀이시간을 연장할 수 있다. 바깥놀이를 포함한 놀이시간은 일과 가운데 가장 우선으로 충분히 편성되어야 한다.

② 일상생활이 융통성 있고 유아 주도적 운영

일상생활은 기본적인 욕구를 충족 및 심신의 건강을 제공하는 시간이므로 편안하고 즐겁게 이루어지도록 편성하고 운영한다. 교사는 유아가 자율적이고 주도적으로 일상생활을 할 수 있도록 충분한 시간을 허용해 주어 유아가 편안함을 느끼는 가운데 즐거운 배움이 일어나도록 지원한다. 교사는 놀이의 흐름을 지속하기 위하여 유아의 기본요구를 방해하지 않는 범위 내에서 일상생활 운영방법, 일과 중 시간 배치 등의 변화를 시도해볼 수 있다. 또한, 놀이와 같은 방식으로 일상생활을 즐길 수 있는 방법을 유아와 함께 찾아보는 것도 좋다.

③ 놀이와 연결하여 활동을 운영

교사는 유아의 놀이를 관찰하고, 놀이가 활발하게 이루어질 수 있도록 필요한 경우 이야기나누기, 노래, 동화, 게임 등 적절한 유형의 활동을 연결하여 운영한다. 교사는 활동을 계획했다 하더라도 유아의 흥미와 놀이진행 상황에 따라 내용과 방법을 변경하거나 운영하지 않을 수도 있다. 활동의 내용은 놀이를 지원하거나 놀이 중의 문제를 해결하기 위한 내용으로 구성하는 것이 바람직하며, 유아의 놀이를 촉진할 수 있도록 지원하는 것이므로 유아들이 즐겁게 참여할 수 있는 교수방법을 사용하여야 한다.

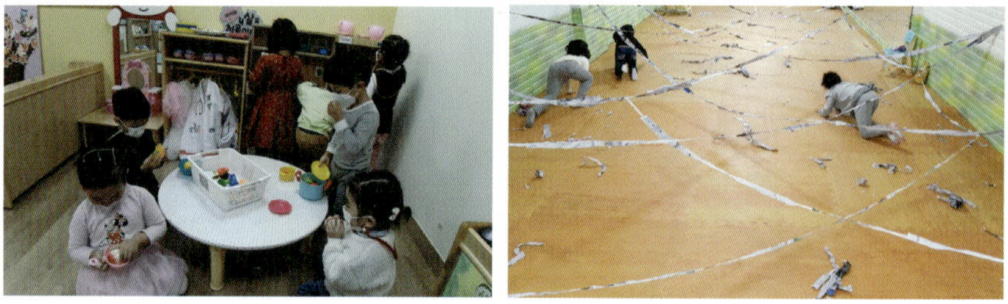

자발적인 놀이와 교사가 제안한 활동 간 연결

④ 일과를 융통성 있게 운영

교사는 유아들이 놀이의 흐름이 끊어지지 않고 충분히 놀았다고 느낄 수 있도록 일과를 편성하고 운영하는 것이 중요하며, 일과는 일관성 있어야 하지만 융통성 있게 운영되어야 한다. 교사는 유아와 함께 일과를 평가하고, 다음날의 일과를 정하거나 일과 변경이 필요할 때 유아들과 함께 논의 후 이를 반영함을 통해 유아가 주도적 경험을 할 수 있게 기회를 제공한다. 교사는 전날의 놀이 흐름에 대한 기록과 평가, 다른 연령과 놀이경험을 공유, 날씨나 자연현상에 따른 관심을 놀이에 반영하고 다른 교사들과 협의를 통해 일과 내용 및 순서를 변경할 수 있다.

2) 교수·학습 실천하기

교수·학습의 실천은 교사가 교육과정을 운영하면서 유아의 배움을 지원하기 위해 구체적으로 어떻게 실제를 구현할지에 관한 것이다. 개정 누리과정은 유아·놀이 중심 교육과정이 핵심이며, 이는 교사가 유아의 흥미와 관심, 개별 특성을 존중하며 유아의 다양한 놀이와 경험을 지원할 수 있도록 공간 구성, 자료와 시간의 조직 및 상호작용의 변화를 기대한다.

(1) 놀이공간

각 유치원 및 어린이집의 '환경으로서의 공간'은 실내와 실외 공간뿐만 아니라 유아가 이용하는 기관 밖의 지역사회 공간까지 포함하는 것을 의미한다. 유치원과 어린이집은 유아들이 살아가는 구성원과의 상호작용을 통해 의미를 부여받는 특별한 장소이며, 유아는 이곳에서 놀이를 통해 새로운 의미를 부여하고 놀이할 공간을 스스로 찾아내거나 만들기도 하며, 공간과 공간을 연결하여 새로운 놀이로 확장해 간다.

따라서 교사는 교실의 실내 놀이공간의 구성을 어떻게 할지, 실외 놀이공간의 활용 방법에 대해 고민해야 한다. 교실에 구성되어 있는 영역이 학급의 원아 수, 성별의 비율, 유아들의 전반적인 놀이 성향 등을 고려하여 적합하게 되어 있는지 판단해 보아야 한다. 학기 초에는 놀이자료를 구분하고 각 영역이 지나치게 협소해지지 않도록 가구 등을 배치해 보는 것이 좋다. 이렇게 정해진 영역이라 할지라도 한 학기 내내 고정하지 않고 놀이에 따라 즉각적으로 재배치할 수 있는 유연함을 필요로 한다(교육부, 보건복지부, 2019).

① 놀이공간을 융통성 있게 배치한다.

교사는 기관의 교육철학이나 교실의 물리적 구조, 유아의 연령, 흥미 등에 따라 자율성을 가지고 교실 공간을 구성할 수 있다. 유아의 놀이를 지원할 수 있도록 공간을 융통성 있게 구성한다. 유아의 놀이에 따라 공간을 구성하는 것이 바람직하며, 유아의 흥미와 놀이 흐름에 따라 조정할 수 있도록 해야 한다. 즉, 공간의 확장 및 축소, 이동 및 놀이의 연결성이 확보될 수 있도록 공간 변형의 자율성을 확보해야 한다.

놀이공간의 조정

② 놀이하는 공간을 넓혀본다.

놀잇감, 교구장, 책상과 의자 등이 지나치게 많으면 교실은 유아가 놀이할 수 있는 공간이 부족하게 되고, 이로 인해 인원수를 제한하거나 공간이 좁아 놀이 결과물을 즉시 치워야 한다면 놀이의 흐름이 중단될 수 있다. 이 경우 교사는 놀이를 방해하는 가구와 설비를 치우거나, 유아에게 관심이 적은 놀잇감을 제거하여 놀이할 수 있는 충분한 공간을 확보하는 것이 좋다. 이때 교실에서 꺼낸 자료를 다른 곳에 보관할 수 있도록 기관 내 여유 공간을 확보하고 동료 교사들과 의논하여 안전이 보장되는 범위에서 놀이공간을 확장하는 것이 필요하다.

놀이공간 확장하기

③ 유아에게 공간 배치의 주도권을 준다.

교사가 유아의 놀이를 따라가면서 자연스럽게 유아 스스로 놀이공간을 배치하거나 변경하도록 지원하다 보면 유아도 교실이 자신의 공간이라고 생각하게 된다. 다만 유아에 따라 개인차가 있으므로 개인 놀이공간 및 공동 놀이공간이 조화롭게 준비되어 다수와 개인의 놀이가 골고루 존중되는 교실의 문화를 만드는 것이 좋다.

④ 다른 놀이공간을 찾아본다.

유아는 스스로 찾아낸 공간 혹은 놀이를 하다가 우연히 발견한 공간을 더 좋아하고 애착을 갖는다. 교사는 교실이나 실외 놀이터 외에 복도, 현관 입구, 교실과 교실 사이의 공유 공간, 계단 밑 등도 안전하다면 유아의 놀이공간으로 허용할 수 있다. 단, 교사는 각 공간의 위험 요소를 사전에 점검하고, 비상구나 비상계단 등 비상시 대피경로에 놀잇감이나 자료장을 배치하지 않도록 주의해야 한다.

새로 발견한 놀이공간

(2) 놀이자료

유아는 다양한 놀이자료를 정해진 규칙을 벗어나 자신만의 방식으로 사용하고 재창조하는 과정을 통해서 사물의 탐색, 심미적 경험, 또래와의 상호작용, 성취감 등을 얻을 수 있다. 유치원과 어린이집에서는 교사가 준비한 자료뿐만 아니라 유아가 매일 마주치게 되는 일상의 사물들, 자연(현상) 등 모든 것이 자료가 될 수 있다. 교사가 제공한 놀잇감일지라도 유아 자신만의 탐색방법이 허용되었을 때 배움이 일어난다. 그러므로 교사는 유아가 어떤 자료에 흥미를 갖고 탐색하고자 하며 놀이를 통해 새롭게 의미를 부여할 때 이를 수용함으로 유아의 주도성을 인정해 주는 태도를 가지는 것이 필요하다(교육부, 보건복지부, 2019).

① 유아가 결정한 새로운 자료 활용방법 격려

교사가 어떤 의도를 가지고 준비한 자료일지라도 유아는 자신만의 방식으로 자료를 해석하고 교사가 의도한 것과 다르게 자료를 활용하기도 한다. 따라서 교사는 자신이 의도한 결과를 얻기 위해 계획한 활동으로 유도하는 것보다 자료가 어떻게 놀이의 매개가 되는지 지켜보고 유아가 스스로 선택한 방법 속에서 배움이 일어나도록 지원한다.

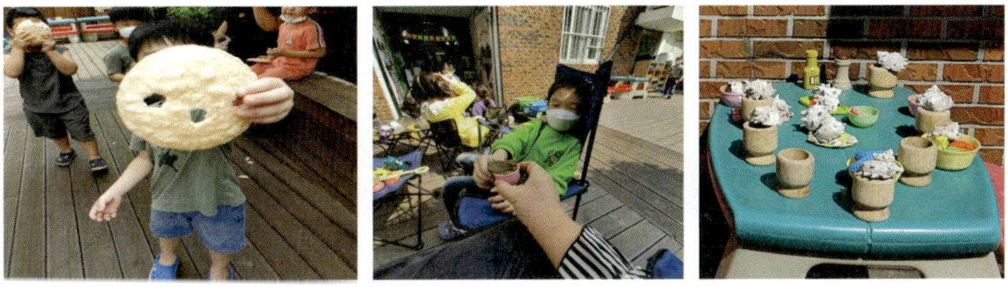

놀이자료의 다양성

② 자연물이나 자연현상도 좋은 자료

유아는 주변을 산책하면서 곤충, 풀, 꽃 등의 자연물을 직접 탐색하며 발견의 즐거움, 기쁨, 놀라움 등의 감정을 느낀다. 유아는 자연물로 놀이하는 과정에서 색, 모양, 선, 질감과 같은 자연물의 속성과 아름다움에 대한 감성, 생명의 존귀함 등을 스스로 배운다. 또한 빛과 그림자, 눈, 비, 구름, 바람 등과 같은 자연현상도 놀이의 자료 혹은 주제가 될 수 있다.

자연현상 · 자연물을 놀이자료로 활용

③ 다양한 일상의 사물을 놀이자료로 활용

유아는 일상의 물건을 놀이자료로 사용하면서 본래의 용도 외에 물질의 고유한 특성과 형태, 색, 질감 등 감각적 요소를 발견하게 된다. 이를 통해 정형화되고 상품화된 상업적 놀잇감보다 더욱 풍부한 놀이가 가능하며 교사는 이를 위해 다양한 열린 자료를 지원하도록 한다.

일상용품이 놀이자료가 되다

④ 자료가 없어도 놀이할 수 있다.

유아는 자신의 신체로 주변 세계를 알아가고, 자신의 감정과 생각을 표출하고, 여러 가지 놀이를 한다. 실외에서 유아는 특별한 놀잇감이 없어도 자신의 몸으로 놀이를 할 수 있고 또 다른 유아와 만나 몸을 이용해 함께 하는 놀이를 하기도 한다. 교사는 실내에서도 유아의 신체 움직임을 지나치게 통제하기보다 유아의 신체 움직임에서 놀이성을 찾아 지원하는 것이 필요하다.

몸을 이용한 놀이

⑤ 기존의 자료도 새롭게 활용

기존에 기관에서 가지고 있던 흥미영역별, 생활주제별 자료도 잘 활용한다면 훌륭한 놀이자료가 될 수 있다. 교사는 유아가 기존의 자료를 자신들만의 방식으로 활용하여 놀이하는 것을 허용하고 격려한다. 놀이 중심 교육과정에서는 정해진 방법과 계획대로 교육과정을 운영하는 것보다는 기존의 자료를 활용하여 새로운 방법으로 활용할 수 있도록 격려하고 지원해야 한다.

기존 자료의 활용

(3) 상호작용

유아는 놀이를 하면서 자연스럽게 또래 유아, 교사, 환경과 능동적으로 상호작용하고 이 과정에서 사물과 현상, 관계에 대해 배운다. 놀이하는 과정에서 유아와 유아 간의 상호작용은 끊임없이 일어난다. 따라서 교사는 유아 간 상호작용이 활발히 일어나도록 자유로운 놀이 환경을 충분히 제공해 주고 주의 깊게 관찰하며 필요한 자료 및 공간 조정 등의 지원을 적시에 제공하는 것이 좋다. 유아·놀이 중심 교육과정에서 유아와 교사 간의 상호작용은 놀이의 시작과 지속, 새로운 놀이로의 전이와 확장, 마무리 등 놀이의 흐름을 관찰하고 유아의 흥미와 의도를 이해하는 과정에 기반해야 한다. 교사가 유아와 상호작용하는 방법은 비언어적, 언어적 소통방법을 모두 포함한다. 교사는 관찰하기, 질문하기, 제안하기, 함께 참여하기, 정서 지원하기와 같은 방법으로 유아와 상호작용하면서 놀이를 직간접적으로 지원한다. 교사는 유아의 안전이 보장되는 한 유아들이 선택한 모든 놀이공간과 놀이환경에 대해 개방적으로 수용하려는 태도를 가지도록 한다(교육부, 보건복지부, 2019).

① 유아와 유아의 상호작용 지원

교사는 유아가 누구와 어떻게 놀이하는지, 어떤 관계를 맺는지 관찰함으로써 유아의 성향, 사회적 능력, 대인 관계 등을 파악하여 지원할 수 있다. 그러나 교사의 직접적인 개입이 유아 간의 상호작용을 방해하지 않도록 유아 스스로 놀이를 전개하고 문제를 해결해 보도록 기다려주면서 개입 시기를 신중하게 결정해야 한다. 유아의 혼자놀이는 주도성이 높고 배움의 요소가 풍부할 수 있으므로 단순히 혼자놀이를 부정적으로 보고 다른 놀이에 참여하도록 유도하는 것은 바람직하지 않다. 그러나 만약 놀이에 참여하고 싶지만 그러지 못하고 배회하는 유아가 있다면, 교사는 다른 친구의 놀이를 소개해 주고 관심이 있는지 유아의 의견을 물어본 후 유아와 유아 간의 관계를 지원한다.

유아 간 상호작용

② 유아와 환경의 상호작용을 지원

놀이는 실내외 곳곳에서 동시다발적으로 일어나며, 동일한 놀이 주제나 자료에 대한 흥미와 몰입도는 유아마다 다르다. 교사는 유아가 어떤 놀이를 좋아하는지, 다양한 놀이를 즐기는지 혹은 한 가지 놀이를 주로 하는지 등을 파악하고, 이를 바탕으로 적절한 공간을 스스로 찾아볼 수 있도록 지원한다. 유아의 개별성과 고유성에 의해 놀이의 양상이 다양하게 나타나며, 유아가 저마다의 방식으로 어떻게 놀이자료를 활용하는지 관찰하면 유아의 특성을 더 잘 이해하고 적절하게 지원할 수 있다.

유아와 물리적 환경 간 상호작용

③ 놀이지원을 위한 관찰

상호작용에 대한 교사들의 오해 중 하나는 무조건 유아의 놀이에 개입을 하고 언어적인 상호작용을 해야 한다는 것이다. 교사가 유아의 놀이를 지원을 위해서는 즉각적인 개입보다는 유아가 놀이에서 보이는 감정, 궁금증, 흥미 대상 등을 관찰하면서 유아의 놀이가 진행되는 과정에서 배움이 일어나도록 상호작용하기에 적절한 순간과 방법을 잘 결정하여야 한다.

유아의 놀이장면 관찰하기

④ 제안하며 놀이를 지원

유아들이 만든 규칙

교사는 유아의 놀이를 지원하기 위해 제안을 할 수 있으나 신중해야 한다. 유아·놀이 중심 교육과정에서 교사 주도로 놀이를 이끌기보다는 놀이 관찰에 기반하여 놀이를 지원하는 것이 바람직하다. 현재 진행 중인 놀이가 잘 지속될 수 있도록 공간, 자료, 시간 등의 측면에서 무엇을 어떻게 지원하는 것이 좋을지 고민하고 제안해야 한다. 놀이지원으로서의 제안은 유아의 흥미와 관심에 기초해야 하지만, 때로는 안전이나 교육적 가치에 기반할 수 있다. 함께 놀이하면서 지켜야 하는 약속과 규칙이 있을 때, 교사의 일방적인 제시보다는 유아가 규칙의 필요성을 느끼면서 적절한 규칙을 만들어보도록 제안할 수 있다.

⑤ 유아의 놀이에 참여하며 지원

교사는 유아와 함께 놀이하는 즐거움을 느낄 수 있어야 한다. 유아와 교사가 놀이의 즐거움을 공유할 수 있는 기회가 많을수록 둘 사이에 진정한 공감과 소통이 발생한다. 교사는 필요한 경우 공동 놀이자로 참여하고 이를 통해 놀이의 속성을 더 잘 이해하게 되고 좀 더 효과적인 지원이 가능하게 된다. 유아의 놀이는 때로는 여러 가지 문제(아이디어 부족, 유아 의견 충돌, 공간이나 자료의 점유 갈등 등)에 의해 단절되거나 교착 상태에 빠지기도 한다. 이와 같이 상황에서 교사의 놀이참여는 유아들이 문제를 명확하게 이해하고 문제해결을 도울 방법을 찾는 데 도움이 된다.

유아놀이에 교사도 함께

⑥ 질문하며 놀이 지원

유아에게 질문하기

유아는 놀이하면서 끊임없이 “왜?”, “어떻게?”와 같은 내면적 질문을 만나고 스스로 해답을 찾기 위해 놀이에 몰입한다. 교사는 유아의 생각이 유연하게 흐르도록 돕기 위해서 질문하는 것이 좋다. 교사의 질문이 즐거운 대화의 방식으로 이루어질 때 유아의 사고가 확장되고 스스로 새로운 문제를 찾아낼 수 있게 된다. 예를 들어 “선생님은 이런 생각이 드는데, 너는 어떻게 생각해?”, “그것도 좋은 방법인데 무겁진 않을까?”와 같이 유아와 능동적으로 생각을 나눌 수 있는 질문이 바람직하다. 이러한 질문은 유아로 하여금 보다 높은 수준으로 사고할 수 있도록 유도하며 새로운 상상을 놀이로 구현하게 하고, 다시 문제를 발견하고 해결해가는 선순환의 구조를 만드는 원동력이 된다.

⑦ 정서적 지원

교사는 유아가 놀이를 통해 성취감을 경험할 수 있도록 긍정적으로 언어적, 비언어적 정서 지원을 해주어야 한다. 교사가 유아의 놀이에 긍정적인 지원을 함으로써 유아는 존중받고 있음을 느끼게 되고 이를 통해 새로운 놀이를 좀 더 주도적으로 지속할 수 있다. 교사는 동시에 유아가 놀이하는 과정에서 느끼는 부정적인 정서에도 관심을 기울여야 한다. 유아는 놀이하면서 좌절감, 걱정, 불안 등의 감정을 느낄 수 있다. 교사는 유아의 부정적인 정서를 인지하고 위안, 격려 등을 제공하고 놀이를 통해 스스로 원인과 해결방법을 찾을 수 있도록 도와주어야 한다.

유아의 정서 공감하기

(4) 놀이와 안전

놀이 중 다툼 및 거친 신체놀이가 빈번히 일어날 수 있는데, 유아는 위험 상황을 예측하는 능력이 부족하기 때문에 놀이 중 안전사고가 발생하기도 한다. 따라서 교사는 안전한 놀이를 보장하기 위하여 물리적 환경의 안전성을 점검하고 위험할 수 있는 사물이나 물질을 사전에 점검 및 차단하여야 한다. 물리적 안전성을 확보한 후에 유아와 함께 어떻게 안전하게 놀이할 것인가에 대해서 토의하고 놀이를 제한하지 않는 범위에서 규칙을 정해본다(교육부, 보건복지부, 2019).

① 안전이라는 이유로 놀이를 불필요하게 제한한 것이 없는지 검토

교사는 위험 요소에 대한 민감성이 있어야 하지만, 위험요소가 있는 놀이상황에 대해 교사는 무조건 어떤 놀이를 금지하기보다 왜 그 놀이가 위험할 수 있는지 유아들과 의논하는 과정을 통해 위험요소를 해결하고 놀이할 수 있는 방법을 찾아볼 수 있다.

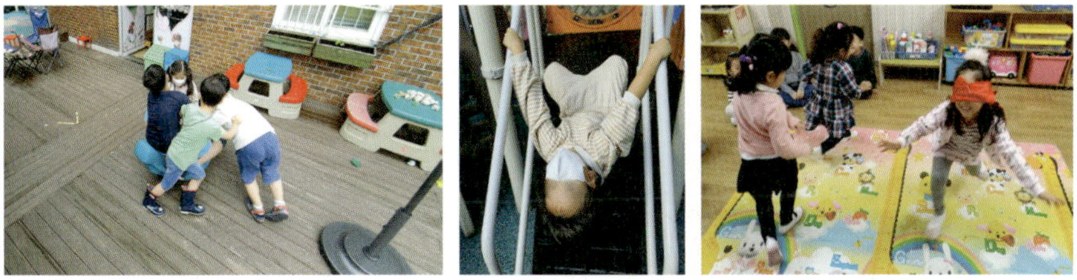

놀이와 안전 사이

② 위험한 요소가 있는지 유아 스스로 살펴볼 시간과 기회의 제공

교사는 일상적 사물이나 자연물을 유아의 놀이자료로 허용할 때 반드시 위험요소가 있는지 점검해야 한다. 교사가 조심할 부분에 대해 유아에게 직접 알려주거나 유아 스스로 새로운 놀이공간과 놀이자료를 충분히 탐색하여 위험 요소를 찾아보고 조심하는 방법에 대해 생각해 보도록 한다. 풍부한 놀이경험 및 안전교육을 통해 다양한 사물의 속성을 잘 알게 되면 유아는 스스로 조심할 부분을 더 잘 판단하게 된다.

안전이 구축된 놀이공간

③ 새로 찾아본 놀이공간의 안전을 유아와 함께 점검

유아나 교사가 새로운 놀이공간을 발견했을 때 그 공간이 안전한지 확인하는 과정이 필요하다. 균열이나 위생 등의 문제가 있는지 교사가 먼저 점검한 이후, 유아가 그 공간의 물리적인 특성을 충분히 알 수 있도록 같이 탐색해 보고 그 공간의 사용 시기 및 주의점에 대해서 스스로 생각해보고 약속을 정하도록 지원한다.

놀이과정 속 안전규칙 지키기

④ 모든 구성원이 놀이와 안전에 대해 소통

유아·놀이 중심 교육과정에서 유아가 최소한의 규칙을 가지고 자유롭고 즐겁게 놀이하면서 안전이 보장되려면 기관 내 구성원 간의 안전에 대한 공감이 필요하다. 유치원과 어린이집은 유아가 놀이를 통하여 환경을 탐색하고 감정과 행동을 조절하면서 스스로 안전하게 생활하게 된다는 것을 학부모와 소통하여야 한다. 학기 초부터 학부모교육이나 가정통신문, 교육 자료를 통하여 유아·놀이 중심 교육과정의 의미와 가치에 대해 지속적으로 소통하는 기회를 갖는 것이 필요하다.

(5) 통합학급에서의 놀이지원

개정 누리과정에서는 유아의 발달과 장애 정도에 따라 교육과정을 편성·운영하며 교육과정을 운영할 때 개별 유아의 특성을 최대한 고려하여 장애 유아의 배움을 지원하는 것을 강조한다. 개별 원의 실정에 맞게 특수학급 또는 통합학급을 편성하여 운영하며, 특수교사(또는 장애 영유아를 위한 보육교사)는 장애 유아를 위한 개별화 교육계획을 수립하여 장애 유아의 개별적 요구를 파악하고, 장애 정도와 개개인의 특성에 적합하게 교육내용을 구성하여, 적절한 교수학습방법을 지원해야 한다. 유아·놀이 중심 교육과정의 통합학급에서는 특수교사는 장애 유아가 일반 유아들과 함께 놀이하도록 돕기 위해서 학급 전체의 놀이 흐름을 파악하여 또래와의 놀이에 참여할 수 있도록 제약을 최소화하는 노력이 필요하다. 일반교사는 발달지연이나 장애 유아가 보편적인 환경에서 차별 없이 또래와 더불어 생활하고 놀이할 수 있도록 통해 통합 놀이지원을 염두에 두어야 한다(교육부, 보건복지부, 2019).

① 장애 유아가 또래와 함께 놀 수 있는 기회를 최대한 확보한다.

유아가 놀이 참여에 어려움을 극복할 수 있도록 교사는 적절히 지원해 주어야 한다. 교사는 장애 유아가 선택한 놀이자료와 놀이방법으로 놀이를 시작하도록 허용해 주고 일반 유아들도 함께 참여하여 놀이할 수 있도록 제안해 볼 수 있다. 또는 장애 유아가 좋아하는 놀이를 전체 유아의 놀이로 확장하도록 제안하고 또래들로부터 놀이 아이디어를 구할 수도 있다. 교사는 지속적인 관심과 적절한 지원을 통하여 장애 유아가 또래와 함께 놀 수 있도록 도와주어야 한다. 또래는 장애 유아에게 적절한 행동의 시범자, 촉진자이며 활동 참여에 대한 강화자 등의 중요한 역할을 할 수 있다. 따라서 교사는 장애 유아와 또래 간의 놀이와 상호작용의 기회를 최대한으로 확보해야 한다.

② 놀이공간과 자료를 준비할 때 장애 유아의 특성을 고려한다.

통합학급에서 놀이공간과 자료를 계획하거나 일반 유아의 놀이 흐름에 따라 공간, 자료, 일과 구성 등에서 계획이 변경될 때 장애 유아에게 불편함이 없을지 점검하여 장애 유아도 활동할 수 있는 다양한 놀이자료를 함께 제공해 주어 불편함을 겪지 않도록 한다.

③ 수시로 협의하면서 문제를 해결한다.

통합학급의 일반교사와 특수교사는 각자의 교수접근 및 전문성에 대해 인정하면서 교수실천 과정에서 협력하는 태도를 가져야 한다. 놀이 상황 진행 시 장애 유아에게 예상되는 어려움이나 지원방안에 대해 수시로 의견을 나누고 각자가 관찰한 유아에 대한 정보를 서로 교환하며, 이를 바탕으로 교육계획 수립해야 한다. 교사들은 정규회의 외에 짧은 시간 동안 수시로 의견을 주고받고 특수교사가 보지 못한 유아의 장애특성에 대한 정보를 추가로 제공하여 지원방안을 찾는 데 서로 협력해야 한다. 이러한 협의는 장애 유아와 일반 유아를 구분하기보다 전반적인 놀이 아이디어를 나누는 협의의 연장선이 된다.

생각해봅시다

1. 어린이집 실습이나 대중 매체를 활용하여 영아-영아 간, 성인-영아간 상호작용의 내용을 관찰하여 그 특징을 분석해 봅시다.

2. 0-5세 대상 연간계획안, 월간 · 주간 · 일일계획안을 수집하여 분석하고, 변형 · 보완해 봅시다.

CHAPTER 05

다중지능이론에 기초한 효과적인 영유아교수방법

학습목표

1. 지능과 다중지능이론의 이론적 배경에 대해서 알아본다.
2. 다중지능이론을 활용한 교육방법론에 대해서 알아본다.

본 장에서는 다중지능이론의 이론적 배경에 대해서 알아보고자 한다. 다중지능의 언어지능, 논리-수학지능, 공간지능, 신체운동지능, 음악지능, 대인 간 지능, 개인 내 지능, 자연지능 등을 기본으로 이론적 배경과 활용방법에 대해서 알아본다. 또한, 다중지능이론을 활용한 교육방법론에 대해서 살펴본다.

1 지능과 다중지능이론

1) 지능의 정의

학습자에 대한 이해의 영역은 크게 발달과 개인차로 나눌 수 있다(지능, 두산백과). 개인차는 학습자에게서 보이는 다양한 차이를 말한다(Snyderman. M., Rothman. S., 1987). 각 개인이 지니고 있는 다양성 중에서 가장 보편적인 기준을 찾기 위한 연구를 의미한다. 학습자의 지능에 관한 연구에는 이러한 개인차 연구에 해당되는 영역으로서 19세기 말까지 거슬러 올라갈 수 있다. 영국의 프랜시스 골턴(Francis Galton, 1822~1911)은 감각식별 능력이 인간의 지적 능력과 관련성이 깊은 것이라는 신념으로 감각 기능의 개인차를 측정하기도 했다. 이러한 그는 지능의 개인차를 규명하기 위한 최초의 노력이었고, 1905년 프랑스의 알프레드 비네(Alfred Binet, 1857~1911)는 정상교육을 받을 수 있는 아동과 그렇지 못한 아동을 구분하기 위한 지능검사지를 개발하기도 하였다.

지능에 대한 연구는 심리측정적 접근, 피아제식 접근, 정보처리적 접근 등으로 진행되었다.

지능을 연구하는 여러 학자들을 통한 지능의 정의는 다음과 같다. 지능은 문제해결의 특성을 지닌 것으로서 인지과정과 조작으로 조정되는 개인의 적응적 행동을 말한다(Guilford, 1956, Wallach. M. M., Kogan. N., 1956).

표 5-1 지능의 정의와 중요 요소

구분	내용
지능의 정의	1. 지능검사의 점수 2. 인간이 학습하기 위한 역량 3. 한 인간이 획득한 총 지식 4. 새로운 상황과 환경에서 적응하는 능력
지능의 중요 요소	1. 상징이나 원리, 개념, 관계성, 아이디어와 같은 추상성을 다루는 능력 2. 새로운 상황을 다루거나 문제를 해결하는 능력 3. 말이나 다른 상징이 포함된 추상개념을 배우고 다루는 학습의 능력

지능을 기반으로 다양한 지능이론들이 제시되고 있다(정경호, 2013). 그 중 대표적인 지능이론은 일반요인이론, 다요인이론, 다중지능이론으로 구분할 수 있다.

표 5-2 대표적인 지능이론 3가지

구분	내용
일반요인이론	지능은 하나의 요인으로 구성되어 있다고 보는 이론
다요인이론	지능은 한 개가 아닌 몇 개의 기본 정신능력으로 구성되어 있다고 보는 이론
다중지능이론	지능의 기저능력은 서로 별개의 것으로 고유한 영역이라고 주장하는 이론

2) 가드너의 다중지능이론의 정의

하워드 가드너
(Howard Gardner, 1943. 7. 11.~)

가드너(Gardner. H)가 주장하는 다중지능(Multiple Intelligences) 이론의 전제로 모든 학습자는 서로 다른 능력, 흥미, 동기를 가지고 있다고 했으며, 학습자의 능력 및 동기를 고려한 교수학습법을 활용해야 한다고 주장했다. 가드너는 자연스러운 교수·학습 현장에서 경험해 보지 못한 과제를 해보도록 했다. 또한, 인간의 지능을 판단하는 지능검사 방법의 타당성에 대해 의문을 제기하기도 했다. 가드너는 전통적인 IQ 검사 점수가 아닌 인간이 가지고 있는 잠재 능력의 가치와 범위를 확장시켰다(김정열, 2019; 신명희 외, 2014).

가드너는 지능을 '문화적으로 가치 있는 것을 창조하거나, 문제를 해결하는 데 필요한 문화에서 유용하게 쓰일 수 있는 정보를 처리하는 생물·심리학적 잠재력'이라고 이야기했다. 인간의 두뇌는 해부학적인 구조와 개인이 속한 문화적 관점에서 지능을 분석했다. 사람은 모든 지능을 가지고 있지만, 지능의 조합은 사람마다 서로 다르다고 했다. 사람의 지능은 향상될 수 있지만, 사람마다 향상되는 속도의 차이가 있다고 하는 이론을 바탕으로 다중지능이론을 제시했다. 기존의 지능이론과 가드너가 제시한 다중지능이론의 차이점은 다음과 같다(김정열, 2019).

표 5-3 기존 지능이론과 다중지능이론의 비교

기존의 지능이론과 가드너의 다중지능이론의 비교 분석	
기존 지능이론	• 기존의 지능은 태어날 때부터 타고남 • 언어와 논리 능력만을 지능 범위로 봄 • 지능 검사를 통해서 지능을 수치로 확인함 • 지능 검사 문항에 답하는 능력을 지능이라고 말함
다중지능이론	• 다중지능이론에서의 지능은 다양한 환경에게서 유용하게 활용함 • 시대적 · 문화적 맥락에 맞춰 활용될 수 있음 • 보는 사람은 지능을 가지고 있으나, 지능의 조합에 따라 다를 수 있음 • 지능은 향상 가능하지만 향상 속도는 사람마다 다름

3) 다중지능이론의 분류

다중지능이론을 제시한 가드너(Gardner. H)는 뇌 손상에 의한 분리 가능성, 진화사와 진화 가능성, 존재를 확신할 수 있는 핵심적이 정신작용, 상징체계의 암호와 최종 발달된 모습과 능력 발달 양상의 차이, 백치천재와 천재, 그리고 특수아의 존재, 실험심리학 연구결과가 보여주는 증거, 심리측정학의 지지 등의 준거에 근거하여 인간에게서 관찰되는 여덟 가지의 지능인 언어지능, 논리-수학지능, 공간지능, 신체운동지능, 음악지능, 대인 간 지능, 개인 내 지능, 자연지능 등을 다음과 같이 제시했다(Gardner, 1999; Armstrong, 2000).

(1) 언어지능

언어지능(Linguistic Intelligence)은 말하기, 읽기, 작문, 듣기 등과 같은 영역에서 민감성, 언어학습능력, 특정한 목표를 달성하기 위한 언어 활용능력 등을 포함한 것을 말하게 된다. 언어지능이 높은 사람들의 분류에는 작가, 시인, 교사 등이 이에 해당된다.

사람들은 언어 인지를 통하여 다양한 문제를 인식하게 된다. 자신이 관심이 있는 그림책을 읽거나, 부모님이나 교사와 같은 사람들에게 이야기를 듣는 것을 통하여 다양한 사례를 텍스트로 인지하게 된다. 이렇게 인지한 텍스트는 사람들이 학습을 하거나 놀이를 할 때 가장 큰 영향을 주게 된다.

언어지능을 활용한 교육의 결과물로 다음과 같은 효과를 얻을 수 있다.

영유아의 언어지능 효과
• 영유아는 말하기를 통하여 유아의 생각을 전달할 수 있음 • 영유아는 읽기를 통하여 다양한 정보를 습득할 수 있음 • 영유아는 글쓰기를 통하여 자신의 생각을 기록할 수 있음 • 영유아는 듣기를 통하여 다양한 정보를 습득할 수 있음

(2) 논리-수학지능

논리-수학지능(Logical-Mathematical Intelligence)은 어떠한 문제를 논리적으로 분석한다. 수학적 조작을 수행하며, 과학적인 방법을 사용하여 문제를 해결할 수 있는 능력을 의미하게 된다. 논리-수학지능이 높은 사람들의 분류에는 수학자, 논리학, 과학 등이 이에 해당된다.

사람들은 논리적으로 다양한 문제를 분석하고 해결할 수 있으며, 과학적인 접근 방법을 활용하여 문제를 해결할 수 있는 능력을 말한다. 다양한 문제를 직관적으로 보완할 수 있다. 다양한 사람들에게 객관적인 방법으로 설득할 수 있다는 장점이 있다.

논리-수학지능을 활용한 교육의 결과물로 다음과 같은 효과를 얻을 수 있다.

영유아의 논리-수학지능 효과
• 영유아는 문제를 논리적으로 분석할 수 있음 • 영유아는 문제를 수학적으로 조작할 수 있음 • 영유아는 문제를 과학적인 방법을 통하여 문제를 해결할 수 있음

(3) 공간지능

공간지능(Spatial Intelligence)은 좁은 공간뿐만 아니라 넓은 공간을 인지하고 다루는 잠재력을 의미하게 된다. 시각적인 부분을 잘 지각할 수 있으며, 지각된 것을 변형시킬 수 있다. 균형과 구성에 대한 민감성, 그리고 유사한 양식을 감지하는 능력 등이 포함되게 된다. 공간지능이 높은 사람들로는 조각가, 항해사, 건축가, 디자이너 등이 이에 해당된다.

공간지능을 활용한 교육의 결과물로 다음과 같은 효과를 얻을 수 있다.

영유아의 공간지능 효과
• 영유아가 시각적인 부분을 지각할 수 있음 • 영유아가 지각한 형태를 변형시킬 수 있음 • 영유아가 시각적 균형과 구성을 할 수 있음 • 영유아가 이미지의 민감성과 유사한 양식을 찾아낼 수 있음

(4) 신체운동지능

신체운동지능(Bodily-Kinesthetic Intelligence)은 몸 전체를 기준으로 손, 얼굴 표정을 포함한 인체 일부분을 이용하고 활용할 수 있는 능력을 의미한다. 신체운동지능이 높은 사람은 운동선, 배우, 무용가, 외과의사, 기술자 등이 이에 해당된다.

신체운동지능을 활용한 교육의 결과물로 다음과 같은 효과를 얻을 수 있다.

영유아의 신체운동지능 효과
• 영유아가 그림을 그리는데 있어서 효과적으로 작업할 수 있음 • 영유아가 모형을 제작하는데 있어서 효과적으로 작업할 수 있음

(5) 음악지능

음악지능(Musical Intelligence)은 노래를 하거나 연주하기, 음악적 양식을 이해하고 작곡 혹은 지휘를 하는 기술과 관련된 능력을 말한다. 음정과 리듬에 대한 민감성, 음악의 정서적인 측면에 대한 이해 등도 포함하게 된다. 음악지능이 높은 사람들은 성악가, 기악 연주자, 작곡가, 지휘가 등이 이에 해당된다.

가드너에 따르면, 음악지능과 언어지능의 구조는 비슷한 구조를 가지고 있다. 예를 들어, 언어적인 능력이 높은 사람에게는 지능이 높다고 말하고, 음악적인 능력이 높은 사람에게는 재능이 있다고 말하는 것은 잘못 말하는 것이다.

음악지능을 활용한 교육의 결과물로 다음과 같은 효과를 얻을 수 있다.

영유아의 음악지능 효과
• 영유아가 율동을 하는데 있어서 효율적인 음악을 선택할 수 있음 • 영유아가 시각적 이미지를 표현하는데 있어서 언어적인 표현을 할 수 있음

(6) 대인 간 지능

대인 간 지능(Interpersonal Intelligence)은 타인의 욕구와 동기, 의도를 이해하는 것을 말한다. 다른 사람과 효과적으로 일할 수 있는 능력을 말하기도 한다. 대인 간 지능이 높은 사람은 교사, 종교지도자, 심리치료사, 정치가 등이 이에 해당된다.

영유아의 대인 간 지능 효과
• 영유아가 부모님이나 선생님의 의도를 이해하여 효율적으로 과제를 수행할 수 있음 • 영유아는 상대방의 의도를 이해하여 효과적인 대화를 유도할 수 있음

(7) 개인 내 지능

개인 내 지능(Intrapersonal Intelligence)은 대인 간 지능과 함께 인성지능(Personal Intelligence)에 속하는 지능을 말한다. 자성지능이라고 불리는 개인 내 지능은 자신을 이해하고 자신의 욕구, 불안, 두려움 등을 잘 통제하는 것이 중요하다. 효율적인 삶을 살아 나갈 수 있는 잠재력을 의미하기도 한다. 개인 내 지능일 높은 사람은 심리학자, 수도자 등이 있다.

개인 내 지능을 활용한 교육의 결과물로 다음과 같은 효과를 얻을 수 있다.

영유아의 개인 내 지능 효과
• 영유아가 자신이 하는 일을 잘 정리할 수 있음 • 영유아가 다양한 아이디어와 콘셉트 등을 쉽게 제시할 수 있음

(8) 자연지능

자연지능(Naturalist Intelligence)은 자연에 존재하는 여러 종을 잘 구분하는 것을 말한다. 각각의 종 사이의 관계성을 인식하고 규정하며, 자연과의 교과목을 능숙하게 할 수 있는 능력을 의미한다. 자연능력이 높은 사람은 생물학자, 동물학자, 식물학자, 농부 등이 이에 해당된다.

자연지능을 활용한 교육의 결과물로 다음과 같은 효과를 얻을 수 있다.

영유아의 자연지능 효과
• 영유아가 시각 이미지를 통해, 패턴을 관찰하고 대상을 정리할 수 있음 • 영유아가 자연현상을 파악하여 다양한 작업에 활용할 수 있음

4) 다중지능이론 요약표

앞에서 말한 지능을 다중지능이론을 근거로 인간이란 잠정적으로 7개 이상의 기본적인 지능을 소유했다고 주장했다. 인간의 진화 덕분에 지적인 잠재력을 소유하게 되었고, 개인의 성향과 문화의 선호에 따라서 지능을 결합하여 활용할 수 있다고 볼 수 있다.

인간은 다양한 환경에 노출되어 있으며, 여러 가지 영향을 받으며 살아가고 있다. 여러 가지 영향을 외부요인이라고 할 때, 외부요인으로 인하여 인간의 지능은 다양하게 반응하게 된다(Armstrong, 2000).

표 5-4 다중지능이론 요약표(Armstrong, 2000)

지능	핵심성분	발달적 요인	최고 수준 발달
언어지능	언어의 소리, 의미, 기능에 대한 민감성을 말함	아동기 초기에 폭발적으로 발달하게 되며, 노년기까지 유지하게 됨	작가, 웅변가 등
논리-수학 지능	논리적 · 수리적 유형에 대한 민감성과 구분능력을 말함	청소년기와 성인기 초기에 절정에 달하며, 40세 이후 뛰어난 수학적 통찰력은 감퇴하게 됨	과학자, 수학자 등
공간지능	시공간 세계에 대한 예민한 지각을 말함	아동기 초기의 위상학적 사고[1)]가 10세경 유클리드식 사고[2)] 방식으로 전환하게 됨	화가, 건축가 등
신체운동 지능	몸의 움직임을 통제하고, 사물을 능숙하게 다루는 능력을 말함	성분(강도, 유연성)과 영역(무언극, 체조, 야구)에 따라 다르게 나타남	운동선수, 무용수, 외과의사 등
음악지능	음정, 리듬, 음색 등을 만들고 평가하는 능력을 말함	가장 조기에 발달하게 됨	연구자, 작곡가 등
대인 간 지능	타인의 기분, 기질, 동기, 욕망을 구분하고 대응하는 능력을 말함	생후 3년 동안 매우 중요한 애착과 유대관계를 맺게 됨	상담가, 정치지도자 등
개인 내 지능	자신의 감정에 충실하고 정서를 구분하는 능력을 말함	생후 3년 동안 매우 중요한 자아와 타인 간의 경계를 형성하게 됨	심리치료사, 수도자 등
자연지능	다양한 종을 구분하고 인지할 수 있는 능력을 말함	아동에게 다양한 경험을 시키는 것이 중요함	생물학자, 동 · 식물학자, 농부 등

1) 위상학적 사고는 특정 사물이 다른 사물과의 관계 속에서 가지는 위치나 상태에 대한 사고능력을 말한다. 유아에게 공간이란 사물의 배치 그 자체를 의미하게 되고, 유아는 물체를 떠나서 공간의 개념을 이해할 수 없게 된다.

2) 유클리드식 사고는 위상학적 사고보다 더 발달된 형태의 공간지각 능력을 말한다. 곡선 및 다각형, 육면체, T자 모양 등을 인지하고 보다 입체적으로 사고할 수 있는 능력을 의미하게 된다. 도형 인식 및 분류 능력 등을 모두 포함한 사고 능력을 말한다.

5) 다중지능의 특성

다중지능검사는 자신이나 타인이 각각의 질문에 대하여 답하게 되는 자기보고식 체크리스트로 구성되어 있다. 스스로 보고하여 체크된 문항의 수가 많을수록 해당 영역의 지능이 높은 것인데, 체크된 문항의 수가 적으면 그 영역의 지능이 그만큼 덜 개발된 것을 의미하게 된다.

지능과 재능의 기준에 대한 비판에서 알 수 있듯이 가드너의 다중지능이론은 여전히 과학적인 추론과정의 모호함을 내포하고 있다. 그리고 획기적인 '탈 IQ' 지능이론을 새로운 지능 연구의 흐름을 구축하기도 했다.

또한, 언어지능이나 논리-수학지능만을 강조해 온 기존의 지능이론에서 탈피하고, 인간의 지능에 대한 새로운 가능성을 열어 주고 관점을 넓혀 주기도 했다

2 다중지능 교육방법론

1) 다중지능 교수법의 유형

다음은 가드너의 다중지능 교육방법론에서 제시하는 다중지능 교수법의 유형이다. 다중지능 교수법은 '교수활동-교재-교수전략'으로 구분할 수 있다. 교수활동을 교사가 할 수 있는 교육방법이고, 교재는 교육시간에 활용하는 있는 도구를 말한다. 교수전략은 교육시간을 통하여 학생이 습득하고, 향상시킬 수 있는 지능을 말한다.

언어지능을 활용한 교수법은 교수활동에서 '강의, 토론, 낱말 게임, 함께 읽기, 이야기하기' 등을 할 수 있으며, 교재로는 '책, 책의 내용을 녹음한 음원' 등을 활용할 수 있다. 교수전략으로는 '읽으라, 쓰라, 말하라' 등을 할 수 있다. 언어지능을 활용한 교육을 통하여 학생들은 '읽기 지능, 쓰기 지능, 말하기 지능' 등을 향상시킬 수 있다.

그 외 논리-수학지능, 공간지능, 신체운동 기능, 음악지능, 개인 내 지능, 자연지능 등을 활용할 수 있다. 이와 같은 다중지능을 통하여 선택적으로 활용하는 것이 중요하다.

표 5-5 다중지능 교수법의 유형(김정열, 2019)

지능	교수활동	교재	교수전략
언어지능	강의, 토론, 낱말 게임, 함께 읽기, 이야기하기	책, 책의 내용을 녹음한 음원	읽으라 쓰라 말하라
논리-수학 지능	문제풀기, 실험, 퍼즐, 수게임, 비판적 사고	과학실험 장비, 수게임, 계산기	측정하라 비판적으로 생각하라 개념화하라
공간지능	시각적 제시, 미술활동, 상상하기	그래프, 지도, 사진, 그림, 미술재료, 레고 세트	보라 그리라 시각화하라 색칠하라
신체운동 지능	체험학습, 드라마, 춤, 스포츠, 촉각활동	스포츠 장비, 조작 가능한 물건, 촉각학습자료	제작하라 실연하라 표현하라
음악지능	노래, 연주, 랩 음악	악기, 음반, 오디오	랩으로 노래하라 들으라
대인 간 지능	협동학습, 공동체 참여	역할극에 필요한 용품	협력하라 상호작용하라
개인 내 지능	개별화 수업, 자율학습, 학습과정 선택	일지, 자기점검식 교재	개인생활과 관련지으라 선택하라
자연지능	식물 채집, 애완동물 돌보기, 자연체험활동	채집도구, 동식물 도표, 체험학습용 보고서	동식물 등 자연을 직접 느끼고 체험하라

2) 다중지능 교수법의 활용

다중지능 교수법은 활용 여부에 따라 필수와 선택으로 나눌 수 있다. 필수영역에는 언어지능, 공간지능이 포함되어 있다. 선택영역에는 논리-수학지능, 신체운동지능, 음악지능, 대인 간 지능, 개인 내 지능, 자연지능이 포함되어 있다. 이러한 교수법에는 교수활동, 교재, 교수전략이 다양하게 활용되고 있다.

표 5-6 다중지능 교수법 유형의 활용(김정열, 2019)

활용여부	지능	교수활동	교재	교수전략
필수	언어지능	강의, 토론, 낱말게임, 함께 읽기, 이야기하기	책, 책의 내용을 녹음한 테이프 및 CD	읽으라 쓰라 말하라
선택	논리-수학 지능	문제풀기, 실험, 퍼즐, 수게임, 비판적 사고	과학실험 장비, 수게임, 계산기	측정하라 비판적으로 생각하라 개념화하라
필수	공간지능	시각적 제시, 미술활동, 상상하기	그래프, 지도, 사진, 그림, 미술재료, 레고 세트	보라 그리라 시각화하라 색칠하라
선택	신체운동 지능	체험학습, 드라마, 춤, 스포츠, 촉각활동	스포츠 장비, 조작 가능한 물건, 촉각학습자료	제작하라 실연하라 표현하라
선택	음악지능	노래, 연주, 랩 음악	악기, 음반, 오디오	랩으로 노래하라 들으라
선택	대인 간 지능	협동학습, 공동체 참여	역할극에 필요한 용품	협력하라 상호작용하라
선택	개인 내 지능	개별화 수업, 자율학습, 학습과정 선택	일지, 자기점검식 교재	개인 생활과 관련지으라 선택하라
선택	자연지능	식물 채집, 애완동물 돌보기, 자연체험활동	채집도구, 동식물 도표, 체험학습용 보고서	동식물 등 자연을 직접 느끼고 체험하라

3 다중지능이론을 활용한 교육방법론 개념과 유형

교육방법론의 학습 방법에는 세 단계로 나눌 수 있다. 학습 방법 세 단계는 '지식 저장 중심의 학습, 능력 연마 중심의 학습, 행동 변화 중심의 학습'으로 나눌 수 있다.

표 5-7 다중지능이론을 활용한 교육방법론(김정열, 2019)

구분	내용
지식 저장 중심의 학습	• 사람의 뇌는 얼마든지 사물을 담아서 저장할 수 있다는 용기와도 같은 것이라는 측면에서 출발하였음 • 머리 뚜껑을 열고 지식의 덩어리를 머리 용기 안에 넣는 작용이 학습이라고 보았음 • 영유아의 뇌는 직·간접적인 경험을 통하여 다양한 정보를 기억할 수 있음 • 학습을 통하여 다양한 정보를 접하고, 기억할 수 있음
능력 연마 중심의 학습	• 능력 연마설은 능력심리학에 기반을 둔 학습설임 • 능력심리학의 관점에서는 사람의 정신작용은 추리작용, 기억작용, 판단작용, 변별작용, 상상작용 등 몇 가지 능력에 의하여 성립되어 있다고 함 • 학습이란 정신작용, 즉 인간이 가지고 있는 제반 능력을 연마하는 것이어야 함
행동 변화 중심의 학습	• 행동주의 심리학자인 J. B. Watson 등에 의해 주장된 심리학의 일파에 근거함 • "학습이란 경험을 통하여 인간의 행동이 변화되어가는 과정이라고 보기 때문에 학습이란 저장도 아니고, 능력의 연마도 아니며, 경험으로부터 얻은 행동이 바람직한 방향으로 변화되어 가는 것이다"라고 하였음

생각해봅시다

1. 유아교육의 관점에서 지능과 다중지능이론 방법에 대해 제시해 봅시다.

2. 유아교육의 관점에서 다중지능이론을 활용한 교육방법론에 대해 제시해 봅시다.

CHAPTER 06

영유아 교수학습의 평가

학습목표

1. 영유아 평가의 목적과 내용을 이해하고 설명할 수 있다.
2. 영유아 평가의 방법을 정리하여 나열할 수 있다.
3. 영유아 평가결과를 활용하는 방법을 제시할 수 있다.

영유아 교수학습의 평가는 영유아의 놀이가 교수계획에 따라 진행되었는지, 교육 목표에 달성하였는지, 영유아의 학습 수준이 어떠한지 등에 대한 부분을 일정 준거에 따라 파악하는 과정이다. 영유아 평가는 영유아의 놀이에서 나타나는 행동, 특징 등을 객관적으로 파악하며 이를 토대로 교육과정이 잘 운영되고 있는지 되돌아보며 개선하기 위해 진행한다.

영유아 교수학습의 평가를 교육과정에 반영하기 위해서는 영유아의 발달 특성과 영유아교육기관의 교육과정 등을 고려한 다양한 평가방법이 요구된다. 영유아의 발달에 맞는 평가방법과 평가결과를 현장에서 활용할 수 있는 방안은 다음과 같다.

1 평가의 목적과 내용

평가는 교수학습 전반에 걸쳐 자료를 수집하고 관찰과 검사를 통해서 개인의 발달과 프로그램의 효과 등을 파악하여 점수, 등급, 수치 등을 부여하는 과정이다(Goodwin & Goodwin, 1982). 즉, 평가는 교육적 시도와 활동의 효과를 알아보기 위한 체계적인 과정이라고 할 수 있다.

영유아는 사용하는 언어가 제한적이며 주의집중 시간이 짧기 때문에 한 가지 평가를 통해 발달 수준과 교수학습을 수치화하는 것은 무리가 있다. 따라서 다양한 상황에서 영유아의 상호작용 과정과 의사소통 능력, 놀이 등을 관찰하고 객관적인 자료를 수집하여 체계적인 평가를 진행해야 한다. 이런 의미에서 영유아 평가는 교육의 목적을 위한 수단이 되어야 하며, 교육 프로그램의 질을 높이기 위한 출발점이라고 할 수 있다.

교수학습에 대한 평가는 교수학습의 목표와 내용을 판단하는 평가와 평가 대상을 준거로 하는 영유아, 교사, 교수학습 과정에 대한 평가가 있다.

1) 영유아 평가의 목적

영유아 평가의 목적은 영유아의 발달, 학습 수준의 개인차, 교육 프로그램의 효과 등을 평가하여 교수학습에 반영하는 것으로 영유아 발달의 최대화를 도모하기 위함이다. 따라서 교사는 영유아의 흥미, 기술, 성향, 지식, 태도 등을 통합적으로 평가하여 발달에 적합한 지원을 해줌으로써 교육과정을 발달시켜야 한다. 평가의 기능은 다음과 같다.

- 영유아의 발달 상황을 객관적으로 이해하고 바람직한 교수학습을 하기 위해 정확한 정보를 얻는다.

- 교수 목표의 성취도를 알 수 있고, 목표를 달성하기 위해 보완해야 할 부분을 판단한다. 더 나아가 다음 교수학습의 계획을 세우기 위한 기초 자료로 활용한다.
- 교사와 영유아교육기관이 영유아의 성장에 어떠한 영향을 주고 있는지를 판단하여 영유아의 발달에 도움이 될 수 있도록 심리적·물리적 보완 근거를 마련한다.
- 영유아의 발달과 교수학습 효과에 대한 자료를 수집하여 부모에게 영유아의 신체, 정서, 사회성 등의 전반적인 발달 정보를 제공할 수 있다.
- 교사의 교육적 노력에 대한 효과를 알려주는 자료로 교사의 교육지원 내용을 수립하게 하고 교사와 영유아 상호작용의 질을 높인다.

영유아 평가는 검사를 실시하고 채점하는 것을 넘어서 영유아의 발달 영역에 대한 정보를 종합적으로 수집하게 한다. 즉, 평가 활동은 유아의 개별적 특징을 이해하게 하고 적절한 교육적 처치를 하게 하며 교사의 전문성 발달을 위한 중요한 수단이 된다. 영유아 평가의 중요성은 다음과 같다.

① 영유아는 항상 변화한다.

교사가 영유아의 발달과 학습을 연구하고 진단하는 것은 영유아를 더 잘 이해하게 되고 발달을 지지하는 활동을 구성하는 데 중요한 역할을 한다. 특히 영유아 발달에 맞는 적절한 평가방법을 활용하게 되면 영유아 개개인을 위한 교육적 계획, 구성 등을 제시할 수 있다. 그러므로 교사가 유아에 대해 올바른 평가를 하기 위해서는 다양한 평가방법을 사용할 수 있어야 한다.

② 각 교육과정 및 프로그램이 추구하는 목적과 목표가 다르다.

교육과정과 프로그램이 추구하는 목적과 목표는 다양하다. 따라서 각 교육과정과 프로그램의 목적을 성취했는지 파악하기 위해서는 각 교육과정과 프로그램의 목적과 목표에 맞는 평가를 선택하여 활용하여야 한다.

③ 가정과의 의사소통이 필요하다.

영유아는 교수학습의 결과 외에도 가족, 지역사회와의 협력을 통해 성장하고 발달한다. 교사가 가정과 긍정적으로 소통하기 위해서는 영유아에 대한 정확한 평가가 필요하다. 교사가 영유아의 평소 생활, 학습, 발달 등에 대한 평가를 한 것을 토대로 하여 가정과 다양한 소통을 할 때 적극적인 소통이 이루어질 수 있다.

④ 교사의 전문성 발달을 위해 평가가 필요하다.

교수학습 평가는 영유아뿐 아니라 교사의 전문성 발달을 위한 필수적 요소가 된다. 이는 영유아를 위한 프로그램 개발, 교육과정의 수정 및 보완, 교사의 전문적 자질 발달 등에 초점을 맞추고 평가해야 한다.

2) 영유아 평가의 내용

(1) 영유아 평가

영유아 평가는 영유아를 대상으로 하는 평가이다. 영유아 평가는 영유아의 행동을 관찰하여 발달 수준과 교육성취를 파악하기 위해 사용된다. 평가의 목적은 점수와 등급을 매겨서 영유아를 구분하고 선별하려는 것이 아닌 영유아 개개인의 전인적 발달을 돕는 것에 있다. 즉 영유아 평가는 영유아의 발달을 이해하고 도와주는 긍정적 측면에서 이루어져야 하며, 평가결과는 영유아의 교육활동을 지원하기 위한 기초 자료로만 사용되어야 한다.

- 표준화된 검사지를 통해 영유아의 특성과 발달 정도를 평가한다.
- 관찰 기록과 작품 수집을 통해 영유아의 전반적 발달 수준을 파악한다.
- 놀이에서 나타나는 영유아의 행동을 관찰하고 기록하여 영유아 발달의 질적 변화를 종합적으로 기술한다.
- 표준화 검사, 관찰 기록, 부모 면담 등 다양한 평가 및 자료를 활용해서 영유아의 총체적 환경을 평가한다.

리비트(Leavitt)와 이허트(Eheart)의 영유아 평가 4단계 절차는 다음과 같다(Leavitt & Eheart, 1991).

- 1단계: 부모에게 영유아에 관한 정보 수집하기
  부모 면담, 등·하원 시간, 전화, 부모 모임 등을 통해 영유아에 대한 정보를 수집한다.
- 2단계: 영유아의 일상적 활동을 관찰하고 기록하기
  영유아의 일상생활과 놀이를 관찰하고 기록하여 영유아를 이해할 수 있는 기초적인 자료를 수집한다.
- 3단계: 영유아에 대한 종합적 평가체계를 개발하고 구성하기
  교사관찰, 각종 검사 결과, 부모 면담 자료 등을 종합하여 영유아 평가체제를 구성한다.
- 4단계: 평가자료를 활용해서 영유아교육과정을 계획하고 실행하며 적용하기
  영유아의 발달, 개인차, 흥미, 성격, 선호도, 습관 등의 자료를 종합적으로 고려하여 영유아교육과정에 활용한다.

영유아 평가에서 주의할 점은 객관적 자료에 의한 평가가 이루어져야 한다는 점이다. 주관적인 감정에 치우치지 않고 다양한 평가도구를 활용해서 정기적으로 평가해야 한다. 또한 다양한 상황에서 평가자료를 구성하여 왜곡되거나 편협적인 결과를 얻지 않도록 해야 한다.

(2) 교사 평가

교사 평가는 교사를 대상으로 하는 평가이다. 보다 효과적인 교수학습 과정이 계획되고 실행될 수 있도록 하는 평가이다. 교사는 영유아가 양육자 다음으로 많은 상호작용을 하게 되는 대상으로 지속적인 자기계발이 요구된다.

교사 평가는 교수 능력이 포함된 다양한 부분을 평가하는 것으로 교사의 반성적 사고를 통한 효율적 교수방법을 고안하는 데 목적이 있다. 교사의 교수 행동에 대한 평가는 영유아와 상호작용하는 방법, 긍정적 언어와 부정적 언어사용, 영유아의 발달에 맞는 적절한 질문, 효과적인 교수전략 등과 같은 것으로 교사의 전문성을 키우기 위한 평가이다.

- 영유아 발달과 전공에 대한 전문적 지식을 평가한다.
- 영유아교사로서 요구되는 신체, 인성, 가치관 등을 평가한다.
- 일정한 평가 양식 및 반성적 저널쓰기 등을 통해 교사 스스로를 평가한다.
- 공개수업 및 원내 장학을 통해 상급자 또는 동료 교사가 평가한다.
- 학부모가 교사를 평가하기도 한다.

교사의 자기평가서

전혀 그렇지 않다 | 보통이다 | 매우 그렇다

1. 근무 태도
   ① 근무 시간을 잘 지키는가? (출근 시간)
   ② 근무 시간에 업무 외의 사적인 일을 하지 않는가?
   ③ 무단결근 및 외출 등 직장 이탈을 하는가?

2. 자질
   ① 명랑하고 상냥한 모습을 보였는가?
   ② 영유아의 놀이에 참여하여 상호작용을 했는가?
   ③ 영유아와의 약속을 지키기 위해 노력했는가?
   ④ 말을 선택해서 했는가? (부드럽게, 친절하게, 차분하게, 온화하게)
   ⑤ 영유아의 장점을 찾기 위해 노력했는가?
   ⑥ 영유아에게 스킨십과 관심을 구체적으로 표현했는가?
   ⑦ 청결과 단정한 용모를 유지하는가?
   ⑧ 영유아가 좋아하는 것에 관심을 보였는가?
   ⑨ 교사의 품위를 낮추는 행동을 하지 않는가?

3. 학습지도
   1) 교수방법
   ① 다양한 교수 매체를 이용하여 영유아의 놀이 준비를 철저히 하는가?
   ② 영유아의 발달에 따른 적합한 교구를 다양하고 융통성 있게 제시하는가?
   ③ 영유아와 수업에 대한 평가가 적절하게 이루어지며 다음 계획에 반영하는가?
   2) 교수연구
   ① 늘 연구하는 자세를 가지고 자체 연수 등에 성실하게 참여하는가?
   ② 외부 연수 등에 참여하여 재교육의 기회를 가졌는가?
   3) 아동관찰
   ① 영유아의 안전사고 방지를 위해 실내외 환경을 살피고 관리하는가?
   ② 영유아의 신체, 인지, 언어, 사회성, 정서 발달을 주의 깊게 관찰하여 기록하는가?

출처: 위영희 외(2010). 교사평가서.

(3) 교수학습 과정 평가

교수학습 과정에 대한 평가는 교육과정, 교수학습 활동에 대한 평가로, 교육과정의 요소, 운영, 활동 등에 대한 평가를 의미한다. 교수학습 과정에 대한 평가는 교육과정 개발자의 이후 계획 및 실행에 영향을 주게 된다.

- 영유아의 발달수준, 요구, 흥미에 맞춘 교수학습이 계획되었는지 평가한다.
- 영유아의 경험과 학습을 촉진할 수 있는 다양한 교수학습방법이 통합적으로 운영되었는지를 파악한다.
- 교육과정의 적절성, 효율성, 타당성 등을 평가하여 관련 행정가와 부모에게 유용한 정보를 제공할 수 있다.

영아를 위한 교육과정인 표준보육과정의 평가는 영아의 놀이, 활동, 일상생활이 잘 연계되며 영아에게 의미 있는 경험이 되었는지를 평가한다. 표준보육과정의 운영평가는 영아·놀이중심의 교육과정에서 영아의 관심과 흥미에 기반한 보육과정을 운영하고 평가하여 영아의 발달단계에 맞는 활동을 계획하는 것이다. 이때 영아의 놀이 사진, 결과물 사진, 작품, 동영상 등은 영아의 관심과 흥미, 놀이선호도, 발달의 변화 정도 등을 객관적이고 깊이 있게 파악할 수 있다. 이에 따라 영아교사는 평가의 중요성을 인식해야 하며 영아를 관찰하며 평가하는 과정이 지속적으로 이루어져야 한다.

- 영아의 특성과 변화 정도를 파악하는 평가를 해야 한다.
- 영아가 놀이하는 과정에서 표준보육과정의 6개 영역이 나타난 상황과 빈도를 검토한다.

- 영아의 경험과 학습을 평가하여 교육과정 개선 계획에 반영한다.

유아를 위한 교육과정인 2019 개정 누리과정에서는 유아·놀이중심의 교육과정이 효율적으로 운영되기 위해 평가를 간략화하는 것을 강조한다. 또한 평가를 자율적으로 실시하고 평가결과를 활용해 유아에 대한 이해와 누리과정 운영을 개선하고자 한다. 누리과정 운영평가는 일과 구성의 적절성, 놀이 지원 방식, 놀이를 통한 경험, 충분한 놀이시간 운영, 유아 주도적 놀이 및 배움, 놀이 지원의 적합성 등을 평가해야 한다. 2019 개정 누리과정에서 강조하고 있는 평가의 중점요소는 다음과 같다(교육부, 보건복지부, 2019).

- 누리과정 교수학습의 질을 진단하고 더 나은 방향으로 개선할 수 있도록 평가한다.
- 유아의 특성과 변화 정도를 통해 누리과정 운영을 평가한다.
- 평가의 목적에 맞는 적절한 방법을 사용하여 평가한다.
- 평가결과는 유아에 대한 이해 및 누리과정 운영 개선을 위해서 활용한다.

2 평가의 방법

영유아를 위한 교육활동이 다양하게 진행되므로 평가의 종류도 목적과 내용에 맞춰 다양해야 한다. 영유아의 발달에 적합한 교육을 계획하고 제공하기 위해서 총체적이며 다면적인 평가가 필요하다. 영유아의 발달단계에 맞춘 평가는 지식획득 정도에 관련된 측면보다 자아개념, 자발성, 참여도, 수행능력과 관련된 정의적이며 태도적인 측면에 초점을 두는 것이 바람직하다.

교사는 다양한 평가의 방법과 특성을 이해하고 장단점을 파악해야 한다. 평가방법에 대한 이해를 기초로 교수학습에 맞는 평가방법을 선택할 수 있어야 한다.

1) 관찰법

관찰법은 가장 자연스럽고 일반적이며 보편적인 평가방법이다. 교사가 일상생활에서 자연스럽게 놀이하는 영유아의 모습을 관찰하고 본 대로 기록하는 방법이다. 관찰은 교사가 영유아에게 언제, 어떻게 도움을 줘야 하는지를 결정할 수 있도록 한다. 관찰법을 효과적으로 실행하기 위해서는 관찰하고자 하는 영역을 정한 후 직접 관찰이 가능한 하위 행동을 결정하고 기록해야 한다. 현장에서 주로 쓰이는 관찰법은 일화기록법, 행동목록법, 평정척도법 등이다.

(1) 일화기록법

일화기록법은 영유아 교육기관에서 가장 많이 사용되는 관찰법으로, 짧은 내용의 사건에 대해 서술적으로 기록한다. 교실 내에서 눈에 띄는 사건이나 행동이 생길 때 그 상황과 행동에 초점을 맞춰 순서대로 기록한다. 일화기록법을 사용할 때는 특별하게 정해진 양식 없이 한 가지의 행동과 상황에 초점을 맞춘다.

① 장점

- 간결한 형태로 기록하므로 관찰 시간이 짧아도 가능하다.

- 지속적으로 자료를 수집하면 발달을 확인할 수 있는 자료로 활용할 수 있다.
- 영유아의 특정 말과 행동에 초점을 맞추므로 좀 더 분명하고 정확하게 그때의 상황을 기록으로 남기게 된다.
- 여러 번에 걸쳐 모은 기록은 유아의 발달, 능력, 변화 등을 정확하게 이해할 수 있다.

② 단점

- 관찰자가 영유아의 특정 행동을 표집하여 기록하므로 관찰자의 편견이 적용될 수 있다.
- 시간이 지나면 기록하는 것을 잊을 수 있다.

표 6-1 일화기록 양식 예시

<table>
<tr><th colspan="2">영유아 일화기록</th></tr>
<tr><td>관찰 영유아(남 · 여): 김소희(여)</td><td>생년월일: 2015. 10. 15</td></tr>
<tr><td>관찰 일시: 2021. 10. 23</td><td>관 찰 자: 송하랑</td></tr>
<tr><td colspan="2">관찰 장면: 자유놀이 시간의 역할영역</td></tr>
<tr><td colspan="2">관찰 내용: 소희와 지호가 식탁에 밥과 반찬 등 여러 음식을 차려 놓았다. 소희가 지호에게 “네가 아빠 해.”라고 말한다. 지호는 “알겠어. 그럼 넌?”이라고 말한다. 그러자 소희는 “나는 엄마 할 거야.”라고 말한다. 소희는 “여보 밥 먹어요. 빨리 오세요. 따뜻하게 먹어야 해요.”라고 하며 엄마처럼 말한다. 지호가 소희에게 “야! 근데 숟가락이랑 젓가락이 없잖아”라고 말한다. 그러자 옆에 있던 호정이가 “맞아. 숟가락이랑 젓가락이 없으면 밥을 먹을 수 없어.”라고 말한다. 소희는 “내가 만들어 올게”라고 이야기하며 미술영역으로 뛰어간다. 소희는 “잠깐만 기다려. 스케치북에 그려서 만들 거야. 다 만들고 놀이 다시 시작하자”라고 이야기하며 숟가락과 젓가락을 만들기 시작한다.</td></tr>
<tr><td colspan="2">관찰자 의견: 발달영역 - 사회 · 정서 발달
소희는 높은 단계의 사회적 놀이를 하였다. 특히 상상놀이와 역할놀이와 같은 인지적 놀이를 하였다. 또한 자신의 주장을 또래에게 적극적으로 표현하는 모습을 보였고 친구의 의견을 존중하면서 놀이하였다.</td></tr>
</table>

- 주변 상황을 충분히 기록하지 않기 때문에 시간과 행동 단위가 작으면 자료의 가치가 제한적일 가능성이 있다.
- 영유아의 행동 중 일부를 기록하기 때문에 해석의 오류를 범할 수 있다.

(2) 행동목록법

행동목록법은 사전에 만들어진 목록을 만들고 관찰하는 행동이 나타났을 때 체크하는 방법이다. 이는 영유아의 상태를 평가하여 '예', '아니요'에 체크하는 것으로 특정한 행동이나 기능이 영유아에게 있는지 없는지를 파악할 수 있다. 행동목록법은 행동과 사건의 발달 여부에만 관심이 있을 때 사용하는 것이 바람직하다.

행동목록법은 영유아의 행동을 평가하기 위한 영유아 발달점검표로 사용될 뿐 아니라 성별, 연령, 가족구조, 생활양식 등의 배경 정보를 얻는 것에도 유용하다.

① 장점

- 기록이 쉽고 빨라 사용하기 편리하다.
- 영유아의 행동 형태를 분류하기 쉽다.
- 영유아의 가장 최신의 발달 정보를 제시할 수 있다.
- 행동목록을 계속적으로 사용하면서 영유아의 발달단계 및 발달의 개인차를 관찰하고 기록할 수 있다.

② 단점

- 관찰항목에서 제외된 부분이 있으면 그 부분에 대한 정보를 얻기 힘

든다.
- 발달과 관련된 질적 수준의 변화를 알기 어렵다.
- 어떻게 그 행동이 나타났는지에 대해서 알 수 없다.

표 6-2 행동목록 양식 예시

영유아 행동목록		
관찰 영유아(남 · 여):	생년월일:	
관찰 일시:	관 찰 자:	
영유아에게 나타나는 행동에 ✔표시해 주세요.	예	아니요
1. 다양한 놀이에 참여한다.		
2. 새로운 환경에 적응한다.		
3. 문제 상황에서 말로 해결하려고 한다.		
4. 친구의 도움을 받았을 때는 '고마워'라고 말한다.		
5. 자기보다 약한 친구에게 도움을 준다.		
6. 다른 친구의 물건을 사용하기 위해 허락을 구한다.		

(3) 평정척도법

평정척도법은 어떤 특성과 행동에 대해 평가할 항목을 미리 선정해서 범주에 따라 평가하는 방법이다. 평정척도는 질적인 정보를 제공하는 것으로 행동의 출현 유무를 표시하는 것에서 더 나아가 질적인 특성을 이해하고자 할 때 사용된다.

① 장점

- 영유아의 영역별 발달을 동시에 평가할 수 있다.
- 사용하기가 편리하며 시간과 노력이 적게 든다.

- 영유아의 행동 변화를 시간의 흐름에 따라 이해할 수 있다.
- 관찰된 자료를 수량화하여 객관적으로 비교할 수 있다.

② 단점

- 평정척도를 개발하기 어렵다.
- 관찰자의 편견이 개입될 가능성이 높다.
- 영유아 행동의 전후 상황을 설명하기 어렵다.

표 6-3 영유아 평정척도 양식 예시

<table>
<tr><th colspan="6">영유아 평정척도</th></tr>
<tr><td>관찰 영유아(남 · 여):</td><td colspan="5">생년월일:</td></tr>
<tr><td>관찰 일시:</td><td colspan="5">관 찰 자:</td></tr>
<tr><td colspan="6">관찰 상변:</td></tr>
<tr><td>평가 척도</td><td>매우 못함</td><td>못함</td><td>보통</td><td>잘함</td><td>매우 잘함</td></tr>
<tr><td>1. 자신의 물건을 정리할 수 있다.</td><td>1</td><td>2</td><td>3</td><td>4</td><td>5</td></tr>
<tr><td>2. 혼자서 옷을 입고 벗을 수 있다.</td><td>1</td><td>2</td><td>3</td><td>4</td><td>5</td></tr>
<tr><td>3. 교실의 규칙과 약속을 잘 지킨다.</td><td>1</td><td>2</td><td>3</td><td>4</td><td>5</td></tr>
<tr><td>4. 놀잇감을 흔쾌히 공유한다.</td><td>1</td><td>2</td><td>3</td><td>4</td><td>5</td></tr>
<tr><td>5. 재미있는 이야기에 웃는다.</td><td>1</td><td>2</td><td>3</td><td>4</td><td>5</td></tr>
<tr><td>6. 음식을 편식하지 않는다.</td><td>1</td><td>2</td><td>3</td><td>4</td><td>5</td></tr>
</table>

2) 부모면담법

교사가 부모와 면담을 하게 되면 영유아를 단시간에 평가할 수 있고 가정의 특수한 상황과 부모의 요구를 파악할 수 있게 된다. 또한 영유아의 기질적 특성과 성격 등을 파악하여 영유아를 지도하는 것에 많은 도움이 된다. 부모와의 면담은 면담 날을 정하고 진행하는 공식적 면담과 전화 또는 등하원 시에 이루어지는 수시 면담이 있다. 부모면담은 교사가 영유아를 관찰한 것을 기초로 자연스럽게 실시하기도 하고 미리 계획된 질문을 가지고 진행하기도 한다.

① 장점

- 영유아의 생애에 대한 정보를 전반적으로 얻을 수 있다.
- 교사와 부모는 융통성이 있는 관계로 가정의 사적인 문제를 공유할 수 있다.
- 영유아의 환경변화와 부모의 요구사항을 교사가 명확하게 파악할 수 있다.

② 단점

- 부모면담은 대부분 일대일로 진행되므로 시간과 비용이 많이 필요하다.
- 부모가 교사의 질문에 대해 대답하지 않거나 거짓으로 답을 했을 때는 잘못된 정보를 얻을 수 있다.
- 교사가 부모면담을 진행하면서 부모에 대한 편견이 생기면 신뢰성에 문제가 발생하고 영유아를 정확하게 파악하기 어렵다.

3) 검사법

검사법은 영유아의 발달을 평가하기 위해서 제작된 검사 도구를 활용하여 평가하는 것이다. 검사법을 통한 검사는 개인차와 집단 간의 차이를 측정하게 되므로 수업을 계획하거나 상담을 지도할 때 유용하다.

영유아는 집중력이 짧고 언어능력이 제한되어 있으므로 자신의 잠재능력을 한 번의 검사로 온전히 발휘하기가 어렵다. 그러므로 검사 결과를 절대적으로 신뢰하기보다 여러 가지 다양한 평가방법과 함께 사용하여 영유아 평가를 위한 보조 자료로 활용하는 것이 바람직하다. 검사법에는 표준화 검사법, 교사제작 검사법 등이 있다.

(1) 표준화 검사법

표준화 검사는 검사의 목적과 내용, 대상, 절차, 채점, 결과 및 해석이 표준화되어 있고 신뢰도와 타당도가 검증된 검사를 말한다. 표준화 검사는 지능검사, 성격검사, 사회성숙도검사, 운동기능검사 등이 있다. 영유아를 대상으로 표준화 검사를 시행할 때는 검사의 목적, 측정하고자 하는 발달 특성, 검사 결과의 사용 목적, 검사 해석자의 자격, 검사 실시의 한계 등을 고려해야 한다(Brown, 1983).

영아용 지능검사는 게젤 발달검사(The Gesell Developmental Schedules), 덴버 검사(The Denver II), 베일리 영아 발달척도(The Bayley Scales of Infant Development) 등이며, 유아용 지능검사는 한국 웩슬러 아동 지능검사(Korean-Wechsler Intelligence Scale for Children-Fifth Edition: K-WISC-V) 등이 있다. 성격검사로는 한국판 아동용 성격검사(Korean Personality Inventory for Children: K-PIC) 등이 있다.

① 장점

- 표준화 검사는 전문가에 의해 제작되었기 때문에 신뢰도와 타당도가 검증되어 있으므로 검사의 결과를 신뢰할 수 있다.
- 검사방법과 채점을 위한 지침이 마련되어 있으므로 안전한 결과를 제공해 준다.

- 결과를 수치화할 수 있어 영유아 간의 비교가 가능하다.
- 표준화 검사는 다른 평가방법과 병행해서 사용할 수 있다.

② 단점

- 검사 실시 및 해석에 대한 전문가의 도움이 필요하다.
- 검사의 내용과 형태가 교육과정의 목표와 내용을 반영하지 못하는 경우가 많다.
- 영유아의 문화적 배경 차이로 인해 검사결과를 일반화하기 어렵다.
- 다양한 요인에 의해 검사 결과가 달라질 수 있다. (검사를 하는 날의 건강 상태, 기분 및 정서, 평가자와의 관계, 영유아의 흥미와 관심 등)
- 현행 표준화 검사는 발달의 전 영역을 평가하지 못한다. 특히, 정의적 영역과 관련된 발달을 측정하는 검사가 거의 없다.

(2) 교사제작 검사법

교사가 평가하려고 하는 내용에 적절한 도구가 없을 때 직접 개발하거나 비형식적 평가방법을 활용한다. 교사가 자신이 목표로 삼는 활동의 결과를 나열하고 영유아의 행동을 관찰하면서 평가하는 방법이 교사제작 검사법이다. 이때 교사는 기존에 개발된 검사와 관련지어 검사 문항을 선정하기도 하고 영유아에게 질문을 하거나 교구를 조작해 볼 수 있도록 한다. 이와 같은 과정을 통해 교사가 계획했던 교수학습의 목표가 어느 정도 수행되었는지 평가할 수 있다.

① 장점

- 다른 검사에 비해 검사 문항과 수준이 영유아의 발달 수준과 밀접한 연관성을 가진다.
- 표준화 검사보다 시간적 구애를 받지 않고 융통성 있게 활용할 수 있다.
- 교사가 직접 실시하므로 비용이 적게 든다.
- 채점과 해석을 하기 위한 전문가의 도움이 필요하지 않다.

② 단점

- 검사 문항을 선정하고 제작하는 시간이 많이 소요된다.
- 수집된 자료의 객관성과 타당성이 부족하다.

4) 작품분석

작품분석은 영유아가 다양한 활동을 하는 과정에서 얻어진 결과물을 수집하고 평가하는 것이다. 작품을 수집하여 분석하는 것은 영유아의 발달 수준과 변화를 파악하게 한다. 이 평가방법을 유익하게 활용하기 위해서는 작품에 이름, 날짜, 상황, 작품설명, 태도 등을 기록해 두는 것이 좋다. 작품분석을 위해 수집할 수 있는 작품은 그림작품, 작품사진, 노래 및 언어 녹음자료 등이다.

① 장점

- 영유아의 발달 상황을 이해할 수 있는 직접적 증거가 된다.
- 영유아 교수학습에서 작품의 표본을 다양하게 수집할 수 있다.

- 작품과 함께 날짜 및 설명을 적어두면 다양한 사람들이 작품을 해석하고 평가할 수 있다.

② 단점

- 수집된 작품이 영유아의 발달과 능력을 대표한다고 보기 어렵다.
- 작품을 완성하기까지의 과정을 분석하는 것이 어렵다.
- 입체적 작품을 수집하고 보관하는 것이 어렵다.
- 자신의 작품을 제출하는 것을 거부하는 영유아가 있다.

5) 포트폴리오 평가

포트폴리오 평가는 비형식적 접근으로 다양한 평가들과 함께 활용되고 있는 방법이다. 포트폴리오는 장기간에 걸쳐 영유아의 자료와 기록을 모아 놓은 자료집으로 영유아의 다양한 능력을 측정할 수 있게 한다. 포트폴리오는 영유아의 발달 측정기록표, 일화기록, 행동목록자료, 표준화 검사자료, 부모면담기록, 교사 저널, 영유아 작품, 활동사진 등의 자료가 포함된다. 즉 포트폴리오는 단순히 영유아의 결과물을 정리한 폴더가 아닌 영유아의 발달적 변화가 드러나는 광범위한 정보가 포함되어야 한다.

포트폴리오 평가는 학자에 따라 대안적 평가, 역동적 평가, 참평가, 수행평가 등으로 불리기도 한다. 이처럼 포트폴리오 평가는 시간의 흐름에 따라 나타나는 영유아의 변화, 강점, 지원이 필요한 부분 등을 살펴보고 평가할 수 있다.

① 장점

- 영유아의 발달과정과 활동의 전 분야에 대한 평가를 실시한다.

- 영유아의 감정과 느낌을 분석하면서 존중할 수 있다.
- 교사가 영유아를 정확하게 이해할 수 있고, 개별화 교육을 하는 데 도움을 준다.
- 평가결과가 교수계획에 반영될 수 있다.
- 영유아의 반성적 사고 능력을 높일 수 있다.
- 영유아 평가의 과정에 교사와 가족이 함께 참여하게 된다.
- 부모가 자녀의 발달 상태를 정확하게 이해할 수 있다.

② 단점

- 시간과 비용이 많이 든다.
- 영유아의 작품을 수집하고 보관하는 것이 어렵다.
- 평가내용을 수집하고 평가하는 과정에서 교사의 편견이 작용할 수 있다.
- 평가결과에 대한 객관성과 신뢰성을 확보하는 것이 어렵다.

3 평가결과의 활용

영유아의 놀이와 일상생활에서 수집한 자료는 평가의 목적에 따라 종합적으로 활용되어야 한다(교육부, 보건복지부, 2019). 또한 영유아, 교사, 교육과정을 대상으로 한 평가결과는 개별 영유아의 전체적 발달특성과 수준을 이해하게 하고 이후 교육의 목적과 내용을 계획하는 것에 사용된다. 세부적인 평가결과 활용 방법은 다음과 같다.

① 영유아를 이해하기 위해 활용한다.

영유아를 평가한 결과는 각 영유아의 장점, 지원이 필요한 점, 발달 수준과 학습수준의 경향 등을 파악할 수 있도록 하므로 영유아를 이해하는 기초적인 자료로 활용할 수 있다. 이때 교사는 다양한 상황에서 수집된 자료를 발달영역과 교육과정으로 요약하여 분류하는 것이 필요하다. 이 과정에서 교사는 영유아의 학습 수준이 어느 정도인지, 발달 변화 양상은 어떠한지, 강점과 약점은 무엇인지 등을 판단할 수 있다. 더 나아가 영유아 평가를 통해 또래에 비해 발달이 특히 느리고 특별한 지원이 필요한 영유아가 파악되면 전문가에게 의뢰하여 적절한 중재 방안을 모색해야 한다.

② 교육과정의 운영 개선 및 교수 실제에 적용한다.

교육과정 평가를 통해 얻은 결과는 영유아의 동기를 유발하는 교육과정과 교수방법을 계획하게 한다. 또한 개별 유아의 발달 수준을 파악하여 학습 목표와 연계할 수 있도록 목표를 재설정하기도 한다. 영유아의 발달에 가장 효과적인 상호작용 방식을 찾을 수 있도록 하며, 흥미 영역 구성과 교재교구 배치 등의 교수 방법을 결정하게 한다. 이를 통해 교사는 영유아의 개별적 발달 및 학습 수준에 맞는 개별화된 놀이를 제공할 수 있다.

③ 교사 교수법의 전문성을 향상시킨다.

교사가 자신의 수업과 상호작용을 다양한 방법을 통해 평가해 보는 과정은 자신의 교수법을 객관적으로 바라보게 한다. 교사는 자신의 교수법을 평가하기 위해서 체크리스트, 촬영, 녹음 등의 방법을 사용할 수 있다. 이러한 평가 과정은 교사의 반성적 사고 능력을 향상시키고 수업 개선을 촉진하게 하는 원동력이 된다. 또한 동료 교사와 수업을 공유하고 사례를 나누며 토론하는 것은 수업 개선의 방법을 쉽게 찾을 수 있도록 한다. 이때 교사는 다양한 방법을 유아들에게 적용해 보면서 최선의 교수법을 모색해야 한다.

④ 가정과의 연계 자료로 활용한다.

영유아 발달과 학습에 대한 평가결과를 부모와 공유하는 것은 부모가 자녀를 잘 이해하고 하고 영유아교육기관과 교사에 대한 신뢰를 형성할 수 있도록 돕는다. 또한 영유아의 발달과 학습 변화 과정을 보여주면서 영유아교육기관에서 학습한 내용을 가정에서도 연계할 수 있도록 공유하는 것은 영유아의 발달을 지원하는 최적의 방법이다.

영유아 평가결과는 영유아가 행복감을 느끼고 전인적 발달을 할 수 있도록 도움을 주며, 영유아의 배움과 성장을 지원하기 위해 활용된다. 또한 부모와의 면담 자료가 되며 영유아의 생활지도 등에 사용할 수도 있다. 더 나아가 영유아교육기관과 학급에서 자율적으로 교육과정 운영에 대한 평가를 실시한다면 교육과정 운영이 보다 나은 방향으로 개선될 수 있을 것이다. 즉, 교수학습 평가결과는 영유아에 대한 이해와 교육과정 운영 개선을 위한 자료로 활용되어야 한다.

생각해봅시다

1. 교수학습 과정에서 영유아 평가가 필요한 이유에 대해서 생각해 보고 토의해 봅시다.

2. 부모면담법에서 부모로부터 영유아에 대한 정보를 효과적으로 얻을 수 있는 질문을 정리해 봅시다.

3. 포트폴리오 평가를 할 때 교사가 고려해야 할 점은 무엇일지 분석해 봅시다.

4. 영유아 평가결과를 활용할 수 있는 방법을 제시해 봅시다.

CHAPTER 07

환경구성

학습목표

1. 영유아 환경구성의 중요성을 설명할 수 있다.
2. 영아반 환경구성의 방법을 탐구하고 배치할 수 있다.
3. 유아반 환경구성을 이해하고 적절하게 배치할 수 있다.

영유아교육기관의 환경은 영유아의 참여수준과 전인적 발달, 영유아와 교사의 상호작용 등에 영향을 주게 된다. 따라서 바람직한 교수활동을 위해서는 영유아교육기관의 환경구성이 중요하고 할 수 있다. 영유아를 위한 환경의 중요성과 영아와 유아를 위한 실내·외 환경구성에 대해 살펴보고자 한다.

1 환경구성의 중요성

영유아기는 어느 시기보다 빠른 성장이 이루어지는 시기이다. 특히 환경은 영유아의 성장과 발달에 큰 영향을 주게 되는 요인으로 교육환경은 교육과정의 효과적인 운영과 영유아의 발달을 촉진하기 위한 최적의 환경구성을 의미한다. 영유아교육기관에 다니는 영유아는 하루 중 대부분을 영유아교육기관에서 보내게 되기 때문에 영유아를 위한 환경구성은 발달에 더욱 의미 있는 역할을 하게 된다.

영유아교육기관의 환경은 단순히 물리적 공간을 뜻하는 것이 아닌 영유아의 발달과 성장을 돕기 위해 잘 설계된 공간을 의미한다. 영유아에게는 환경 그 자체가 교육의 수단이 될 수 있으므로 환경구성을 효율적으로 계획하고 구성하는 것이 무엇보다 중요하다.

1) 실내환경의 중요성

영유아들이 하루 중 가장 긴 시간을 보내는 곳인 실내환경은 생리적 욕구를 해결하는 일상생활 영역과 다양하며 흥미로운 활동을 하는 놀이 및 활동 영역으로 구성된다.

일상생활 영역은 영유아의 안전과 위생을 고려한 공간으로 구성되어야 한다. 수유와 식사를 위한 공간, 배변을 위한 공간, 잠을 자거나 휴식을 취할 수 있는 공간 등이 영유아의 연령과 발달 수준에 맞춰 배치되어야 한다. 이때 일상생활 영역의 분위기는 가정과 같은 편안함과 안락함이 느껴지는 것이 좋다.

흥미영역은 교육 목표, 흥미, 발달 수준, 프로그램 형태 등에 따라 달라질 수 있으며, 지속적으로 변화시켜주어야 한다. 흥미영역은 대근육영역, 쌓기영역, 언어영역, 수 · 조작영역, 역할영역, 과학영역, 음률영역, 미술영역 등으로 구성될 수 있다. 흥미영역은 놀이의 활동성과 물 사용 여부에 따라 배치할 수 있다(Frost & Kissinger, 1976).

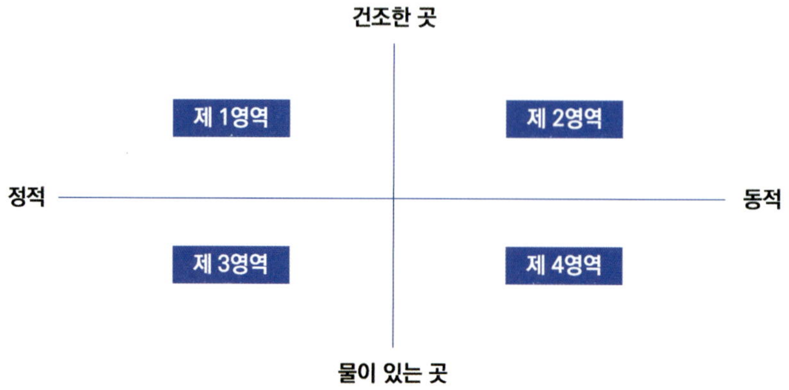

- 제1영역(언어, 수 · 조작): 건조하고 정적인 활동
- 제2영역(쌓기, 역할, 음률): 건조하고 동적인 활동
- 제3영역(요리, 간식, 미술): 물이 있고 정적인 활동
- 제4영역(물, 모래, 과학): 물이 있고 동적인 활동

영유아 실내환경은 영유아에게 흥미 있고 다양한 경험을 제공하는 환경으로 개인의 능력과 발달에 따라 자발적으로 놀이를 선택할 수 있도록 구성해야 한다. 또한 영유아의 신체 크기에 따라 가구를 적절하게 배치해야 하고 기능에 따라 영역을 분리 배치하는 것이 필요하다. 서로 관련 있는 영역은 인접하게 배치하며 분리가 필요한 영역은 교구장을 이용해 적절히 구분하는 것이 좋다.

교수학습에서 사용되는 영역별 활동 자료는 영유아가 자신의 생각과 느낌을 표현할 수 있도록 하는 수단이 되므로 영유아 각각의 발달과 흥미를 고려해서 제시해야 한다.

2) 실외환경의 중요성

영유아교육기관의 실외환경은 실내에서는 할 수 없는 신체활동, 모래놀이, 물놀이, 자연관찰 등이 다양하게 이루어진다. 실외환경은 조용한 영역과 시끄러운 영역으로 구분하여야 하며 각각의 영역이 방해받지 않도록 구성해야 한다. 또한 영유아가 안전하게 이동할 수 있는 통로를 설계하여 영유아가 부딪히거나 이동할 때 방해받지 않도록 구성해야 한다.

실외환경은 영유아의 흥미와 발달 수준에 맞춰 구성하고 안전하게 놀이할 수 있도록 해야 한다. 모래밭, 그네, 정글짐, 동식물, 물놀이 등의 시설은 고정되어 있어야 하며 자전거, 훌라후프, 공, 줄넘기는 움직일 수 있도록 제시해야 한다. 실외환경의 시설물과 놀이 기구는 매일 점검하여 안전사고에 대비해야 하며 교사가 영유아를 한눈에 관리할 수 있는 공간으로 구성되어 있어야 한다. 아울러 영유아와 실외놀이에서 지켜야 하는 규칙과 질서를 수시로 이야기해야 한다.

영유아는 실외놀이를 통해 대·소근육이 발달 된다. 따라서 실외환경은 영유아의 신체 발달을 증진하고 실내의 활동 영역을 확장할 수 있는 공간이어야 한다. 영유아가 자연을 실제적으로 경험하며 자연을 관찰할 기회를 갖게 하고 문제해결능력을 기를 수 있는 방법을 향상시켜야 한다. 또한 영유아들이 집단 활동을 할 수 있는 사회적인 공간을 갖추어야 한다.

영유아의 발달에 적합한 실외환경은 한 번에 구성되는 것이 아니다. 교사가 영유아의 요구를 적절하게 충족시켜 줄 수 있도록 계속적으로 조절하고 변화시켜야 한다. 이러한 과정 속에서 바람직한 교수학습을 이끌 수 있다.

2 영아반 환경구성

1) 2세 미만 영아반 실내환경 구성

2세 미만 영아를 위한 실내환경

2세 미만의 영아는 생활 속에서 영역을 구분해서 지킬 수 없다. 영아의 발달단계에 맞춰 일상생활의 기본적 욕구를 표현하고 해소하는 공간으로 실내환경을 구성한다. 이 시기의 발달목표는 대·소근육 발달, 자조기술 발달, 감각 발달, 언어 발달, 사회성 발달 등이므로 영아가 스스로 주변 환경을 탐색하면서 새로운 기술을 습득하고 연습할 수 있도록 환경을 구성해야 한다. 무엇보다 영아가 생활하기에 안전하고 청결한 환경을 유지하도록 노력해야 한다.

(1) 기저귀 갈이 영역

기저귀 갈이 영역

영아반에는 기저귀를 가는 영역이 따로 설치되어야 한다. 기저귀 갈이 영역은 물을 사용할 수 있는 공간에 위치해야 하며 기저귀 갈기에 필요한 용품을 함께 비치해야 한다. 영아가 누울 수 있는 매트가 필요하며 인형과 모빌 등을 설치하는 것이 좋다.

(2) 휴식 및 낮잠 영역

영아는 성장 발달을 위해서 낮잠을 포함한 수면 시간이 요구되므로 편안하게 잠을 자고 휴식을 취할 공간이 필요하다. 휴식 및 낮잠 영역은 놀이공간과 분리되어야 하며 안정감을 느낄 수 있도록 인형, 모빌 등을 준비해 주는 것이 좋다. 영아를 위한 침구는 땀 흡수가 잘 되며 무겁지 않은 것으로 준비해야 한다.

휴식 및 낮잠 영역

(3) 대근육 영역

영아는 자신의 몸을 움직이면서 신체를 통제하는 능력을 기르게 되고 자신감을 갖게 된다. 새로운 것을 시도하고 반복하면서 즐거움을 느끼고 점차 활동적인 놀이를 하게 된다. 따라서 탈 수 있는 장간감, 커다란 블록, 밀고 당기는 장난감 등과 같은 대근육 발달에 적절한 놀잇감을 준비해 줘야 한다. 영아가 신체활동을 통한 다양한 놀이를 할 수 있도록 넓은 공간을 제공해야 하며, 안전과 충격흡수를 위한 매트를 깔아주는 것이 좋다.

대근육영역

(4) 감각 · 탐색영역

영아는 다양한 감각적 경험과 탐색을 하며 소근육을 발달시킨다. 따라서 감각 · 탐색영역에서는 다양한 크기, 모양, 질감, 색 등을 탐색하고 느낄 수 있는 교구와 흔들거나 잡고 두드리는 것과 같은 교구를 제공해야 한다. 놀잇감을 입으로 가져가는 영아의 발달 특성상 삼킬 수 없는 크기

감각 · 탐색영역

로 독성이 없어야 하며 소독을 할 수 있는 재질로 된 놀잇감이 좋다. 감각 · 탐색영역의 놀잇감의 예로는 소리 나는 공, 2~3조각 퍼즐, 모양 끼우기, 촉감 책 등이 있다.

(5) 언어영역

언어영역

언어영역은 영아의 언어 발달을 돕기 위한 영역으로 조용한 영역에 구성해야 한다. 책은 약간 두껍고 잘 찢어지지 않는 종류인 비닐 책이나 촉감 책을 제공해 주는 것이 좋다. 인형과 그림 사진 등을 영아의 눈높이에 붙여주고 교사와 함께 다양한 언어적 상호작용을 해줄 수도 있다.

2) 2세 영아반 실내환경 구성

2세 영아를 위한 실내환경

2세 영아는 새로운 것을 배우고자 하는 독립심이 발달하면서 지적 호기심이 활발해지는 시기지만 여전히 성인의 도움을 많이 필요로 하는 시기이다. 즉, 주위 환경에 호기심을 보이고 탐색하지만, 성인의 도움을 기대하는 의존성을 동시에 지닌다고 할 수 있다. 이 시기 영아의 발달목표는 언어, 인지, 운동기술, 사회성 발달 및 자아 인식과 자립심 향상이므로 다양한 것을 시도해 볼 수 있도록 허용적 분위기를 만들어야 하며 운동능력을 발달시킬 수 있는 환경을 제시해 줘야 한다. 더불어 영아가 안전하게 주변을 탐색할 수 있도록 장애물이 없는 환경을 구성해야 한다.

(1) 역할영역

이 시기는 상상놀이가 시작되므로 다양한 극놀이가 이루어질 수 있도록 준비해야 한다. 영아가 역할영역 안에서 다양한 놀이를 통해 사회적 관계를 학습할 수 있도록 다양한 놀잇감을 제공해야 한다. 놀잇감으로는 동물 인형, 손 인형, 병원 놀이 도구, 소꿉놀이 그릇, 음식 모형, 다양한 옷, 화장대 등이 있다.

역할영역

(2) 쌓기영역

영아는 다양한 종류의 블록 탐색하기, 단순한 탑 블록 쌓아보기, 한 줄로 늘어놓기, 다리 만들기 등의 놀이가 가능하다. 따라서 크기가 다양한 블록, 넘어져도 안전한 우레탄 및 종이 블록을 준비해 주는 것이 좋다. 또한 실제와 유사한 자동차, 동물, 사람 등과 같은 소품을 함께 준비해 줘야 한다.

쌓기영역

(3) 조작 · 탐색영역

영아가 주변 세계에 호기심을 가지고 관찰하며 탐색할 수 있는 환경을 마련해 줘야 한다. 영아는 조작 · 탐색영역의 놀잇감을 통해 소근육 통제 능력, 수 개념, 분류 개념과 같은 사고력이 발달할 수 있다. 놀잇감으로는 퍼즐, 끼우기, 촉감 상자, 돋보기, 동 · 식물, 거울 등이 있다.

조작 · 탐색영역

(4) 언어 및 휴식영역

언어 및 휴식영역

언어발달은 영아기의 매우 중요한 발달 과제 중 하나이다. 교사는 영아가 자유롭게 표현하며 소통하는 연습을 할 수 있도록 언어적 환경을 마련해 줘야 한다. 영아를 위한 책은 사실적인 내용으로 자신의 일상생활과 관련된 내용이 좋다. 그림이 많고 이야기가 간단한 책을 준비하고 책표지가 보이도록 책꽂이에 꽂아 주어야 한다. 또한 손 인형과 낱말카드, 종이와 색연필, 테이프, 녹음기 등을 준비해 주고 매트, 방석, 소파 등을 활용해 아늑한 공간으로 구성해 줘야 한다.

(5) 표현영역

영아는 미술과 음률로 자신을 표현하는 것을 좋아하기 때문에 충분히 표현할 수 있는 공간을 마련해 줘야 한다. 미술영역은 다양한 미술 재료를 탐색하고 표현하는 공간으로 영아기에 충분히 활성화되는 것이 좋다. 미술영역은 도화지, 물감, 색연필, 사인펜, 풀, 안전가위, 점토 등으로 구성하고 전시 공간을 마련해 주는 것이 좋다. 음률영역은 음악에 맞춰 몸을 흔들고 움직이며 다양한 소리와 리듬을 만들어 내는 것을 즐길 수 있도록 구성한다. 음률영역의 놀잇감은 마라카스, 마이크, 타악기, 보자기, 리본 막대 등이 있다.

미술영역

음률영역

3) 영아반 실외환경 구성

(1) 2세 미만 영아반 실외환경 구성

2세 미만의 영아를 위한 실외환경은 무엇보다 안전하고 편안해야 한다. 또한 감각 자극과 도전의식을 줄 수 있는 공간으로 유아들의 공간과 분리해 주어야 한다. 바퀴 자동차, 안전그네와 같은 대근육 활동과 잔디, 모래, 물 등의 감각적 탐색을 경험할 수 있도록 구성해야 한다.

2세 미만 영아를 위한 물놀이영역

(2) 2세 영아반 실외환경 구성

영아는 자신의 주변에 있는 것들을 탐색하기를 좋아하고 모래놀이와 물놀이를 즐긴다. 탐색 활동을 위한 동물, 꽃, 나무 등과 탐색과 관련된 도구를 준비해 주는 것이 좋다. 더불어 낮은 미끄럼틀과 그네 등과 같은 대근육 발달 시설과 소꿉놀이 그릇, 모래놀이 용품, 물뿌리개 등의 도구를 준비해 줘야 한다.

2세 영아를 위한 모래놀이 용품

3 유아반 환경구성

1) 유아반 실내환경 구성

유아기는 영아기에 비해 대·소근육의 움직임이 민첩해지고 활동 범위가 넓어진다. 상징적인 표상이 가능하게 되면서 상징놀이를 즐기게 되고 언어능력의 발달로 사용하는 어휘가 증가하고 발음과 문장 구성 능력이 발달한다. 따라서 소집단 활동과 개별활동이 가능하도록 다양하고 흥미 있는 영역을 구성해 줘야 한다. 유아 개개인의 발달 특성과 관심에 따라 흥미영역을 탐색하고 선택할 수 있도록 준비해 줌으로써 유아의 놀이가 확장될 수 있다.

(1) 역할영역

유아기는 다양한 역할놀이와 협동놀이가 나타나는 시기로 다양한 사회적 표현이 이루어질 수 있는 환경을 마련해 주어야 한다. 역할영역에서는 여러 직업과 관련된 소품, 문화적 배경을 포함한 물건, 가정에서 사용하는 생활용품 등도 좋은 자료가 된다. 더욱이 또래가 함께 놀이를 하며 사회성을 증진시킬 수 있도록 충분한 공간을 제공해 주고 다른 영역의 놀이와 연계될 수 있도록 한다.

역할영역

(2) 쌓기영역

쌓기영역은 유아가 색, 크기, 서열화, 비교, 균형 등의 다양한 개념을 학습할 수 있는 영역이다. 쌓기영역은 놀잇감을 사용하는 공간이 넓게 요구되므로 다른 유아들의 통행이 적은 곳에 위치하는 것이 좋다. 또한 놀잇감의 소음을 줄일 수 있도록 깔개를 제공해야 하며 뒷부분이 막힌 교구장을 선택하는 것이 좋다. 쌓기영역의 놀잇감은 우레탄, 종이, 눈송이, 유니트, 와플 등의 다양한 모양과 크기를 가진 블록, 동물, 탈것, 사람 등의 소품이다. 쌓기영역의 놀이가 확장되기 위해서는 역할영역과 인접한 공간에 배치하여 활동의 다양성이 표현되도록 하는 것이 바람직하다.

쌓기영역

(3) 수 · 조작영역

유아기는 소근육의 발달과 협응 능력이 향상되어 집중력이 늘어나게 된다. 특히 다양한 조작놀이를 경험하면서 점차 정교한 작업을 할 수 있게 된다. 수 · 조작영역은 유아의 개별적 탐색이 많이 이루어지는 영역이므로 조용한 곳에 배치해야 한다. 수 · 조작영역의 놀잇감은 구슬 끼우기, 바느질, 퍼즐, 구슬, 수 막대, 패턴자료 등이다. 유아가 다양한 놀잇감을 쉽게 이용할 수 있도록 낮은 교구장에 진열해야 하며, 놀이 후에는 스스로 정리할 수 있도록 칸막이가 있는 교구장을 사용하는 것이 좋다.

수 · 조작영역

(4) 언어 및 휴식영역

유아를 위한 언어영역은 말하기, 듣기, 읽기, 쓰기 활동이 다양하게 이루어질 수 있도록 구성해야 한다. 언어영역은 융판 동화, 손가락 인형, 사진 자료, 녹음기 등의 말하기와 듣기를 위한 재료, 그림책, 단어 카드 등의 읽기 자료, 필기도구, 색연필, 사인펜, 연필, 지우개, 종이 등의 쓰기 자료를 제시해 주는 게 좋다. 더불어 언어영역은 밝고 아늑하면서 조용한 분위기를 느낄 수 있도록 하는 휴식 공간과 함께 활용하기도 한다.

언어 및 휴식영역

(5) 과학영역

유아는 다양한 물리적 현상과 자연 현상을 탐구하고 조사하면서 과학적 개념을 익히게 된다. 과학영역은 햇볕이 잘 들고 물이 공급되는 장소에 배치하는 것이 좋다. 과학영역에는 측정 자료, 실험 자료, 동 · 식물 기르기 자료, 탐색 자료가 준비되어 있어야 한다. 측정 자료는 온도계, 저울 등이며 실험 자료는 확대경, 자석, 거울 등이다. 동·식물 기르기 자료는 화분, 어항, 곤충 기르기 등이며 탐색 자료는 씨앗, 돌, 솔방울 등이다.

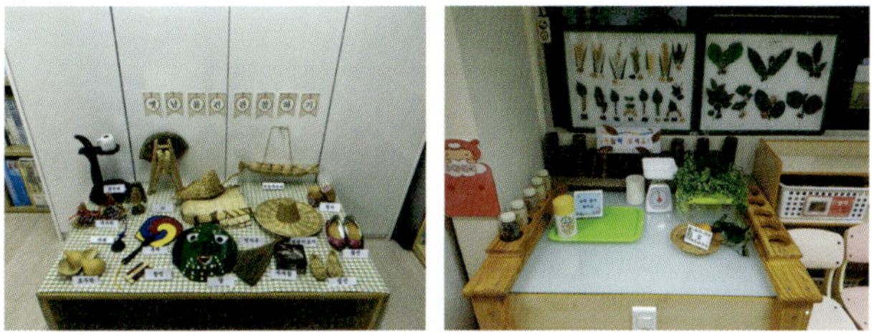

과학영역

(6) 미술영역

교사는 유아가 창의적인 미술 활동을 할 수 있도록 미술영역을 구성해 줘야 한다. 다양한 색과 모양의 종이류, 색연필, 크레파스, 물감, 밀가루 반죽, 재활용품, 이젤, 앞치마 등을 바구니에 담에 준비해 줘야 하며, 완성된 작품을 말리는 건조대와 작품 전시를 위한 전시대가 마련되어 있어야 한다. 또한 작품을 완성하고 정리하며 청소를 할 수 있도록 청도 도구를 준비해서 정리하는 습관을 형성하게 한다.

미술영역

(7) 음률영역

유아는 영아보다 신체 움직임이 커지고 표현 방법도 다양해지므로 음악감상을 하고 리듬을 느낄 수 있는 공간을 충분히 제공해야 한다. 음률영역에는 여러 장르의 노래 CD와 카세트, 리듬악기, 타악기, 건반악기, 국악기 등을 준비해 줘야 한다. 또한 유아가 창작적 표현을 다양하게 할 수 있도록 리본 막대, 스카프 등을 준비해 주는 것도 좋다.

음률영역

2) 유아반 실외환경 구성

유아를 위한 실외환경은 신체적 활동과 도전적이고 창의적인 활동이 다양하게 이루어질 수 있도록 구성해야 한다. 신체활동, 구성활동, 음률활동, 자연환경 탐색, 물 · 모래 놀이, 실험, 휴식 등 다양한 놀이가 이루어질 수 있도록 구성해 줘야 한다. 대근육 활동을 위한 철봉, 그네, 미끄럼틀, 훌라후프 등과 과학 활동을 위한 식물, 동물 키우기, 벤치, 물 · 모래놀이 자료 등을 준비해 줘야 한다.

실외 놀이터

(1) 신체활동영역

유아는 신체를 마음껏 움직이는 활동에 즐거움을 느끼고 적극적으로 참여하므로 신체활동을 위한 개방적인 공간이 필요하다. 따라서 신체활동영역은 유아가 달리고 점프하는 것과 같은 대근육 활동을 자유롭게 할 수 있도록 구성하는 것이 필요하며 미끄럼틀, 시소, 끌차, 그네 등을 준비해 주는 것이 좋다.

미끄럼틀 타기

(2) 구성활동영역

구성활동영역은 유아가 물놀이, 모래 놀이, 목공놀이, 구조물 만들기 등의 활동을 하기에 적합하다. 햇빛이 잘 드는 곳이어야 하고 그늘을 만들 수 있도록 그늘막을 준비해야 하며 유아의 키에 맞는 책상을 준비해 주는 것도 좋다.

모래 놀이

(3) 자연과학영역

자연과학영역은 유아의 호기심을 자극하는 영역이다. 다양한 식물을 심고 가꾸거나 동물을 키울 수 있는 곳으로 관찰하고 실험하는 태도를 기를 수 있게 한다. 따라서 꽃과 채소를 기를 수 있는 재배영역과 동물을 기르는 동물영역을 구성하여 책임감, 보살핌, 동물의 성장 등에 대해 배울 수 있도록 해야 한다. 더불어 계절의 변화, 그림자, 구름의 움직임, 날씨 등의 자연현상을 관찰하는 시간을 갖는 것이 좋다.

꽃 · 채소 가꾸기

(4) 휴식영역

실외놀이에서도 조용하며 편안한 영역이 필요하다. 휴식영역은 햇빛, 비, 눈 등을 피해 휴식을 취하거나 조용한 놀이를 하고 쉬는 공간이다. 실외놀이 중에 휴식을 취하며 신체를 이완시키거나 조용한 놀이를 즐기며 혼자 있기를 원하는 유아를 위한 공간으로 구성한다. 시원하며 조용한 그늘에 배치해야 하고 돗자리를 깔아주는 것도 좋다.

휴식영역

생각해봅시다

1. 영유아교육기관을 방문하여 영유아를 위한 환경을 관찰하고 어떻게 구성되어 있는지 사례를 발표해 봅시다.

2. 영아를 위한 실내환경과 유아를 위한 실내환경의 공통점과 차이점을 분석해 봅시다.

3. 실외환경이 영유아의 발달에 미치는 영향을 제시하고 토론해 봅시다.

PART Ⅲ

영유아 교수학습활동의 실제

CHAPTER 08

4차 표준보육과정에 기초한 영아 교수학습활동의 실제

학습목표

1. 4차 표준보육과정에 기초한 교수학습활동을 제시할 수 있다.
2. 영아의 발달수준 및 흥미에 기초한 영아교수학습활동을 설명할 수 있다.
3. 영아의 일상생활지도에 대해 이해하고 적용할 수 있다.

표준보육과정은 '영아, 놀이중심' 보육과정으로 영아에 해당하는 0~1세 보육과정은 기본생활, 신체운동, 의사소통, 사회관계, 예술경험, 자연탐구의 6개 영역의 내용을 40개로, 2세 보육과정은 43개로 간략화하여 영아기에 경험해야 할 내용으로 명시하고 있다. 이러한 경험은 영아가 직접 경험하는 것으로 표준보육과정은 영아가 주체가 되는 교육과정이다. 영아의 경험은 생활 속에서 직접 체험하는 것으로 대부분 일상생활과 놀이 속에서 이루어지며, 이 가운데 영아들을 존중하며 지원함으로서 자연스럽게 영아중심, 놀이중심의 보육과정을 실행할 수 있다. 교사는 영아가 자신의 연령과 발달에 맞춰 자연스럽게 놀이하며 그 과정에서 배우는 일련의 모든 것을 그대로 이해해야 하며, 교사가 많은 것을 가르쳐야 한다는 부담감을 내려놓고 영아가 주체적으로 놀이하면서 배우고 성장해 가는 경험을 중심으로 보육과정을 운영해야 한다.

1 4차 표준보육과정의 이해

〈표준보육과정의 성격〉

어린이집 표준보육과정(이하, 표준보육과정'이라 함)은 0~5세 영유아를 위한 국가 수준의 보육과정이며 0~1세 보육과정, 2세 보육과정, 3~5세 보육과정(누리과정)으로 구성한다.

가. 국가 수준의 공통성과 지역, 기관 및 개인 수준의 다양성을 동시에 추구한다.
나. 영유아의 전인적 발달과 행복을 추구한다.
다. 영유아 중심과 놀이 중심을 추구한다.
라. 영유아의 자율성과 창의성 신장을 추구한다.
마. 영유아, 교사, 원장, 부모 및 지역사회가 함께 실현해 가는 것을 추구한다.

1) 총론

(1) 표준보육과정의 구성방향

① 추구하는 인간상

표준보육과정이 추구하는 인간상은 다음과 같다.

가. 건강한 사람
나. 자주적인 사람
다. 창의적인 사람
라. 감성이 풍부한 사람
마. 더불어 사는 사람

② 목적과 목표

표준보육과정의 목적은 영유아가 놀이를 통해 심신의 건강과 조화로운 발달을 이루고, 바른 인성과 민주 시민의 기초를 형성하는 데에 있다.

이를 실현하기 위한 목표는 다음과 같다.

가. 0~2세 보육과정 목표

1) 자신의 소중함을 알고, 건강하고 안전한 환경에서 즐겁게 생활한다.
2) 자신의 일을 스스로 하고자 한다.
3) 호기심을 가지고 탐색하며 상상력을 기른다.
4) 일상에서 아름다움에 관심을 가지고 감성을 기른다.
5) 사람과 자연을 존중하고 소통하는 데 관심을 가진다.

나. 3~5세 보육과정 목표

1) 자신의 소중함을 알고, 건강하고 안전한 생활 습관을 기른다.
2) 자신의 일을 스스로 해결하는 기초능력을 기른다.
3) 호기심과 탐구심을 가지고 상상력과 창의력을 기른다.
4) 일상에서 아름다움을 느끼고 문화적 감수성을 기른다.
5) 사람과 자연을 존중하고 배려하며 소통하는 태도를 기른다.

③ 구성의 중점

표준보육과정 구성의 중점은 다음과 같다.

가. 영유아는 개별적인 특성을 지닌 고유한 존재임을 전제로 구성한다.
나. 0~5세 모든 영유아에게 적용할 수 있도록 구성한다.
다. 추구하는 인간상 구현을 위한 지식, 기능, 태도 및 가치를 반영하여 구성한다.
라. 표준보육과정은 다음의 영역을 중심으로 구성한다.

가) 0~1세 보육과정과 2세 보육과정은 기본생활, 신체운동, 의사소통, 사회관계, 예술경험, 자연탐구의 6개 영역을 중심으로 구성한다.
나) 3~5세 누리과정은 신체운동 · 건강, 의사소통, 사회관계, 예술경험, 자연탐구의 5개 영역을 중심으로 구성한다.

마. 0~5세 영유아가 경험해야 할 내용으로 구성한다.
바. 초등학교 교육과정과의 연계성을 고려하여 구성한다.

(2) 표준보육과정의 운영

① 편성 · 운영

다음의 사항에 따라 표준보육과정을 편성 · 운영한다.

가. 어린이집의 운영 시간에 맞추어 편성한다.
나. 표준보육과정을 바탕으로 각 기관의 실정에 적합한 계획을 수립하여 운영한다.
다. 하루 일과에서 바깥 놀이를 포함하여 영유아의 놀이가 충분히 이루어지도록 편성하여 운영한다.
라. 성, 신체적 특성, 장애, 종교, 가족 및 문화적 배경 등에 따른 차별이 없도록 편성하여 운영한다.
마. 영유아의 발달과 장애 정도에 따라 조정하여 운영한다.
바. 가정과 지역사회와의 협력과 참여에 기반하여 운영한다.
사. 교사 연수를 통해 표준보육과정의 운영을 개선할 수 있도록 한다.

② 교수학습

교사는 다음 사항에 따라 영유아를 지원한다.

가. 영유아의 의사 표현을 존중하고 민감하게 반응한다.
나. 영유아가 흥미와 관심에 따라, 놀이에 자유롭게 참여하고 즐기도

록 한다.

다. 영유아가 놀이를 통해 배우도록 한다.

라. 영유아가 다양한 놀이와 활동을 경험할 수 있도록 실내외 환경을 구성한다.

마. 영유아와 영유아, 영유아와 교사, 영유아와 환경 사이에 능동적인 상호작용이 이루어지도록 한다.

바. 각 영역의 내용이 통합적으로 영유아의 경험과 연계되도록 한다.

사. 개별 영유아의 요구에 따라, 휴식과 일상생활이 원활히 이루어지도록 한다.

아. 영유아의 연령, 발달, 장애, 배경 등을 고려하여 개별 특성에 적합한 방식으로 배우도록 한다.

③ 평가

평가는 다음 사항에 중점을 두고 실시한다.

가. 표준보육과정 운영의 질을 진단하고 개선하기 위해, 평가를 계획하고 실시한다.

나. 영유아의 특성 및 변화 정도와 표준보육과정의 운영을 평가한다.

다. 평가의 목적에 따라 적합한 방법을 사용하여 평가한다.

라. 평가의 결과는 영유아에 대한 이해와 표준보육과정 운영 개선을 위한 자료로 활용할 수 있다.

2) 0~1세 영역별 목표 및 내용

(1) 기본생활

① 목표

건강하고 안전한 일상생활을 경험한다.

1) 건강한 일상생활을 경험한다.
2) 안전한 일상생활을 경험한다.

② 내용

내용 범주	내용
건강하게 생활하기	• 도움을 받아 몸을 깨끗이 한다. • 음식을 즐겁게 먹는다. • 하루 일과를 편안하게 경험한다. • 배변 의사를 표현한다.
안전하게 생활하기	• 안전한 상황에서 놀이하고 생활한다. • 안전한 상황에서 교통수단을 이용해 본다. • 위험하다는 말에 주의한다.

(2) 신체운동

① 목표

감각으로 탐색하고 신체활동을 즐긴다.

1) 감각 탐색을 즐긴다.
2) 신체활동을 즐겁게 경험한다.

② 내용

내용 범주	내용
감각과 신체 인식하기	• 감각적 자극에 반응한다. • 감각으로 주변을 탐색한다. • 신체를 탐색한다. • 배변 의사를 표현한다.
신체활동 즐기기	• 대 · 소근육을 조절한다. • 기본 운동을 시도한다. • 실내외 신체활동을 즐긴다.

(3) 의사소통

① 목표

의사소통 능력의 기초를 형성한다.

1) 일상생활에서 듣고 말하기를 즐긴다.
2) 읽기와 쓰기에 관련된 관심을 가진다.
3) 책과 이야기에 관심을 가진다.

② 내용

내용 범주	내용
듣기와 말하기	• 표정, 몸짓, 말과 주변의 소리에 관심을 갖고 듣는다. • 상대방의 이야기를 들으면서 말소리를 낸다. • 표정, 몸짓, 말소리로 의사를 표현한다.
읽기와 쓰기에 관심 가지기	• 주변의 그림과 상징에 관심을 가진다. • 끼적이기에 관심을 가진다.
책과 이야기 즐기기	• 책에 관심을 가진다. • 이야기에 관심을 가진다.

(4) 사회관계

① 목표

나를 인식하고, 친숙한 사람과 관계를 맺는다.

1) 나를 고유한 존재로 안다.
2) 안정적인 애착을 형성하고, 또래, 교사와 함께 지낸다.

② 내용

내용 범주	내용
나를 알고 존중하기	• 나를 인식한다. • 나의 욕구와 감정을 나타낸다. • 나와 친숙한 것을 안다.
더불어 생활하기	• 안정적인 애착을 형성한다. • 또래에게 관심을 가진다. • 다른 사람의 감정과 행동에 관심을 가진다. • 반에서 편안하게 지낸다.

(5) 예술경험

① 목표

아름다움을 느끼고 경험한다.

1) 자연과 생활에서 아름다움에 관심을 가진다.
2) 예술적 경험을 표현한다.

② 내용

내용 범주	내용
아름다움 찾아보기	• 자연과 생활에서 아름다움을 느낀다. • 아름다움에 관심을 가진다.
창의적으로 표현하기	• 소리와 리듬, 노래로 표현한다. • 감각을 통해 미술을 경험한다. • 모방 행동을 즐긴다.

(6) 자연탐구

① 목표

주변 환경과 자연에 관심을 가진다.

1) 일상에서 탐색을 즐긴다.
2) 주변 환경을 탐색한다.
3) 생명과 자연에 관심을 가진다.

② 내용

내용 범주	내용
탐구 과정 즐기기	• 주변 세계와 자연에 대해 호기심을 가진다. • 사물과 자연 탐색하기를 즐긴다.
생활 속에서 탐구하기	• 친숙한 물체를 감각으로 탐색한다. • 물체의 수량에 관심을 가진다. • 주변 공간과 모양을 탐색한다. • 규칙성을 경험한다.
자연과 더불어 살기	• 주변의 동식물에 관심을 가진다. • 날씨의 변화를 감각으로 느낀다.

3) 2세 영역별 목표 및 내용

(1) 기본생활

① 목표

건강하고 안전한 생활습관의 기초를 형성한다.

1) 건강한 생활습관의 기초를 형성한다.
2) 안전한 생활습관의 기초를 형성한다.

② 내용

내용 범주	내용
건강하게 생활하기	• 자신의 몸을 깨끗이 해본다. • 음식에 관심을 가지고 즐겁게 먹는다. • 하루 일과를 즐겁게 경험한다. • 건강한 배변 습관을 가진다.
안전하게 생활하기	• 일상에서 안전하게 놀이하고 생활한다. • 교통수단을 안전하게 이용해 본다. • 위험한 상황에 대처하는 방법을 경험한다.

(2) 신체운동

① 목표

감각을 활용하고, 신체활동을 즐긴다.

1) 감각을 활용하고, 신체를 인식한다.
2) 신체활동을 즐긴다.

② 내용

내용 범주	내용
감각과 신체 인식하기	• 감각 능력을 활용한다. • 신체를 인식하고 움직인다.
신체활동 즐기기	• 대소근육을 조절한다. • 기본 운동을 즐긴다. • 실내외 신체활동을 즐긴다.

(3) 의사소통

① 목표

의사소통 능력과 상상력의 기초를 형성한다.

1) 일상생활에서 듣기와 말하기를 즐긴다.
2) 읽기와 쓰기에 관심을 가진다.
3) 책과 이야기에 재미를 느낀다.

② 내용

내용 범주	내용
듣기와 말하기	• 표정, 몸짓, 말에 관심을 갖고 듣는다. • 상대방의 이야기를 듣고 말한다. • 표정, 몸짓, 단어로 의사를 표현한다. • 자신의 요구와 느낌을 말한다.
읽기와 쓰기에 관심 가지기	• 주변의 그림과 상징, 글자에 관심을 가진다. • 끼적이며 표현하기를 즐긴다.
책과 이야기 즐기기	• 책에 관심을 가지고 상상한다. • 말놀이와 이야기에 재미를 느낀다.

(4) 사회관계

① 목표

나를 알고, 다른 사람과 더불어 생활하는 경험을 한다.

1) 나를 알고 긍정적으로 여긴다.
2) 다른 사람과 즐겁게 지내기 위한 태도를 기른다.

② 내용

내용 범주	내용
나를 알고 존중하기	• 나와 다른 사람을 구별한다. • 나의 감정을 표현한다. • 내가 좋아하는 것을 한다.
더불어 생활하기	• 가족에게 관심을 가진다. • 또래와 함께 놀이한다. • 다른 사람의 감정과 행동에 반응한다. • 반에서의 규칙과 약속을 알고 지킨다.

(5) 예술경험

① 목표

아름다움을 느끼고 즐긴다.

1) 자연과 생활에서 아름다움을 느끼고 관심을 가진다.
2) 예술을 통해 자유롭게 표현한다.

② 내용

내용 범주	내용
아름다움 찾아보기	• 자연과 생활에서 아름다움을 느끼고 즐긴다. • 아름다움에 관심을 갖고 찾아본다.
창의적으로 표현하기	• 익숙한 노래와 리듬을 표현한다. • 움직임과 춤으로 자유롭게 표현한다. • 미술 재료와 도구로 표현해 본다. • 일상생활 경험을 상상놀이로 표현한다.

(6) 자연탐구

① 목표

주변 환경과 자연을 탐색하는 과정을 즐긴다.

1) 일상에서 탐색하는 과정을 즐긴다.
2) 주변 환경에 관심을 가지고 탐색한다.
3) 생명과 자연에 관심을 가진다.

② 내용

내용 범주	내용
탐구 과정 즐기기	• 주변 세계와 자연에 대해 호기심을 가진다. • 사물과 자연을 반복하여 탐색하기를 즐긴다.
생활 속에서 탐구하기	• 친숙한 물체의 특성과 변화를 감각으로 탐색한다. • 물체의 수량에 관심을 가진다. • 주변 공간과 모양을 탐색한다. • 규칙성에 관심을 가진다. • 주변 사물을 같고 다름에 따라 구분한다. • 생활 도구에 관심을 가진다.
자연과 더불어 살기	• 주변의 동식물에 관심을 가진다. • 날씨와 계절의 변화를 감각으로 느낀다.

2 영아 교수학습활동의 실제

영아의 전인적인 발달은 몸과 마음이 건강하고, 자주적이고, 창의적이며, 감성이 풍부하고 더불어 사는 사람으로 성장하는 것을 의미한다. 영아는 자유롭게 놀이할 때 즐겁고 행복하며 전인적인 발달을 도모할 수 있다. 그러므로 어린이집에서는 표준보육과정 개정 취지를 충분히 반영하여 영아 주도적으로 놀이하며 배우는 활동이 충분히 이루어질 수 있도록 보육과정을 구성하고 운영해야 한다.

1) 영아의 일상생활

영아는 잠을 자는 동안은 물론 눈을 뜨면서부터 다시 잠드는 순간까지 일상의 생활을 하면서 끊임없이 배우고 성장한다. 어린이집을 등원하면서도 부모님과 인사를 하고 선생님과 만남을 통해 정서적으로 안정적인 애착을 형성하며, 친구들을 만나서 지내는 동안 사회성이 발달하게 된다. 간식과 식사를 통해서는 음식을 골고루 먹는 것을 배우며, 음식을 골고루 섭취함으로써 건강하고 튼튼한 몸을 성장시킬 뿐 아니라 수저로 음식을 떠먹는 행동은 대·소근육의 발달과 협응 능력의 발달을 가져오는 등 그 자체만으로 중요한 교육이 된다. 이렇듯 영아의 하루 일과 중 많은 시간을 차지하는 일상생활활동은 영아에게 있어 매우 중요하며, 영아의 연령과 월령이 낮을수록 일상생활의 비중은 더 크다. 영아의 모든 일상생활 속에서 영아는 스스로 결정하고 행동하고, 또래 친구들과 선생님을 모방하면서 성장과 발달을 이루어가며, 기본생활습관이 형성되는 중요한 시기이다. 그러므로 교사는 영아의 일상생활지도 중요성을 인식하고, 유아가 편안하고 안정적으로 활동할 수 있도록 평균발달과 개인차를 고려하여 일상생활활동이 적합하게 이루어질 수 있도록 계획하고 실행해야 한다.

(1) 등하원

① 등원

등원시간은 영아가 부모와 떨어져서 어린이집에서 생활하게 되는 적응의 첫 단계로 다양한 전략을 활용한 상호작용이 이루어진다. 이때 영아는 부모와 편안하게 헤어짐과 동시에 교사와 친밀해지는 시간을 갖게 되므로 편안하고 자연스러운 분위기에서 생활 장면의 전이가 이루어질 수 있도록 해야 한다. 등원시간은 인사 나누기, 자신의 물건 정리하기 등의 기본생활습관 내용이 포함된다. 부모와 헤어지기 힘들어하는 영아가 있을 때는 현관에서 부모와 인사하는 시간을 충분히 갖도록 하거나 교사가 영아를 안아주고 토닥여주며 심리적으로 안정될 수 있도록 해야 한다. 또한 가정에서 영아가 가지고 놀던 인형, 장난감 등을 가지고 등원하게 해서 새로운 공간인 어린이집에 대한 불안감을 낮출 수도 있다.

이때 교사는 부모와 대화하는 시간을 갖게 된다. 가정에서 영아에게 있었던 신체적·심리적 변화 또는 건강 상태에 대한 전달 사항을 듣고 기록이 필요한 경우에는 즉시 메모한다. 또한 투약의뢰서를 작성해 온 영아가 있을 경우에는 약의 종류 및 용량을 확인하여 정확한 시간에 투약하도록 한다. 더욱이 영아에게 등원시간은 또래 영아들과 인사를 나누는 시간이 된다. 영아는 아직 또래에 대한 관심이 적지만 교사가 의도적으로 또래에게 관심을 가질 수 있도록 지도하며 상호작용할 수 있도록 한다. 교사의 이러한 상호작용은 영아가 어린이집에 오는 것을 즐기며 기대감을 가지게 한다.

② 하원

하원은 영아가 어린이집의 일과를 마치고 집으로 돌아가는 시간이다. 하원 시간에는 영아가 기분 좋게 교사, 또래와 헤어지고 부모를 만나 가정으로 돌아갈 수 있도록 한다. 이때 교사는 영아의 물건을 정리해 주고 영아가 교사, 또래와 인사하며 하원할 수 있도록 한다. 교사는 부모에게 영아의 어린이집 생활인 낮잠, 배변, 이유, 놀이 등을 전달한다. 이때 어린이집에서 영아의 신체적·심리적 변화가 있었다면 이에 대해 자세히 설명해 줘야 한다. 또한 금요일에는 침구를 가정으로 보내서 세탁을 요청해야 하며, 어린이집 주간계획을 미리 안내하여 가정의 협조가 필요한 부분은 미리 요청해야 한다.

활 동 명	친구들과 손 인사를 하며 귀가해요.(만1세)	
놀이경험	인사 놀이를 한다.	
기대목표	선생님과 친밀한 관계를 가진다. 또래에 관심을 갖고 친밀감을 표현한다.	
표준보육과정 관련 요소	사회관계 〉 더불어 생활하기 〉 안정적인 애착을 형성한다. 의사소통 〉 듣기와 말하기 〉 표정, 몸짓, 말소리로 의사를 표현한다.	
놀이자료	없음	
놀이 방법	놀이 과정	교사 놀이 지원
	1. 귀가 할 준비를 한다. - 이제 집에 갈 시간이 되었네. - 손과 얼굴을 깨끗이 씻고 옷을 바르게 입어 볼까? **2. 교사가 손 흔들며 인사하는 모습을 보여주며 따라 할 수 있도록 돕는다.** - ○○이 엄마가 오셨네. - 친구들에게 인사하고 엄마한테 가볼까? - (교사가 손을 흔들면서) △△야 안녕~ **3. 영아가 친구들과 인사를 나눌 수 있도록 돕는다.** - 우리 ○○가 친구들에게 안녕~하고 손 흔들어 볼까? - △△도 ○○야 잘 가~ 하고 손 흔들어서 인사해 보자. - 우리 내일 또 만나서 즐겁게 놀자.  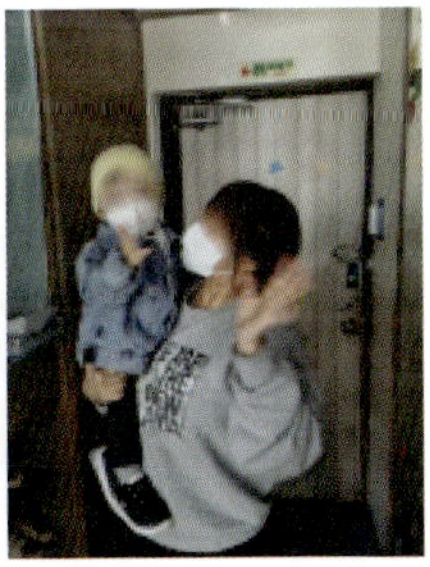 **4. 하원을 하면서 하루 동안 지낸 영아의 건강 상태와 활동 등을 부모님께 전달한다.**	*인형으로 인사놀이 할 수 있게 준비
다음 지원계획	- 스스로 친구들에게 손을 흔들어 인사하기	
활동평가	- 손을 흔들고 인사할 수 있는가?	

(2) 수유 및 이유

수유 및 이유는 어린이집에서 반복되는 일과 중 하나로 식습관 지도와 더불어 교사와 영아의 개별적 상호작용이 이루어지는 시간이다. 영아의 음식 섭취의 양, 횟수, 종류는 개인차가 있으므로 영아의 수유 및 이유는 개별적으로 진행한다. 따라서 수유와 이유 시간은 영아의 건강을 살펴볼 수 있으며 영양 및 적응과 관련된 상태를 확인할 수 있는 지표가 된다.

수유 및 이유 시간은 영아가 식습관과 관련된 기본생활습관을 익히는 중요한 시간이다. 숟가락·포크 사용, 앉아서 먹기, 흘리지 않기, 남기지 않기, 골고루 먹기 등의 습관을 기를 수 있도록 해야 한다. 이때 교사는 영아의 월령에 따른 올바른 식습관 지도가 필요하다. 영아의 월령이 높아지면 미숙하더라도 스스로 해볼 수 있도록 해야 하며, 꾸준한 지도를 통해 자조기술이 습득될 수 있도록 해야 한다.

수유 및 이유는 가능한 일정한 자리에서 하는 것이 좋다. 영아가 식사 시간을 인식하게 되고 교사는 효율적으로 보육실을 사용할 수 있다. 영아가 수유와 이유를 할 때는 교사가 곁에서 지켜보아야 한다. 수유나 이유식의 양이 영아가 평소 먹는 양과 비교해서 현저하게 적을 때는 영아의 신체적 상태와 욕구를 자세히 살펴볼 필요가 있다. 또한 영아의 이유식에는 다양한 재료가 들어가게 되므로 영아가 새로운 맛에 대해 호기심을 가질 수 있도록 유도하며 격려하는 상호작용이 필요하다.

(3) 낮잠 및 휴식

영아기 적절한 낮잠과 휴식은 영아의 건강 발달을 위해 필수적이다. 영아의 낮잠은 신체적 건강에 직접적인 영향을 미치며, 적절하게 휴식을 취하지 못하면 심리적인 문제가 발생하기도 한다. 더욱이 영아는 수면습관이 불규칙하고 스스로 휴식을 취할 수 없기 때문에 어린이집의 규칙적 일과와 교사의 지도를 통해 낮잠 및 휴식을 경험해야 한다. 교사는 영아가 편안하게 낮잠을 잘 수 있도록 침구류, 온도, 채광 등을 신경 써야 한다. 영아의 체온은 성인보다 높은 편이므로 약간 시원하게 재우는 것이 좋고 가능한 일정한 시간에 낮잠을 잘 수 있도록 해서 일상생활의 규칙을 찾아가게 해야 한다.

교사는 영아가 낮잠을 자기 전에 낮잠 자는 시간을 안내하고 준비하도록 해야 한다. 영아가 편안한 분위기에서 낮잠을 잘 수 있도록 자장가와 동화를 들려주거나 개별적으로 토닥여준다. 쉽게 잠들지 못하는 영아가 있을 때는 가정에서 가져온 인형, 베개 등을 가지고 안정감을 느끼면서 잠을 잘 수 있도록 한다. 영아가 낮잠을 자는 동안 교사는 보육실을 비우지 않아야 하며 영아의 수면 상태를 기록하고 안전 사항을 점검해야 한다. 영아가 낮잠에서 깰 때는 빛이 조금씩 들어올 수 있도록 하며 낮은 목소리로 일어나야 하는 시간임을 알리고 천천히 잠에서 깰 수 있도록 한다. 이때 교사는 영아의 손과 발을 만져주거나 안아주면서 신체적 편안함을 느낄 수 있도록 한다.

<table>
<tr><td>활 동 명</td><td colspan="2">교사가 토닥여주며 낮잠을 자요.(만1세)</td></tr>
<tr><td>놀이경험</td><td colspan="2">집에서 사용하던 이불을 준비하여 충분히 놀이하도록 한다.</td></tr>
<tr><td>기대목표</td><td colspan="2">선생님이 표현하는 친밀감을 느낀다.
편안하게 잠을 잔다.</td></tr>
<tr><td>표준보육과정 관련 요소</td><td colspan="2">사회관계 〉 더불어 생활하기 〉 안정적인 애착을 형성한다.
기본생활 〉 건강하게 생활하기 〉 하루 일과를 평안하게 경험한다.</td></tr>
<tr><td>놀이자료</td><td colspan="2">개인 침구, 교사의 따뜻한 손</td></tr>
<tr><td rowspan="2">놀이 방법</td><td>놀이 과정</td><td>교사 놀이 지원</td></tr>
<tr><td>1. 교사는 누워 있는 영아에게 가까이 가서 앉아 개별적인 상호작용을 한다.
- (머리를 쓰다듬어주며 귓속말로) 미끄럼틀 탈 때 정말 재밌었지?
- 코~자고 일어나서 간식 먹고 또 타러 가자.
- 선생님이 ○○가 잘 잘 수 있게 토닥토닥해 줄게.
- ○○야, 잘 자.
 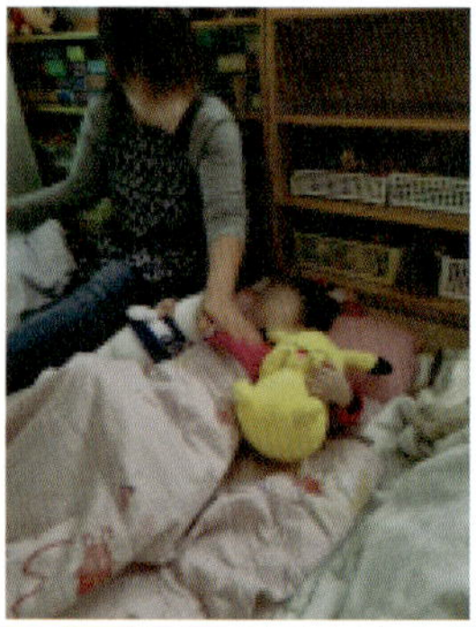</td><td>*영아들이 편히 잘 수 있도록 개인 침구 세트와 애착 물건(이불, 인형) 등을 준비한다.</td></tr>
<tr><td>다음 지원계획</td><td colspan="2">- 잠자리에 드는 과정에 영아의 개별적 특성을 파악하고 개별적으로 편안하게 잠이 들 수 있는 환경을 개선한다.</td></tr>
<tr><td>활동평가</td><td colspan="2">- 영아가 편안하게 잠자리에 드는가?
- 잠자리에 방해하는 요소는 주변에 없는가?</td></tr>
</table>

(4) 기저귀 갈이 및 배변

① 기저귀 갈이

영아의 기저귀 갈이는 신체적 불편함을 해소해 주기 위한 시간으로 교사와 영아가 일대일로 상호작용하는 의미 있는 시간이다. 영아가 기저귀를 가는 동안 교사는 부드러운 대화를 해줘야 한다. 영아가 기저귀 갈이를 할 때는 모빌을 보여주거나 교사와의 상호작용을 통해 즐거움을 느낄 수 있는 시간으로 인식하도록 해야 한다. 영아의 기저귀 갈이는 일정한 장소에서 이루어져야 한다. 위생적인 곳으로 기저귀 갈이 물품을 관리하기 편리하며 보관할 수 있는 곳에 위치하는 것이 좋다. 교사는 기저귀 갈이 전후에 반드시 손을 씻어야 한다.

<table>
<tr><td>활 동 명</td><td colspan="2">누워서 기저귀를 갈아요.(만0세)</td></tr>
<tr><td>놀이경험</td><td colspan="2">기저귀를 가는 영역을 알아보았다.
기저귀 영역에서 영아가 인형, 모빌, 등을 이용하여 흥미를 가질 수 있도록 하였다.</td></tr>
<tr><td>기대목표</td><td colspan="2">교사가 기저귀를 갈아 줄 때 긍정적으로 반응한다.</td></tr>
<tr><td>표준보육과정 관련 요소</td><td colspan="2">기본생활 〉 건강하게 생활하기 〉 하루 일과에 편안하게 경험한다.</td></tr>
<tr><td>놀이자료</td><td colspan="2">기저귀 갈이 영역, 개별 기저귀</td></tr>
<tr><td rowspan="2">놀이 방법</td><td>놀이 과정</td><td>교사 놀이 지원</td></tr>
<tr><td>1. 영아가 배변을 했을 때 즉각적으로 반응을 보이며 상황에 대해서 이야기해준다.
- ○○가 쉬 했네.
- 선생님이 깨끗하게 기저귀를 갈아줄게.
2. 교사는 영아를 안고 기저귀 갈이 영역으로 간다.
- (기저귀 갈이 영역을 보여주며) 기저귀 갈아볼까?
- 우선 매트를 깨끗이 닦을게. (소독액으로 소독하기)
- 편하게 누워볼까?
- 엉덩이를 들어보자.
- 기저귀에 쉬를 많이 했는데 보송보송한 새로운 기저귀로 갈아입을까?
3. 영아의 반응에 대해 교사가 반응해 준다.
- 아이, 시원해. 기분이 좋아요.
- 기저귀를 갈고 나니까 ○○가 기분이 좋아졌구나.
 </td><td>*기저귀 영역에 영아가 관심을 갖고 있는 물건을 놓으며 친숙함 가지기</td></tr>
<tr><td>다음 지원계획</td><td colspan="2">- 스스로 누워볼 수 있도록 도와주기</td></tr>
<tr><td>활동평가</td><td colspan="2">- 기저귀를 갈면서 편안함을 느끼는가?
- 교사가 기저귀를 갈아줄 때 긍정적으로 반응하는가?</td></tr>
</table>

<table>
<tr><td>활 동 명</td><td colspan="2">내 기저귀를 찾아올 수 있어요.(만0세)</td></tr>
<tr><td>놀이경험</td><td colspan="2">기저귀를 탐색한다.</td></tr>
<tr><td>기대목표</td><td colspan="2">내 기저귀를 손을 뻗어 잡을 수 있다.
기저귀를 탐색한다.</td></tr>
<tr><td>표준보육과정 관련 요소</td><td colspan="2">신체운동 〉 신체활동 즐기기 〉 기본운동을 시도한다.
자연탐구 〉 생활 속에서 탐구하기 〉 친숙한 물체를 감각으로 탐색한다.</td></tr>
<tr><td>놀이자료</td><td colspan="2">개별 기저귀</td></tr>
<tr><td rowspan="2">놀이 방법</td><td>놀이 과정</td><td>교사 놀이 지원</td></tr>
<tr><td>1. 기저귀를 갈 때 영아 옆에 새 기저귀를 놓아두고, 영아가 관심을 갖기 시작하면 함께 탐색한다.
- ○○의 기저귀구나. 와! 뽀송뽀송하네.
2. 기저귀를 만지거나 비벼보면서 탐색한다.
- 이것 봐! 이렇게 기저귀를 비벼보니까 바스락바스락 소리가 나네
- 기저귀를 흔들흔들~~ 아이 시원해. 바람이 부네~
3. 영아가 기저귀를 잡고 흔들면 격려해준다.
- ○○가 기저귀를 흔드니까 바람이 부네~
  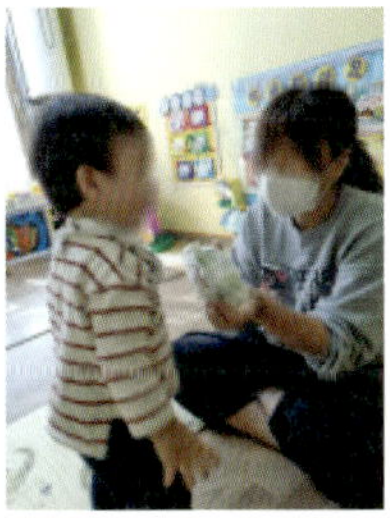</td><td>* 영아의 물건을 가지고 놀면서 친숙함 느끼기</td></tr>
<tr><td>다음 지원계획</td><td colspan="2">- 기저귀로 얼굴을 가리고 나타나며 까꿍놀이와 연계해 활동한다.</td></tr>
<tr><td>활동평가</td><td colspan="2">- 기저귀에 관심을 갖는가?
- 기저귀를 잡고 움직이는가?</td></tr>
</table>

② 배변

배변은 영아의 신체적 성장 과정을 나타내는 징표로 필수적이고 자연스러운 과정이다. 영아의 신체가 준비되었을 때 배변을 시도하는 것이 좋다. 영아가 배변 훈련을 시도할 준비가 되었을 때는 배변 훈련을 수월하게 진행할 수 있지만, 영아가 준비되지 않았거나 훈련 시기를 과도하게 앞당겼을 때는 배변에 대한 부정적인 정서를 갖게 될 수 있다. 그러므로 영아의 개인차에 맞춰 배변 훈련 시기를 정하고 단계적으로 실시하는 것이 좋다. 영아가 배변을 실시할 때가 되면 교사는 배변과 관련된 여러 활동을 지원해 주는 것이 좋다. 변기와 친해지기, 배변과 관련된 동화 들려주기, 변기에서 응가하기, 기저귀 대신 팬티 입어 보기, 변기 물 내리기 등의 활동을 통해 배변 활동에 친숙해질 수 있도록 해야 하며, 가정과 연계하여 지원하게 되면 더욱 효과적이다.

배변 훈련을 마친 영아는 더 이상 기저귀를 사용하지 않지만, 배변하고자 하는 의사를 주기적으로 물어보고 화장실에 갈 수 있도록 격려해야 한다. 영아가 자발적으로 배변 의사를 표현하고 규칙적으로 배변을 하게 되면 배변 활동은 특별한 과정이 아닌 일상생활이 된다. 영아는 배변이 잘 이루어지고 스스로 자신을 조절할 수 있게 되었을 때 성취감과 자신감을 느낀다. 이때 교사는 영아에게 칭찬과 격려를 해주며 배변에 즐거움을 느낄 수 있도록 해야 한다.

<table>
<tr><td>활 동 명</td><td colspan="2">변기로 놀이해요.(만1세)</td></tr>
<tr><td>놀이경험</td><td colspan="2">영아용 변기를 장난감 중 하나로 생각하고, 접할 수 있게 한다.</td></tr>
<tr><td>기대목표</td><td colspan="2">아기 변기에 관심을 가진다.
변기에서 배변을 할 수 있음을 안다.</td></tr>
<tr><td>표준보육과정
관련 요소</td><td colspan="2">자연탐구 〉 탐구과정 즐기기 〉 사물과 자연 탐색하기를 즐긴다.
기본생활 〉 건강하게 생활하기 〉 배변의사를 표현한다.</td></tr>
<tr><td>놀이자료</td><td colspan="2">영아용 변기, 인형, 장난감</td></tr>
<tr><td rowspan="2">놀이 방법</td><td>놀이 과정</td><td>교사 놀이 지원</td></tr>
<tr><td>1. 화장실이 인접한 곳이나 교실 중 넓은 공간에 변기를 배치한다.
2. 영아가 변기를 가지고 놀며 탐색할 수 있도록 돕는다.
- 변기는 어떻게 생겼어?
- 와. 뚜껑을 움직일 수 있네?
- 여기 가운에 구멍은 뭘까?
- 변기에 앉을 수 있을까?
3. 변기에 앉아 놀잇감을 가지고 논다.
- (변기를 가리키며) 여기 앉아 보아도 재미있겠다.
꼭 의자처럼 생겼네.
- 아기 변기가 편안한 의자가 되었구나.
- 아기 변기에 앉아서 무엇을 하고 싶어요?
4. 인형을 갖고 흉내 내기 놀이를 하며 변기에 관심을 갖도록 한다.
- ○○가 아기를 데리고 왔어요.
- 아기가 쉬~를 하고 싶어진 것 같은데요?
- 여기 아기 변기에 앉히고 쉬를 뉘어볼까요?
- (아기 인형을 변기에 앉혀 보며) 아가야, 쉬 하자. 쉬~
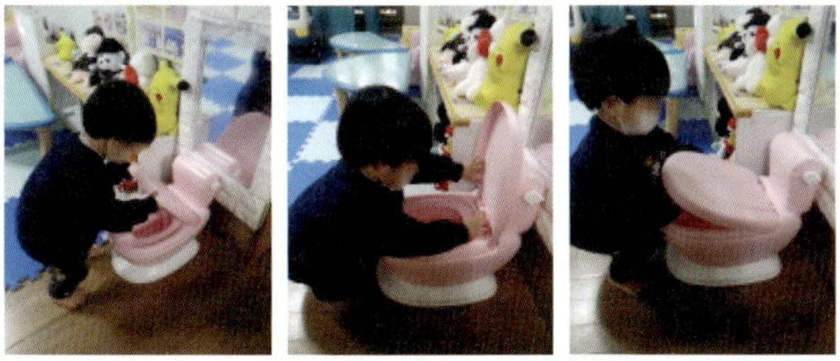</td><td>*역할 놀이 영역에 놀이할 수 있는 변기를 제공하기</td></tr>
<tr><td>다음
지원계획</td><td colspan="2">- 변기에 앉아서 놀이해 보기
- 변기 모양 종이에 끼적이기 놀이해 보기</td></tr>
<tr><td>활동평가</td><td colspan="2">- 변기에 충분한 호기심을 갖고 탐색을 하고 있는가?</td></tr>
</table>

(5) 청결 및 위생

영아의 청결 및 위생 지도는 목욕하기, 이 닦기, 손 씻기 등으로 건강한 생활 습관 형성에 기초가 된다. 목욕하기는 영아의 몸을 깨끗하게 하고 청결하게 하는 것뿐만 아니라 신진대사와 혈액순환을 돕는 기능을 한다. 또한 영아는 목욕하는 과정에서 자신의 신체 부위에 대한 재미있는 이야기를 나누며 목욕하는 시간을 즐거운 시간으로 인식하게 되고 청결의 중요성을 이해하게 된다.

이 닦기는 영아의 구강 위생을 청결하게 하는 것부터 시작된다. 구강 위생이 청결하지 않은 영아는 호흡기 질환에 노출될 가능성이 높아지므로 수유와 음식을 먹은 후에는 이 닦기를 할 수 있도록 지도해야 한다. 이때 교사는 영아가 이 닦기에 관심을 가질 수 있도록 이 닦기와 관련된 장난감을 제시해 주거나 올바른 이 닦기 방법을 습득할 수 있도록 교사가 직접 시범을 보이고 함께 해보는 것이 좋다.

영아를 위한 교사의 손 씻기 지도 방법은 손을 닦는 방법, 손을 씻는 시기 등을 안내해 주는 것이다. 0세 영아는 교사가 직접 손을 씻겨 주어야 하고 1세 영아는 교사가 손을 씻어 주며 바람직한 손 씻기 방법을 지도하는 것이 필요하다. 2세 영아에게는 스스로 손을 씻을 수 있도록 해야 하며 올바른 손 씻기 방법을 반복해서 지도해야 한다.

<table>
<tr><td>활 동 명</td><td colspan="2">교사의 도움으로 손을 씻어요.(만0세)</td></tr>
<tr><td>놀이경험</td><td colspan="2">거품으로 놀이를 한다.
선생님과 함께 손을 씻는다.</td></tr>
<tr><td>기대목표</td><td colspan="2">비누 거품을 탐색하며 손을 씻는다.
교사의 도움을 받아 손을 씻는다.</td></tr>
<tr><td>표준보육과정 관련 요소</td><td colspan="2">신체운동 〉 감각과 신체 인식하기 〉 감각적 자극에 반응한다.
기본생활 〉 건강하게 생활하기 〉 도움을 받아 몸을 깨끗이 한다.</td></tr>
<tr><td>놀이자료</td><td colspan="2">거품 비누, 종이 수건, 적당한 온도의 물</td></tr>
<tr><td rowspan="2">놀이 방법</td><td>놀이 과정</td><td>교사 놀이 지원</td></tr>
<tr><td>1. 영아와 함께 세면대에서 물소리를 들려주며 영아의 흥미를 유발한다.
- (물의 강약을 조절하며) 쏴아~물이 콸콸 쏟아지네. 아이 차가워~
- 물이 졸졸졸 나오기도 하네. 아이, 따뜻하다.
- 물을 첨벙첨벙 두드려 볼까? 아이쿠, 물이 ○○이 얼굴에 튀었네.
2. 교사의 손바닥에 거품비누를 던 후, 영아와 함께 탐색한다.
- ○○야, 선생님이랑 비누 거품놀이를 할까?
- 하얀 거품이 보글보글 선생님 손바닥에 있네.
- 선생님이랑 같이 해보자. (두 손을 문지르며)와~미끌미끌하네.
3. 영아가 거품을 충분히 탐색하면, 손을 헹구며 거품이 사라지는 것을 느끼게 한다.
- (물에 손을 가져다주며) 이제 거품 안녕!
- 어? 거품이 없어졌네.
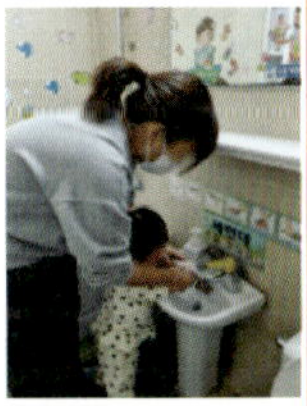</td><td>*화장실에 손 씻는 방법 그림으로 붙여 놓기
*물의 온도를 적당하게 유지하기</td></tr>
<tr><td>다음 지원계획</td><td colspan="2">- 손을 씻어야 하는 상황에 대해 이야기하기
- 손을 스스로 씻을 때는 칭찬을 하며 자연스럽게 손 씻기가 될 수 있도록 지원하기</td></tr>
<tr><td>활동평가</td><td colspan="2">- 손을 씻는 방법에 대해 알았는가?
- 손을 씻는 즐거움을 느꼈는가?</td></tr>
</table>

<table>
<tr><td>활 동 명</td><td colspan="2">교사의 도움을 받아 손을 씻어요.(만1세)</td></tr>
<tr><td>놀이경험</td><td colspan="2">손에 있는 세균에 대해 알아보았다.
선생님과 함께 손을 씻어본다.</td></tr>
<tr><td>기대목표</td><td colspan="2">손을 깨끗이 씻는다.
선생님의 말을 관심 있게 듣는다.</td></tr>
<tr><td>표준보육과정 관련 요소</td><td colspan="2">기본생활 〉 건강하게 생활하기 〉 도움을 받아 몸을 깨끗이 한다.
의사소통 〉 듣기와 말하기 〉 표정, 몸짓, 말과 주변의 소리에 관심을 갖고 듣는다.</td></tr>
<tr><td>놀이자료</td><td colspan="2">비누, 수건</td></tr>
<tr><td rowspan="2">놀이 방법</td><td>놀이 과정</td><td>교사 놀이 지원</td></tr>
<tr><td>1. 더러워진 손을 보며 이야기한다.
- 밖에 나가서 여기저기 만지면서 놀이를 했더니 손이 더러워졌어.
- 더러워진 손을 깨끗이 하려면 어떻게 해야 할까?
- 손을 어디서 닦으면 좋을까?
2. 화장실에서 손을 씻는 것을 이야기한다.
- 화장실로 같이 가볼까?
- 문을 조심히 열고 들어가 보자.

3. 손을 씻는 방법을 안내하며 함께 닦아본다.
- 손을 어떻게 씻으면 좋을까?
- ○○가 물을 틀어볼까?
- 손에 물을 묻혀보자.
- 비누를 손에 묻혀볼까?
- 손에서 거품이 생기고 있네.
- 손에 있는 거품을 다시 물로 없애보자.
- 손에 있는 물기는 수건으로 깨끗이 닦아주자.

4. 깨끗해진 손을 확인한다.
- 와. ○○의 손이 정말 깨끗해졌네.
- 우리 손이 더 부드러워지라고 로션도 발라볼까?</td><td>* 교사가 손 씻는 모습을 단계적으로 보여주며 함께하기
* 화장실에 손 씻는 방법 그림으로 붙여 놓기</td></tr>
<tr><td>다음 지원계획</td><td colspan="2">- 손을 씻어야 하는 상황에 대해 이야기하기
- 스스로 손을 씻는 모습을 보며 칭찬과 격려하기</td></tr>
<tr><td>활동평가</td><td colspan="2">- 스스로 손을 씻으려고 하는가?</td></tr>
</table>

2) 영아의 자유놀이

표준보육과정은 영아의 자율성과 창의성 신장을 추구하는 보육과정이다. 영아는 스스로 자신이 할 수 있는 일을 하고, 하고 싶은 일을 선택하며, 자신의 선택과 결정에 책임을 지는 경험을 통해 자율성을 배우게 된다. 또한 영아는 호기심을 가지고 주변 세계를 탐색하고 탐구해가면서 재미있고 풍부한 상상들을 통해 창의적으로 자신만의 놀이를 만들어내는 활동을 통해 창의성을 기른다. 영아에게 실행되는 놀이활동은 주로 개별 활동으로 실행될 수 있도록 하며, 활동의 전이를 위한 소집단활동은 꼭 필요한 것인지 점검하여 실행하는 것이 필요하다. 교사는 영아의 발달적 특징을 고려하며 놀이의 주도성이 항상 영아에게 있음을 기억하고 영아가 놀이의 주인이 되어 자신의 생각을 마음껏 펼칠 수 있도록 보육과정을 계획하고 운영해야 한다.

(1) 신체놀이

영아의 신체 발달은 빠른 속도로 이루어지며 월령에 따른 신체 능력의 발달 차이가 크다. 영아의 대근육 발달은 뒤집기, 서기, 앉기, 뛰기 등이며, 소근육 발달은 누르기, 쥐기, 잡기 등이다. 영아는 움직임에 대한 욕구를 강하게 표출하며 조절 능력의 향상과 더불어 끊임없이 움직인다. 걷기 이전의 영아는 넘어졌을 때 다치지 않을 쿠션이 있는 바닥재를 갈아줘야 하며, 기기와 잡고 서는 것을 충분히 할 수 있는 안전한 공간을 제공해 주어야 한다. 영아가 걷기 시작하면 움직이는 공간 또한 넓어지므로 걷기 외에도 계단을 오르고 내리는 것까지 준비해 주는 것이 좋다. 이때 교사는 영아가 도전하고 성취할 수 있는 다양한 신체활동을 제공해야 한다.

영아는 자신의 몸을 움직이면서 나타나는 근육의 긴장감을 즐긴다. 점차 조절능력이 발달하면서 스스로 하는 활동이 많아지고 새로운 활동을 시도하게 된다. 따라서 영아의 신체놀이는 영아의 움직임을 자극하며 안전하게 사용할 수 있는 놀이기구를 준비해 주어야 한다. 교사의 신체놀이 교수활동은 격려하기, 반응하기, 시범 보이기 등이라고 할 수 있다. 교사가 영아의 신체놀이를 지도할 때는 교사의 신체 움직임을 보고 시도해 볼 수 있도록 시범을 보여주거나 영아의 움직임을 적절하게 반응해 줘야 한다. 교사는 영아가 신체적 움직임을 즐기고 다양한 움직임을 시도할 수 있도록 도움을 준다.

<table>
<tr><td>활 동 명</td><td colspan="2">모빌로 놀이해요.(12개월 이전)</td></tr>
<tr><td>놀이경험</td><td colspan="2">흔들리는 의자에 적응할 수 있도록 탐색을 한다.
소리 나는 모빌에 관심을 갖도록 놀이를 제공한다.</td></tr>
<tr><td>기대목표</td><td colspan="2">손을 내밀어 모빌을 잡아본다.
교사와 함께 보육실의 환경에 적응한다.</td></tr>
<tr><td>표준보육과정 관련 요소</td><td colspan="2">신체운동 〉 감각과 신체 인식하기 〉 소감각적 자극에 반응한다.
자연탐구 〉 생활 속에서 탐구하기 〉 친숙한 물체를 감각으로 탐색한다.</td></tr>
<tr><td>놀이자료</td><td colspan="2">흔들 바운스 의자, 모빌</td></tr>
<tr><td rowspan="2">놀이 방법</td><td>놀이 과정</td><td>교사 놀이 지원</td></tr>
<tr><td>1. 영아가 흔들리는 의자에 앉아 모빌을 탐색해 보도록 유도한다.
- (교사가 영아를 모빌에 관심을 가지도록 주의를 끌며) 선생님이랑 같이 모빌을 보면서 놀이해볼까요?
- (영아의 손을 내밀어 잡아보도록 도우며)와, 이게 뭐지?
- 주렁주렁 놀잇감이 달려 있네.
2. 영아가 매달린 모빌에 관심을 갖도록 유도한다.
- ○○야, 이게 뭐지? 흔들흔들하네.
3. 매달린 모빌을 잡아보도록 안내하며, 영아가 손을 내밀어 모빌을 잡으면 격려한다.
- 잡아당기니까 흔들흔들하네.
- 잡아당기니까 소리가 들리네.
- 우와 이만큼 따라오네. 한 번 놀아볼까?
</td><td>*바운스에 있을 때 안정감을 느낄 수 있도록 눈 맞추며 상호작용 한다.</td></tr>
<tr><td>다음 지원계획</td><td colspan="2">- 모빌을 손으로 잡을 수 있도록 도와준다.
- 모빌의 소리를 들으며 몸짓과 소리로 표현한다.</td></tr>
<tr><td>활동평가</td><td colspan="2">- 모빌에 관심을 갖고 놀이를 하는가?</td></tr>
</table>

<table>
<tr><td>활 동 명</td><td colspan="2">상자로 놀이해요.(만0세)</td></tr>
<tr><td>놀이경험</td><td colspan="2">여러 종류의 상자를 탐색한다.</td></tr>
<tr><td>기대목표</td><td colspan="2">상자를 열고 닫으며, 안과 밖을 경험한다.
상자 위를 기어서 이동한다.</td></tr>
<tr><td>표준보육과정
관련 요소</td><td colspan="2">자연탐구 〉 생활 속에서 탐구하기 〉 주변 공간과 모양을 탐색한다.
신체운동 〉 신체활동 즐기기 〉 실내 · 외 신체활동을 즐긴다.</td></tr>
<tr><td>놀이자료</td><td colspan="2">상자</td></tr>
<tr><td rowspan="2">놀이 방법</td><td>놀이 과정</td><td>교사 놀이 지원</td></tr>
<tr><td>1. 영아 주변에 상자로 만든 집을 준비해두고 영아가 관심을 가지도록 한다.
- 교실에 상자가 많이 있네. 이게 뭐지?
- 상자가 문처럼 열리네
- 큰 상자도 있고 작은 상자도 있네.
- 상자가 똑같이 생기지 않고 다양하구나.
2. 영아가 상자를 자유롭게 탐색할 수 있도록 충분한 시간을 준다.
- 상자로 무엇을 할 수 있을까?
- 상자를 높이 쌓아 볼까?
- 상자를 옆으로 놓으면 어떻게 될까?
- 길이 되었네.
- 상자 위로 자동차를 지나가 볼까?
- 우리가 상자 위에 앉을 수 있을까?
- 상자 위에서 기어가 보자.
 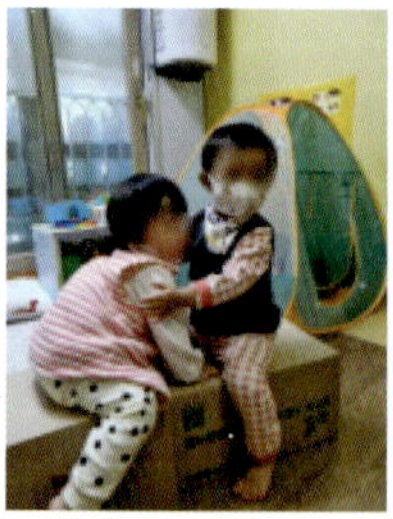 </td><td>*다양한 크기의 상자를 준비하기</td></tr>
<tr><td>다음
지원계획</td><td colspan="2">- 다양한 크기의 상자를 제공하고 큰 상자 안에 작은 상자 넣어보기
- 끼적거리기를 통해 상자 꾸미기</td></tr>
<tr><td>활동평가</td><td colspan="2">- 상자를 활용해 놀이를 하는가?</td></tr>
</table>

활 동 명	과일 길을 따라 걸어요.(만0세)	
놀이경험	다양한 과일을 만져보고 탐색한다.	
기대목표	바닥의 길을 따라 이동할 수 있다. 바닥에 붙어있는 과일의 이름을 들어본다.	
표준보육과정 관련 요소	신체운동 〉 신체활동 즐기기 〉 대 · 소근육을 조절한다. 의사소통 〉 듣기와 말하기 〉 표정, 몸짓, 말과 주변의 소리에 관심을 갖고 보고 듣는다.	
놀이자료	과일 그림	
놀이 방법	놀이 과정	교사 놀이 지원
	1. 바닥에 붙어 있는 과일 그림을 탐색해본다. - 바닥에 알록달록한 그림이 붙어 있네. - 과일이구나. - ○○가 좋아하는 수박이 보이네. - 과일 그림을 만져볼까? - 우리 과일 위를 걸어가면서 어떤 과일이 있는지 알아볼까? 2. 과일 길을 따라 걸어본다.  - (영아가 바닥 그림을 따라 걸어 보도록 유도하며) ○○야 선생님이랑 놀자. 이리 와. - (영아가 바닥 그림을 따라 교사에게 가까이 오면 영아를 인아주며) 선생님 만나러 왔구나! 사랑해. - (영아가 걸어온 과일 그림을 가리키며) ○○야, ○○가 온 길 좀 봐. - 다음은 어떤 과일이 있을까? - 또 걸어가 볼까? - 이번에는 ○○가 혼자 걸어볼까? - 한발, 한발 천천히 걸어가 보자. - 씩씩하게 잘 걷는구나. - ○○가 아장아장 걸어서 선생님한테 왔구나.	*교실 바닥에 과일 그림을 붙여 놓기
다음 지원계획	- 과일 노래를 부르며 움직여 보거나 걸어보기	
활동평가	- 과일 길을 잘 따라가며 이동하는가? - 과일 이름을 들으며 반응하는가?	

<table>
<tr><td>활 동 명</td><td colspan="2">종이 블록 길을 걸어요.(만1세)</td></tr>
<tr><td>놀이경험</td><td colspan="2">종이블록으로 쌓기 놀이를 한다.
친구와 함께 종이 블록 위를 걸어본다.</td></tr>
<tr><td>기대목표</td><td colspan="2">블록을 연결하여 길게 놓아본다.
블록을 길게 놓으며 달라지는 길이를 인식한다.</td></tr>
<tr><td>표준보육과정 관련 요소</td><td colspan="2">신체운동 〉 신체활동 즐기기 〉 대소근육을 조절한다.
자연탐구 〉 생활 속에서 탐구하기 〉 물체의 수량에 관심을 가진다.</td></tr>
<tr><td>놀이자료</td><td colspan="2">종이 블록</td></tr>
<tr><td rowspan="2">놀이 방법</td><td>놀이 과정</td><td>교사 놀이 지원</td></tr>
<tr><td>1. 종이블록을 영아와 길게 놓아본다.
- ○○가 종이블록을 옆에 놓았구나. 또 하나 더 놓아볼까요?
- 어, 길어졌네. 여기에 놓고 그다음에 또 놓아볼까요?
- 우와! 정말 길어졌네.
2. 블록으로 놀이하는 것에 관심을 보이는 영아들과 함께 번갈아 가며 길게 놓아본다.
3. 길게 놓인 블록 길 위로 영아가 올라가서 걸어본다.
- 블록 길 위에 올라가 볼까?
- ○○가 길 위로 걸어가네. 조심조심
- 선생님 손을 잡지 않고 건너볼 수 있을까?
- 친구와 함께 징검다리를 건너볼까?
- 블록 길을 걸으니 기분이 어떠니?
</td><td>*교실에 블록 길을 놓을 수 있도록 공간 구성하기</td></tr>
<tr><td>다음 지원계획</td><td colspan="2">- 친구와 손잡고 건너기</td></tr>
<tr><td>활동평가</td><td colspan="2">- 블록 위를 안전하게 건너갈 수 있는가?
- 한 개와 여러 개를 구별하는가?</td></tr>
</table>

(2) 언어놀이

영아를 위한 언어놀이는 말하기, 듣기, 읽기, 쓰기의 경험이 다양하게 이루어질 수 있는 환경을 구성해 주는 것에서부터 시작한다. 교사는 영아가 말하기를 시도할 수 있는 환경을 제공해야 하며, 영아의 말을 적극적으로 들어주려는 태도를 보여야 한다. 또한 영아가 또래와 말하는 것에 관심을 가지고 주의 깊게 들을 수 있도록 해야 하며 영아 수준에 맞는 책과 쓰기 도구를 제공한다.

영아는 언어로 자신의 생각을 표현하는 것을 어려워하기 때문에 교사가 영아의 경험, 기분, 상황 등을 알아차리고 의사소통을 시도하게 된다. 이때 영아는 자신의 옹알이에 대한 교사의 반응과 교사가 들려주는 일상생활 속 이야기를 듣고 언어를 배우게 된다. 영아가 한 단어를 말하기 시작하면 교사는 영아가 친숙하게 생각하는 사람, 사물에 대한 이름을 들려주고 말하기를 반복하면서 어휘발달을 돕는다.

교사는 다양한 그림책을 통해 영아의 언어발달을 도울 수 있다. 영아는 그림책의 줄거리보다 주인공의 표정, 움직임, 리듬 등에 좀 더 집중하기 때문에 책을 읽어주면서 영아의 반응을 보고 읽는 속도를 조절하거나 리듬과 동작을 첨가한 이야기를 들려주는 것도 좋다.

교사의 언어놀이 교수활동은 흥미 유발하기, 격려하기, 시범 보이기 등이다. 교사가 영아의 언어놀이를 지원하기 위해서는 영아가 언어놀이에서 사용하는 말을 반복해서 들려주거나 함께 손으로 글자를 짚어 읽어보고 손인형이나 막대인형으로 이야기를 만드는 과정에 적극적으로 참여하며 칭찬과 격려를 통해 언어놀이를 즐길 수 있게 도와야 한다.

<table>
<tr><td>활 동 명</td><td colspan="2">소리 나는 책으로 놀이해요.(만0세)</td></tr>
<tr><td>놀이경험</td><td colspan="2">책에서 나는 소리를 경험한다.</td></tr>
<tr><td>기대목표</td><td colspan="2">소리 나는 그림책에 관심을 가진다.
소리를 흉내 내는 말소리를 낸다.</td></tr>
<tr><td>표준보육과정 관련 요소</td><td colspan="2">의사소통 〉 책과 이야기 즐기기 〉 책에 관심을 가진다.
의사소통 〉 듣기와 말하기 〉 표정, 몸짓, 소리로 의사를 표현한다.</td></tr>
<tr><td>놀이자료</td><td colspan="2">버튼을 누르면 소리가 나는 그림책</td></tr>
<tr><td rowspan="2">놀이 방법</td><td>놀이 과정</td><td>교사 놀이 지원</td></tr>
<tr><td>1. 다양한 책을 살펴본다.
- 여기에 책이 많이 있네.
- 책을 누르니까 소리도 들려.
- 소리가 나는 책이 어디 있나 찾아볼까?
2. 책을 넘기면서 소리를 들어본다.
- 책 옆에 누르니까 소리가 나네?
- 이 버튼을 누르면 어떤 소리가 날까?
- 이 책에 강아지 그림이 있네? 강아지를 눌러 볼까?
멍멍 멍멍~강아지가 짖는 소리가 나네.
3. 영아가 스스로 소리 책을 누르며 볼 수 있도록 한다.
- 소리가 나는 책을 찾아보자.
- ○○가 누르면서 책을 볼까?
- 친구도 데리고 와서 함께 볼까?
- 또 다른 책도 찾아서 볼까?
</td><td>*소리 나는 책을 언어 영역에 준비하기
*버튼을 눌러서 소리가 잘 들리도록 건전지를 점검한다.
*그림책에 들어있는 건전지가 영아에게 노출되지 않도록 주의한다.</td></tr>
<tr><td>다음 지원계획</td><td colspan="2">- 책에서 들리는 소리를 흉내 내본다.</td></tr>
<tr><td>활동평가</td><td colspan="2">- 소리 나는 그림책의 소리를 듣고 흉내 내는 말소리를 표현하는가?</td></tr>
</table>

<table>
<tr><td>활 동 명</td><td colspan="2">알밤을 바구니에 넣어요.(만1세)</td></tr>
<tr><td>놀이경험</td><td colspan="2">알밤을 관찰하고 탐색한다.
바구니에 물건을 넣어본다.</td></tr>
<tr><td>기대목표</td><td colspan="2">익숙한 사물의 명칭을 말한다.
익숙한 사물을 반복적으로 탐색한다.</td></tr>
<tr><td>표준보육과정
관련 요소</td><td colspan="2">의사소통 〉 듣기와 말하기 〉 상대방의 이야기를 들으면서 말소리를 낸다.
자연탐구 〉 탐구과정 즐기기 〉 사물과 자연 탐색하기를 즐긴다.</td></tr>
<tr><td>놀이자료</td><td colspan="2">바구니 2개, 알밤</td></tr>
<tr><td rowspan="2">놀이 방법</td><td>놀이 과정</td><td>교사 놀이 지원</td></tr>
<tr><td>1. 바구니 안의 알밤을 탐색한다.
- 바구니에 들어 있는 것은 무엇일까?
- 알밤을 어디서 봤었을까?
- 알밤을 만져볼까?
2. 알밤을 바구니에 넣는 모습을 보여주며 방법을 알려준다.
- 알밤을 큰 바구니에 넣어볼까?
- 비구니를 ○○가 들고 있어 볼까?
- 작은 바구니에 있는 알밤을 ○○가 들고 있는 바구니에 넣어보자.
3. 탐색한 알밤의 이름을 말해 보도록 격려한다.
- ○○야 이것은 무엇일까요?
- ○○가 말해 줄 수 있나요?
- 아~이건 알밤이구나.
4. 친구와 함께 놀이할 수 있도록 돕는다.
- △△도 한번 해볼까?
- 바구니는 어떤 친구가 들고 있어 볼까?
- 친구가 다치지 않고 조심히 넣어보자.
- 둘이 바꿔서 또 해볼까?
</td><td>*알밤은 세척하여 제공하기</td></tr>
<tr><td>다음
지원계획</td><td colspan="2">- 알밤으로 모양 만들기를 해본다.</td></tr>
<tr><td>활동평가</td><td colspan="2">- 알밤의 이름을 발음하여 소리 내는가?
- 알밤을 던지지 않고 조심히 넣을 수 있는가?</td></tr>
</table>

<table>
<tr><td>활 동 명</td><td colspan="2">가을 낙엽 위에 끼적여 보아요.(만1세)</td></tr>
<tr><td>놀이경험</td><td colspan="2">다양한 나뭇잎 모양을 접해 본다.
끼적이기 도구를 사용해 본다.</td></tr>
<tr><td>기대목표</td><td colspan="2">가을에 볼 수 있는 나뭇잎에 관심을 가진다.
쓰기 도구를 잡고 끼적이기를 시도한다.</td></tr>
<tr><td>표준보육과정 관련 요소</td><td colspan="2">자연탐구 〉 탐구하는 태도 기르기 〉 탐색 시도하기 〉 주변의 사물에 대해 의도적인 탐색을 시도한다.
의사소통 〉 쓰기 〉 끼적이기 〉 끼적이기에 관심을 가진다.</td></tr>
<tr><td>놀이자료</td><td colspan="2">여러 가지 모양의 나뭇잎 그림, 색연필, 풀</td></tr>
<tr><td rowspan="2">놀이 방법</td><td>놀이 과정</td><td>교사 놀이 지원</td></tr>
<tr><td>1. 나뭇잎을 관찰한다.
- 이건 무슨 모양일까?
- 나뭇잎으로 어떤 놀이를 할까?
2. 나뭇잎 위에 그림을 그려본다.
- 옆에 색연필이 있네.
- 나뭇잎 위에 그림을 그려볼까?
- 어떤 모양으로 그림을 그릴까?
- 색연필로 나뭇잎 위에 쭉쭉 선을 그려볼까?

3. 벽면에 나뭇잎을 붙인다.
- ○○가 그린 나뭇잎을 벽에 붙여볼까요?
- 벽에 풀칠을 해보자.
- 풀칠 한 곳에 나뭇잎을 붙일 수 있을까요?
4. 사용한 도구를 제자리에 놓고 손을 씻는다.
- 우리 풀이랑 색연필을 바구니에 넣어볼까요?
- 손에 풀도 묻고, 색연필도 묻었으니 깨끗이 닦으러 가볼까요?
</td><td>*색지로 낙엽 색깔의 나뭇잎을 만든다.</td></tr>
<tr><td>다음 지원계획</td><td colspan="2">- 나뭇잎을 하늘 높이 던져본다.</td></tr>
<tr><td>활동평가</td><td colspan="2">- 주변 사물을 탐색하고 사용하는가?
- 나뭇잎 위에 그림을 그릴 수 있는가?</td></tr>
</table>

(3) 감각 · 탐색 놀이

영아는 일상생활에서 경험하는 모든 것에 호기심을 가지고 있다. 주변 사물을 만지고 던지는 상황 속에서 다양한 질감, 소리, 등의 특성을 파악하게 되고 시각, 청각, 촉각 등의 감각을 발달시킨다. 따라서 영아를 위한 감각·탐색 놀이는 영아의 오감을 활용한 탐색 활동을 할 수 있는 놀잇감을 구성해 주는 것이 중요하다. 교사가 놀잇감을 준비할 때는 다양한 색상, 재질의 자료를 준비해 주고 충분한 공간을 제공해서 만지고 던지며 놀이할 수 있도록 해야 한다. 또한 영아가 관심을 보이는 놀잇감에 대한 개별적인 놀이지도를 통해 영아의 감각·탐색 경험을 확장시킬 수 있도록 상호작용하는 것이 필요하다.

침대에 누워서 생활하는 영아를 위한 감각·탐색은 시각적 자극과 청각적 자극을 제공하는 것이다. 모빌이 움직이는 방향으로 눈 돌리기, 소리 나는 쪽으로 고개 돌리기 등은 영아의 감각 자극 발달에 효과적이다. 영아는 자신의 신체를 활용한 탐색을 즐거워하므로 교사가 영아의 신체를 쓰다듬어 주거나 손등에 바람을 불어주고 영아의 배를 이용해 소리를 만드는 것과 같은 활동을 제공하는 것이 좋다.

영아의 월령이 높아지면 눈앞에서 보이는 사람이 사라졌다 나타나는 것과 같은 까꿍놀이를 좋아한다. 이때 교사는 까꿍놀이를 숨기기 놀이로 확장시켜 다양한 감각·탐색 놀이가 이루어질 수 있도록 해야 한다. 거울, 고리 끼우기, 천 등의 놀잇감을 제공해 주는 것이 좋고 딸랑이, 오뚝이, 질감이 다른 인형, 밀가루 반죽 등도 적절하다.

영아는 모든 것을 입으로 가져가는 특성이 있으므로 영아에게 너무 작거나 날카로운 놀잇감을 주는 것은 영아의 안전을 위협할 수 있으므로 주의해야 한다. 감각 · 탐색 활동을 위한 교수활동 방법은 영아의 시도를 격려하고 자료를 설명해 주며 감각을 언어로 표현해 주는 것이다. 따라서 교사는 영아가 다양한 감각을 경험할 수 있는 자료를 제공해 주고 사물의 특징을 탐색하고 이해할 수 있도록 상호작용해 준다.

<table>
<tr><td>활 동 명</td><td colspan="2">구멍에 넣어요.(만0세)</td></tr>
<tr><td>놀이경험</td><td colspan="2">다양한 모양의 공을 탐색한다.
다양한 모양의 공의 촉감을 탐색한다.</td></tr>
<tr><td>기대목표</td><td colspan="2">다양한 종류의 공의 촉감을 느껴본다.
구멍이 있는 공에 색깔 공을 넣고 빼본다.</td></tr>
<tr><td>표준보육과정 관련 요소</td><td colspan="2">자연탐구 〉 탐구하는 과정 즐기기 〉 사물과 자연 탐색하기를 즐긴다.
신체운동 〉 신체활동 즐기기 〉 대 · 소근육을 조절한다.</td></tr>
<tr><td>놀이자료</td><td colspan="2">구멍이 있는 모양 주머니, 여러 가지 모양의 헝겊 공</td></tr>
<tr><td rowspan="2">놀이 방법</td><td>놀이 과정</td><td>교사 놀이 지원</td></tr>
<tr><td>1. 모양 구멍 주머니와 공을 보여주면서 영아가 탐색하도록 유도한다.
- 어? 헝겊 주머니에 구멍이 있네.
- 여기도 구멍~또 여기도 구멍~구멍이 많다.
- 이건 뭐지? 이 작은 공은 폭신폭신하다.
2. 모양 구멍 주머니에 모양 공을 넣어보게 한다.
- 구멍 속으로 작은 공을 넣어보자.
- 쏘옥~쏘옥~ 공이 구멍 속으로 쏙 들어가네.
- 와~ 공이 장난감 안으로 쏙쏙 들어가네.
- 이제 공이 없네.
- 이번에는 공을 꺼내볼까?
</td><td>*다양한 색깔과 촉감의 공을 준비하기</td></tr>
<tr><td>다음 지원계획</td><td colspan="2">- 구멍에 맞는 모양의 놀잇감을 찾아 넣어보기
- 구멍 속에 스카프를 넣고 빼보기</td></tr>
<tr><td>활동평가</td><td colspan="2">- 공을 잡아서 구멍에 넣을 수 있는가?</td></tr>
</table>

<table>
<tr><td>활 동 명</td><td colspan="2">누구일까요?(만0세)</td></tr>
<tr><td>놀이경험</td><td colspan="2">벽면에 부착된 동물 얼굴 덮개를 열고 닫으며 까꿍놀이를 한다.
사진을 보며 자신의 모습을 찾아본다.
사진을 보며 친구의 모습을 찾아본다.</td></tr>
<tr><td>기대목표</td><td colspan="2">사진 속에 나와 관계있는 사람의 이름을 들어본다.
사진 속의 친구가 누구인지 안다.</td></tr>
<tr><td>표준보육과정 관련 요소</td><td colspan="2">의사소통 〉 읽기와 쓰기에 관심 가지기 〉 주변의 그림과 상징에 관심을 가진다.
사회관계 〉 더불어 생활하기 〉 또래에 관심을 가진다.
신체운동 〉 신체활동 즐기기 〉 대 · 소근육을 조절한다.</td></tr>
<tr><td>놀이자료</td><td colspan="2">까꿍판, 영아들의 얼굴 사진</td></tr>
<tr><td rowspan="2">놀이 방법</td><td>놀이 과정</td><td>교사 놀이 지원</td></tr>
<tr><td>1. 영아와 함께 벽면에 게시되어 있는 까꿍판을 탐색한다.
- 와! 동물들이다.
- 한번 만져볼까?
- 동물 얼굴을 만지면 바스락 소리도 나네?
2. 까꿍판을 여닫아 본다.
- 원숭이 얼굴을 열면? 까꿍~!
- (덮개를 덮으며) 어, 없어졌네, 어디로 갔지?
- (덮개를 열며) 까꿍~!
3. 영아가 스스로 해보도록 격려한다.
 </td><td>*아이의 얼굴을 사진 찍어서 까꿍판 안에 붙여 놓기</td></tr>
<tr><td>다음 지원계획</td><td colspan="2">- 까꿍판 안에 가족사진을 넣어서 가족 찾아보기</td></tr>
<tr><td>활동평가</td><td colspan="2">- 동물의 얼굴을 잡아서 움직일 수 있는가?
- 자신의 얼굴을 찾을 수 있는가?
- 사진 속의 얼굴이 누구인지 아는가?</td></tr>
</table>

<table>
<tr><td>활 동 명</td><td colspan="2">나뭇잎으로 놀이해요.(만0세)</td></tr>
<tr><td>놀이경험</td><td colspan="2">바깥놀이에서 나뭇잎을 가지고 교실에서 탐색한다.</td></tr>
<tr><td>기대목표</td><td colspan="2">나뭇잎의 감촉과 움직임을 느껴본다.
몸을 간질이는 자극과 반응의 말소리를 들어본다.</td></tr>
<tr><td>표준보육과정 관련 요소</td><td colspan="2">신체운동 〉 감각과 신체 인식하기 〉 감각적 자극에 반응한다.
의사소통 〉 듣기와 말하기 〉 표정, 몸짓, 말과 주변의 소리에 관심을 갖고 듣는다.</td></tr>
<tr><td>놀이자료</td><td colspan="2">바구니, 나뭇잎</td></tr>
<tr><td rowspan="2">놀이 방법</td><td>놀이 과정</td><td>교사 놀이 지원</td></tr>
<tr><td>1. 영아의 얼굴에 나뭇잎으로 바람을 일으키며 관심을 유도한다.
- (얼굴에 나뭇잎을 흔들며) 솔솔~바람이 부네.
- 초록초록 나뭇잎 바람이 부네.
2. 영아의 손바닥을 나뭇잎으로 쓸어주며 영아가 관심을 가지도록 한다.
- 간질간질~간질간질~나뭇잎이 ○○ 손에 놀러왔어요.
- 나뭇잎 모양이 둥근 모양이네.
- ○○이 손바닥만 한 나뭇잎도 있네.
- 봉지에서 나뭇잎을 모두 꺼내볼까?
- 바구니에 나뭇잎을 넣어볼까?
3. 바구니에 나뭇잎을 넣었다 뺐다를 반복한다.
- 바구니 안에 있는 나뭇잎을 꺼내보자.
- 우리 다시 바구니에 넣어볼까?
- 저기까지 날아간 나뭇잎도 가지고 와 볼까?
- 나뭇잎 색깔도 조금씩 다르네.
</td><td>*영아들이 주운 나뭇잎의 먼지는 물수건과 마른수건으로 닦아 깨끗한 나뭇잎으로 제공한다.</td></tr>
<tr><td>다음 지원계획</td><td colspan="2">- 나뭇잎을 하늘 높이 던져본다.</td></tr>
<tr><td>활동평가</td><td colspan="2">- 나뭇잎을 잡아서 담고, 뺄 수 있는가?
- 몸을 간질이는 자극과 말소리에 반응하는가?</td></tr>
</table>

<table>
<tr><td>활 동 명</td><td colspan="2">과일 길을 따라 기어요.(만0세)</td></tr>
<tr><td>놀이경험</td><td colspan="2">다양한 과일을 만져보고 탐색한다.</td></tr>
<tr><td>기대목표</td><td colspan="2">바닥의 길을 따라 이동할 수 있다.
바닥에 붙어있는 과일의 이름을 들어본다.</td></tr>
<tr><td>표준보육과정 관련 요소</td><td colspan="2">신체운동 〉 신체활동 즐기기 〉 대 · 소근육을 조절한다.
의사소통 〉 듣기와 말하기 〉 표정, 몸짓, 말과 주변의 소리에 관심을 갖고 보고 듣는다.</td></tr>
<tr><td>놀이자료</td><td colspan="2">과일 그림</td></tr>
<tr><td rowspan="2">놀이 방법</td><td>놀이 과정</td><td>교사 놀이 지원</td></tr>
<tr><td>1. 바닥에 붙어 있는 과일 그림을 탐색해본다.
- 바닥에 알록달록한 과일 그림이 붙어 있네.
- ○○가 좋아하는 포도가 보이네.
- 과일 그림을 만져볼까?
- 우리 과일 위를 기어가면서 어떤 과일이 있는지 알아볼까?
2. 과일 길을 따라 기어본다.
- 여기 수박이 있네.
- 또 어떤 과일이 있을까?
- ○○가 좋아하는 포도에 가볼까?
- 천천히 기어가 보자.
- ○○가 기어서 선생님한테 왔구나.
</td><td>*교실 바닥에 과일 그림을 붙여 놓기</td></tr>
<tr><td>다음 지원계획</td><td colspan="2">- 친구와 손잡고 걸어보기</td></tr>
<tr><td>활동평가</td><td colspan="2">- 과일 길을 잘 따라가며 이동하는가?
- 과일 이름을 들으며 반응하는가?</td></tr>
</table>

<table>
<tr><td>활 동 명</td><td colspan="2">색깔 판으로 놀이해요.(만1세)</td></tr>
<tr><td>놀이경험</td><td colspan="2">일반 돋보기로 물건을 관찰해본다.</td></tr>
<tr><td>기대목표</td><td colspan="2">색에 관심을 가진다.
색깔판으로 보이는 주변의 자연에 관심을 가진다.</td></tr>
<tr><td>표준보육과정
관련 요소</td><td colspan="2">예술경험 〉 아름다움 찾아보기 〉 자연과 생활에서 아름다움을 느낀다.
자연탐구 〉 탐구과정 즐기기 〉 주변 세계와 자연에 대해 호기심을 가진다.</td></tr>
<tr><td>놀이자료</td><td colspan="2">색깔 판(영아 수의 두 배 만큼 색깔 판 준비)</td></tr>
<tr><td rowspan="2">놀이 방법</td><td>놀이 과정</td><td>교사 놀이 지원</td></tr>
<tr><td>1. 영아와 함께 색깔 판을 탐색한다.
- ○○는 파란색 색깔판을 눈에 대고 있네.
- ○○는 파랑과 노랑 두 개의 색깔판을 눈에 대고 보는구나.
- 여기 다른 색깔판도 있네.
2. 교사의 모습을 보면서 영아가 모방해 볼 수 있도록 한다.
- 선생님은 색깔 판으로 교실에 있는 물건을 볼 거야.
- 어떤 색깔로 보면 좋을까?
- 노란색 판으로 보니까 전부 노란색으로 보여.
- ○○도 색깔 돋보기로 우리 교실을 살펴볼까?
3. 색깔판을 눈에 대고 교실 주변의 사물과 창문 밖의 바깥 풍경을 살펴보도록 한다.
- 빨간 색깔판을 눈에 대고 보니 하늘이 어떻게 보이나요?
- 다른 색깔판도 눈에 가져다 대고 볼까요?
</td><td>*EVA와 셀로판지로 색깔 판 만들기</td></tr>
<tr><td>다음
지원계획</td><td colspan="2">- 바깥놀이에 들고 나가 자연물 관찰하기</td></tr>
<tr><td>활동평가</td><td colspan="2">- 색깔 판으로 사물과 주변을 살펴보며 색의 변화를 탐색하는가?</td></tr>
</table>

(4) 역할 · 쌓기놀이

역할·쌓기놀이는 영아의 일상생활 경험과 사건을 기억하고 반복적인 경험으로 발전할 수 있도록 지원하는 영역이다. 영아의 역할놀이는 기억력과 상징의 발달로 주변에서 본 것을 놀이로 재현하는 것이다. 월령이 높아짐에 따라 역할 연기가 다양해지고 놀이 몰입 시간이 늘어난다. 쌓기놀이는 블록을 쌓고 끼우는 구조물을 만들면서 힘 조절 능력을 기르고 블록의 개수와 방향에 따라 다르게 표현되는 형태의 예측 불가능성을 즐기게 한다. 쌓기놀이의 경험이 쌓이게 되면 점차 복잡한 구조를 가진 집, 자동차 등의 모양을 만들기도 한다.

영아는 역할·쌓기놀이를 하면서 교사와 상호작용을 하고 다양한 지지와 자극을 받아 사회성이 발달한다. 파튼(Parten)은 영아의 사회적 놀이는 비참여 활동, 방관자석 활동, 단독놀이, 협동놀이로 놀이의 정도가 다르다고 하였다(Parten, 1932). 즉, 교사는 영아의 놀이를 이끄는 주도성을 보이기보다 관찰자의 태도를 가지며 놀이 상황 속에서 비참여 활동과 방관자적 행동을 보이는 영아를 격려하고 적절한 도움을 제공하는 역할을 할 필요가 있다.

교사는 영아의 병행놀이 상대 놀이자가 될 수 있다. 영아는 또래와 물리적으로 가까이 있지만 서로의 놀이에 개입하지 않는다. 따라서 교사도 영아와 같은 놀이를 진행하면서 영아의 놀이를 지지해 줘야 한다. 교사는 영아의 놀이를 방해하지 않고 "높다.", "더 쌓아봐야지." 등의 혼잣말을 통해 놀이를 촉진시켜야 한다.

역할 · 쌓기놀이를 지원하기 위한 교수방법은 관찰하고 반응하며 제안으로 참여하는 것이다. 영아가 역할·쌓기놀이에 흥미를 가지고 지속적으로 참여하며 놀이의 내용과 소품 사용 방법을 구체화하는 과정을 확장시켜 창의적인 표현능력을 기를 수 있도록 한다.

<table>
<tr><td>활 동 명</td><td colspan="2">베베 블록으로 놀이를 해요.(만0세)</td></tr>
<tr><td>놀이경험</td><td colspan="2">베베 블록을 바구니에 담았다가 꺼내는 놀이를 한다.</td></tr>
<tr><td>기대목표</td><td colspan="2">블록을 쌓고 무너트려 본다.</td></tr>
<tr><td>표준보육과정
관련 요소</td><td colspan="2">신체운동 〉 신체활동 즐기기 〉 대 · 소근육을 조절한다.</td></tr>
<tr><td>놀이자료</td><td colspan="2">베베 블록</td></tr>
<tr><td rowspan="2">놀이 방법</td><td>놀이 과정</td><td>교사 놀이
지원</td></tr>
<tr><td>1. 블록을 탐색한다.
- 이건 무슨 블록일까?
- 이 블록은 베베 블록이라고 해.
2. 블록을 탐색해 본다.
- 베베 블록은 어떻게 놀아야 할까?
- 와. 블록이 이렇게도 끼워지네.
- 옆으로도 놓을 수 있네.
- ○○이도 한번 해볼까?
- ○○와 같이 끼우니까 키만큼 올라갔네.
- 블록이 무너지니까 쾅 소리가 났네.
3. 블록으로 자유롭게 놀이를 한다.
- ○○가 혼자 해볼까?
- 와! 정말 잘 끼우는구나.
- 우리 바닥에 있는 블록을 바구니에 담아 볼까?
- 우리 다음에는 베베 블록으로 다른 모양을 만들어보자.
</td><td>*다양한 모양의 베베 블록을 준비하기</td></tr>
<tr><td>다음
지원계획</td><td colspan="2">- 베베 블록으로 다양한 모양 만들어보기</td></tr>
<tr><td>활동평가</td><td colspan="2">- 블록을 쌓을 수 있는가?</td></tr>
</table>

<table>
<tr><td>활 동 명</td><td colspan="2">아기 인형을 업어요.(만0, 1세)</td></tr>
<tr><td>놀이경험</td><td colspan="2">엄마와 아빠가 사용하는 물건에 관심을 갖고 탐색을 한다.
아기 인형으로 흉내놀이를 한다.</td></tr>
<tr><td>기대목표</td><td colspan="2">업어주기로 흉내 내기를 경험해 본다.
포대기를 사용하며 생활도구에 관심을 가진다.</td></tr>
<tr><td>표준보육과정 관련 요소</td><td colspan="2">예술경험 〉 창의적으로 표현하기 〉 모방 행동을 즐긴다.
자연탐구 〉 생활 속에서 탐구하기 〉 친숙한 물체를 감각으로 탐색한다.</td></tr>
<tr><td>놀이자료</td><td colspan="2">포대기, 인형, 놀잇감</td></tr>
<tr><td rowspan="2">놀이 방법</td><td>놀이 과정</td><td>교사 놀이 지원</td></tr>
<tr><td>1. 영아 주변에 인형과 포대기를 놓아두고 탐색해 볼 수 있도록 한다.
- ○○가 아기 인형을 데리고 있구나.
- 아기를 업을 때 사용하는 포대기도 있네.
2. 영아가 인형에 익숙해지면 두 팔을 벌려 인형을 안아볼 수 있도록 유도한다.
- (교사가 두 팔을 벌려 모델링을 보여주며) “사랑해.” 하고 안아 줄까?
- 낮잠 자는 아기는 어떻게 할까?
 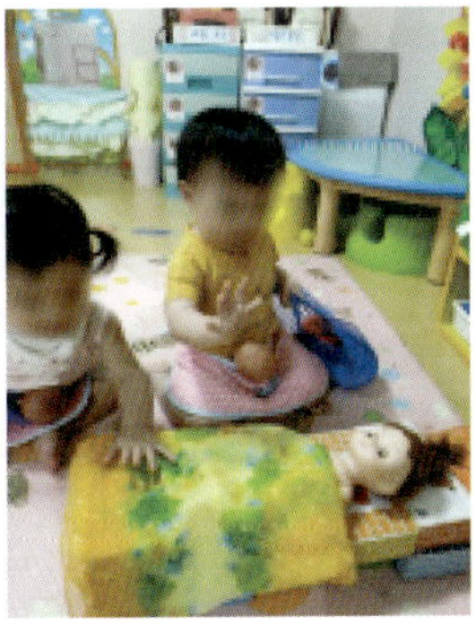</td><td>*인형을 영아가 입으로도 탐색할 수 있으므로 자주 세탁하여 청결을 유지한다.
*영아가 친숙해 하거나 좋아하는 인형을 제시한다.</td></tr>
<tr><td>다음 지원계획</td><td colspan="2">- 엄마 아빠의 물건을 제공하여 더 다양한 놀이를 할 수 있도록 돕는다.</td></tr>
<tr><td>활동평가</td><td colspan="2">- 아기인형으로 흉내 내기 놀이를 하는가?
- 포대기와 인형에 관심을 갖고 탐색하는가?</td></tr>
</table>

<table>
<tr><td>활 동 명</td><td colspan="2">종이 블록을 쌓아 까꿍 놀이를 해요.(만1세)</td></tr>
<tr><td>놀이경험</td><td colspan="2">종이블록에 관심을 가질 수 있도록 제공을 하며 다양하게 놀이를 해본다.</td></tr>
<tr><td>기대목표</td><td colspan="2">선생님에게 친밀감을 표현한다.
선생님이 있고, 없음을 인식한다.</td></tr>
<tr><td>표준보육과정 관련 요소</td><td colspan="2">사회관계 〉 더불어 생활하기 〉 안정적인 애착을 형성한다.
자연탐구 〉 생활 속에서 탐구하기 〉 물체의 수량에 관심을 가진다.</td></tr>
<tr><td>놀이자료</td><td colspan="2">다양한 종이 블록</td></tr>
<tr><td rowspan="2">놀이 방법</td><td>놀이 과정</td><td>교사 놀이 지원</td></tr>
<tr><td>1. 쌓기 영역에 있는 블록에 관심을 갖고 탐색한다.
- 이건 무엇일까?
- 여러 가지 색깔이 있네.
- 블록으로 무얼 만들까?
2. 블록 놀이를 한다.
- 어떻게 놀이를 할까?
- 블록을 옆으로 놓아볼까?
- 블록을 위로도 올려볼까?
- 선생님이랑 ○○가 하나씩 올려볼까?
- 우리 ○○ 키까지 올려볼까?
3. 까꿍 놀이를 진행한다.
- 블록이 너무 높아서 ○○ 얼굴이 보이지 않아. 어디 있지?
- (블록 사이로 얼굴을 보여주며) 까꿍! 여기 있었네.
- 이번에는 ○○가 한번 해볼까?
- ○○가 까꿍 하면서 보니까 얼굴이 잘 보이네.

4. 사용한 블록을 정리한다.
- 블록으로 까꿍 놀이를 하니까 정말 재미있구나.
- 우리 이제 이 블록을 어떻게 할까?</td><td>*블록에 흥미를 가지고 놀이할 수 있도록 충분히 제공하기</td></tr>
<tr><td>다음 지원계획</td><td colspan="2">- 영아가 스스로 주도하여 친구와 함께 블록을 쌓아 까꿍 놀이를 해본다.</td></tr>
<tr><td>활동평가</td><td colspan="2">- 영아가 관심을 갖고 즐겁게 참여하는가?</td></tr>
</table>

(5) 미술놀이

미술놀이는 그리기, 붙이기, 만들기, 찍기 등의 활동을 하면서 다양한 재질과 재료를 탐색하는 영역이다. 영아의 미술놀이는 그리기, 찍기 등의 평면활동과 붙이기, 만들기, 꾸미기 등의 입체활동으로 나뉜다. 영아는 자신의 움직임에 따라 색과 형태가 만들어지는 것을 즐기며 결과물을 통해 성취감을 느낀다. 더불어 대근육의 움직임을 발달시키고 소근육의 미세 조절 능력이 향상시킨다. 이때 교사는 영아가 미술놀이를 통해 평면활동과 입체활동 중 한 가지 활동에 치우지지 않고 적절하게 경험할 수 있도록 해야 하며 명화, 자연풍경, 사진 등을 감상하는 과정에서 심미감을 높일 수 있어야 한다. 영아가 여러 작품을 감상하며 색, 모양, 질감 등을 느껴 볼 수 있도록 다양한 주제와 자료를 제공해야 하며 미술놀이를 통해 느껴지는 생각과 감정을 색과 형태로 표현할 수 있는 기회를 준다.

영아의 탐색 활동을 지원하기 위해서는 영아가 처음 보는 자료에 호기심을 보이면 소개하고 사용하는 방법을 보여주는 것이 좋다. 반대로 익숙하지 않은 재료를 거부하는 영아는 교사가 여유롭게 대치하며 시간을 갖고 천천히 만져보면서 친숙해질 수 있도록 해야 한다. 영아의 미술놀이를 위한 교사의 교수활동은 탐색하기, 시도 격려하기, 정서적으로 지지하기, 시범 보이기 등이다. 따라서 교사는 영아가 미술활동에 호기심을 보이고 미술활동 과정에 적극적으로 참여하며 작품에 만족감과 성취감을 느낄 수 있게 한다.

<table>
<tr><td>활 동 명</td><td colspan="2">밀가루 반죽으로 놀이해요.(만0세)</td></tr>
<tr><td>놀이경험</td><td colspan="2">부드럽고 말랑한 밀가루 반죽의 촉감을 느껴본다.
손과 발로 눌러보며 모양을 탐색한다.</td></tr>
<tr><td>기대목표</td><td colspan="2">부드럽고 말랑한 밀가루 반죽의 촉감을 느껴본다.
손과 발을 이용해 밀가루 반죽을 누를 때 생기는 변화를 탐색한다.</td></tr>
<tr><td>표준보육과정 관련 요소</td><td colspan="2">자연탐구 〉 생활 속에서 탐구하기 〉친숙한 물체를 감각으로 탐색한다.
신체운동 〉 감각과 신체 인식하기 〉 감각적 자극에 반응한다.</td></tr>
<tr><td>놀이자료</td><td colspan="2">밀가루 반죽, 그릇</td></tr>
<tr><td rowspan="2">놀이 방법</td><td>놀이 과정</td><td>교사 놀이 지원</td></tr>
<tr><td>1. 밀가루 반죽에 영아의 관심을 유도한다.
- 이게 무엇일까?
2. 영아와 함께 밀가루 반죽을 손으로 만져본다.
- 밀가루 반죽을 손으로 만져볼까?
- (손가락으로 눌러보며) 느낌이 어때? 말랑말랑 참 재미있구나!
- 손바닥을 꾸욱~손바닥 도장이 생겼네.
- (발로 누르며) 발로도 꾸욱 눌러볼까?
 </td><td>*밀가루 반죽을 미리 만들어 놓기
*반죽이 입으로 들어가지 않게 주의하기</td></tr>
<tr><td>다음 지원계획</td><td colspan="2">- 다양한 색깔의 밀가루 반죽을 만들어서 제공하기</td></tr>
<tr><td>활동평가</td><td colspan="2">- 손과 발로 반죽을 만지며 촉감을 느끼는가?</td></tr>
</table>

<table>
<tr><td>활 동 명</td><td colspan="2">헝겊 천에 끼적여요.(만0세)</td></tr>
<tr><td>놀이경험</td><td colspan="2">끼적이기 도구를 사용해본다.</td></tr>
<tr><td>기대목표</td><td colspan="2">헝겊 천의 촉감을 느껴본다.
종이에 영아용 크레용을 손으로 잡고 끼적여 본다.
단순한 미술도구로 끼적여서 나타난 형태에 관심을 가진다.</td></tr>
<tr><td>표준보육과정 관련 요소</td><td colspan="2">자연탐구 〉 생활 속에서 탐구하기 〉 친숙한 물체를 감각으로 탐색한다.
의사소통 〉 읽기와 쓰기에 관심 가지기 〉 끼적이기에 관심을 가진다.
예술경험 〉 창의적으로 표현하기 〉 감각을 통해 미술을 경험한다.</td></tr>
<tr><td>놀이자료</td><td colspan="2">헝겊 천, 영아용 무독성 크레용</td></tr>
<tr><td rowspan="2">놀이 방법</td><td>놀이 과정</td><td>교사 놀이 지원</td></tr>
<tr><td>1. 헝겊 천을 살펴보고 만져보며 탐색한다.
- 여기 커다란 헝겊 천이 있네요.
- 손으로 만져볼까?
- 이건 손으로 잡아당겨도 찢어지지 않고 튼튼하네.
- 어떤 느낌이 드니?
- 와~ 헝겊으로 ○○이 옷도 만들 수 있겠다.
- 흰색 헝겊에 그림을 그릴 수 있을까?
2. 무독성 크레용을 가까이 두고 관심을 보이면 함께 탐색한다.
- 어? 여기 크레용도 있네.
- 색깔이 예쁘구나.
- (영아의 손 윤곽선을 크레용으로 그려주며) 선생님이 우리 ○○ 손 그려줄게!

3. 영아가 끼적이며 옹알이하거나 쳐다보며 소통하려고 할 때 반응해 준다.
- (영아가 쳐다보는 것을 함께 보며) ○○야, 이거? ○○가 빨간색 크레용으로 그리니까 빨간색 선이 생겼네.
- 점도 찍고 꼭꼭 여기도 꼭꼭 저기도 꼭꼭!
- 선도 그리네! 살살 살살~~쭉쭉 쭉쭉~~

4. 영아가 관심을 다른 곳으로 돌리면 영아의 손을 물티슈로 닦아주며 존중해 준다.
- 우리 크레용을 제자리에 넣어볼까?
- 손에 크레용이 묻었을 수도 있으니 깨끗이 닦아볼까?</td><td>*교실 바닥에 펼칠 수 있는 크기의 헝겊을 준비한다.
*손에 묻지 않는 크레용을 준비한다.</td></tr>
<tr><td>다음 지원계획</td><td colspan="2">- 다양한 촉감을 가진 천을 준비한다.</td></tr>
<tr><td>활동평가</td><td colspan="2">- 크레용 사용을 잘 하는가?
- 헝겊의 촉감을 느껴 볼 수 있는가?</td></tr>
</table>

(6) 음률놀이

영아는 다양한 소리에 관심을 가지고 소리가 의미하는 것이 무엇인지 탐구하는 것을 즐거워한다. 또한 영아의 감각과 정서 발달을 위해서는 소리를 만들고 리듬을 느끼며 신체를 이용해 춤을 추는 놀이가 필수적이다. 영아는 노래 부르는 것을 좋아하며 소리를 규칙적으로 반복하는 것에서 기쁨을 느낀다. 이러한 경험을 통해 소리가 음악이 되며 음악으로 자신의 감정을 표현할 수 있음을 알게 된다.

교사는 영아가 많은 소리를 탐색하고 리듬을 느낄 수 있도록 다양한 놀잇감을 제공해야 한다. 영아가 느림과 빠름을 느낄 수 있는 노래를 들려주거나 함께 불러보면서 음악적 감각을 높이고 정서를 함양하도록 해야 한다. 이때 교사는 시판 중인 악기뿐 아니라 일상생활에서 소리가 나는 자료를 찾아 제공하는 것도 좋다. 또한 자연물에서 소리를 찾고 탐색하며 창의적으로 이용해 보는 것도 재미있는 놀이가 될 수 있다.

영아가 음률놀이를 할 때는 노래를 부르며 음악에 맞춰 몸을 흔들기 때문에 놀이하기에 충분한 공간을 제공해 줘야 한다. 교사가 영아의 음률놀이에 참여해서 악기와 사물을 두드려 보며 소리를 들어보고 소리를 만들기 위한 다양한 방법을 찾아보도록 격려하는 것이 필요하다. 음률놀이 지도를 위한 교수활동은 소리를 탐색하고 정서적으로 지원하며 시범을 보이는 것이다. 따라서 교사는 영아가 다양한 소리를 탐색하는 것을 즐기고 표현을 지속하도록 격려해야 한다.

<table>
<tr><td>활 동 명</td><td colspan="2">소리 나는 악기로 놀이해요.(만0세)</td></tr>
<tr><td>놀이경험</td><td colspan="2">악기를 흔들어서 놀이한다.</td></tr>
<tr><td>기대목표</td><td colspan="2">악기 소리를 흉내 내는 말소리를 들어본다.
간단하게 소리를 낼 수 있는 다양한 악기에 호기심을 가진다.</td></tr>
<tr><td>표준보육과정
관련 요소</td><td colspan="2">의사소통 〉 듣기와 말하기 〉 표정, 몸짓, 소리로 의사를 표현한다.
예술경험 〉 창의적으로 표현하기 〉 조리와 리듬, 노래로 표현한다.
신체운동 〉 신체활동 즐기기 〉 실내 · 외 신체활동을 즐긴다.</td></tr>
<tr><td>놀이자료</td><td colspan="2">다양한 종류의 악기(마라카스, 캐스터네츠, 탬버린, 방울벨 등)</td></tr>
<tr><td rowspan="2">놀이 방법</td><td>놀이 과정</td><td>교사 놀이 지원</td></tr>
<tr><td>1. 영아 가까이에 악기를 넣은 바구니를 놓아두고 관심을 보일 때 함께 탐색한다.
- (악기를 흔들어 소리를 내며) 무슨 소리지?
- 흔들었더니 찰찰찰, 딸랑딸랑 소리가 나네.
2. 선생님과 함께 악기를 들고 흔들어서 소리를 내본다.
- 어떤 악기를 들어볼까?
- 악기에서 무슨 소리가 날까?
3. 영아가 악기를 들고 자유롭게 흔든다.
- ○○가 마음대로 흔들어 볼까?
</td><td>*여러 종류의 소리나는 악기 (탬버린, 마라카스) 등 준비하기</td></tr>
<tr><td>다음
지원계획</td><td colspan="2">- 음악을 들으며 악기를 흔들어 본다.</td></tr>
<tr><td>활동평가</td><td colspan="2">- 악기를 손으로 잡고 흔들 수 있는가?</td></tr>
</table>

(7) 실외놀이

실외놀이는 영아의 신체발달을 위해 매일 주기적으로 이루어져야 하는 활동이다. 밖으로 나가서 다양한 자연과 마주하는 놀이인 실외놀이는 영아의 신체를 움직이게 하는 기회를 제공하며 계절, 날씨, 등 자연과 환경에 대한 탐색을 할 수 있게 한다. 교사는 기온, 황사, 미세먼지 등을 살펴보고 놀이에 적절한 시간, 횟수 등을 결정해야 한다.

실외놀이는 동적인 놀이와 정적인 놀이가 동시에 이루어질 수 있도록 준비해야 하며 자연현상에 관심을 가지고 지역사회의 다양한 구성원과 긍정적인 관계를 형성할 수 있도록 상호작용해 주는 것이 중요하다. 실외놀이는 실내놀이에 비해 영아의 안전을 위협하는 요소가 많으므로 놀이 전에는 안전과 관련된 사항을 확인하는 과정이 필요하다.

교사는 실외놀이 과정에서 다양한 신체활동을 할 수 있는 낮은 미끄럼틀, 자동차, 공, 모래놀이 등의 놀잇감을 제공해 줘야 하며, 영아가 계절과 환경의 변화를 인식할 수 있도록 상호작용을 해줘야 한다. 실외놀이를 위한 교수활동은 탐색하기, 설명해주기, 격려하기, 시범보이기 등이다. 영아가 자연을 적극적으로 탐색하여 탐구력을 기르고 대소근육 활동에 적극적으로 참여하며 실외활동을 즐길 수 있도록 해야 한다.

<table>
<tr><td>활 동 명</td><td colspan="2">산책하며 나뭇잎으로 놀이해요.(만0세)</td></tr>
<tr><td>놀이경험</td><td colspan="2">주변 자연물을 탐색한다.
나뭇잎을 만져본다.</td></tr>
<tr><td>기대목표</td><td colspan="2">산책하며 주변 자연을 감각으로 느껴본다.
나뭇잎을 흔들며 이동한다.</td></tr>
<tr><td>표준보육과정 관련 요소</td><td colspan="2">자연탐구 〉 자연과 더불어 살기 〉 날씨의 변화를 감각으로 느낀다.
신체운동 〉 신체활동 즐기기 〉 실내 · 외 신체활동을 즐긴다.
신체운동 〉 감각과 신체 인식하기 〉 감각으로 주변을 탐색한다.</td></tr>
<tr><td>놀이자료</td><td colspan="2">물티슈, 물, 구급상자, 위생봉투</td></tr>
<tr><td rowspan="2">놀이 방법</td><td>놀이 과정</td><td>교사 놀이 지원</td></tr>
<tr><td>1. 산책을 나갈 준비를 한다.
- 우리 산책 갈까?
- 옷도 입고, 신발도 신고 나가보자.
2. 나뭇잎이 있는 곳을 산책하며 떨어진 나뭇잎을 주워본다.
- 와~ 여기 나뭇잎이 떨어져 있네.
- 나뭇잎을 주워볼까?
- 나뭇잎이 초록색으로 되어 있네.
- 이 나뭇잎은 나뭇가지에 많이 붙어 있구나.
- 와. 나뭇잎을 정말 많이 주웠네.
- (나뭇잎을 흔들며) 우리가 이렇게 바람을 만들어 볼까?
- 아이, 시원해!
3. 교실로 돌아와 손을 씻는다.
- 우리 밖에 나갔다 들어왔으니까 손을 씻을까?
</td><td>*어린이집 주변 풍경 사진으로 보여주기</td></tr>
<tr><td>다음 지원계획</td><td colspan="2">- 바구니에 나뭇잎을 모아서 놀이를 한다.</td></tr>
<tr><td>활동평가</td><td colspan="2">- 떨어진 나뭇잎을 주울 수 있는가?
- 주변 자연물에 관심을 갖는가?</td></tr>
</table>

생각해봅시다

1. 영아의 일상생활에서 일과의 연속성, 규칙성, 반복성이 필요한 이유를 생각해 봅시다.

2. 영아를 위한 자유놀이를 지원하기 위해 교사가 고려해야 할 사항을 3가지 이상 제시해 봅시다.

3. 책에 제시된 자유놀이 중 1가지 영역을 선정하여 영아의 연령에 맞는 자유놀이를 계획하고 시연해 봅시다.

CHAPTER 09

2019 개정 누리과정에 기초한 유아 교수학습활동의 실제

학습목표

1. 2019 개정 누리과정에 기초한 유아교수학습활동을 제시할 수 있다.
2. 유아의 흥미와 욕구에 맞춰 대, 소집단 활동을 계획하고 실행할 수 있다.
3. 유아의 전이활동에 대해 이해하고 적용할 수 있다.

1 2019 개정 누리과정의 이해

1) 2019 개정 누리과정의 특성

2019 개정 누리과정은 3~5세 유아를 위한 국가 수준의 공통 교육과정으로 2020년 3월 1일부터 시행되었다. 2019 개정 누리과정의 성격, 인간상, 목적과 목표, 구성의 중점 내용을 제시하면 다음과 같다.

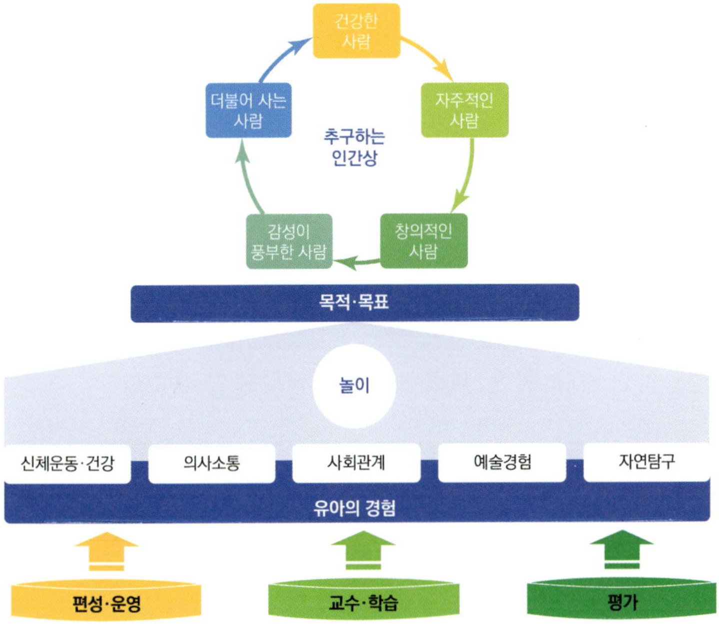

(1) 성격

첫째, 국가 수준의 공통성과 지역, 기관 및 개인 수준의 다양성을 동시에 추구한다.

둘째, 유아의 전인적 발달과 행복을 추구한다.

셋째, 유아 중심과 놀이 중심을 추구한다.

넷째, 유아의 자율성과 창의성 신장을 추구한다.

다섯째, 유아, 교사, 원장(감), 학부모 및 지역사회가 함께 실현해 가는 것을 추구한다.

(2) 인간상

누리과정은 3~5세 모든 유아에게 적용할 수 있도록 하며, 추구하는 인간상 구현을 위한 지식, 기능, 태도 및 가치를 반영하여 구성되었다.

2019 개정 누리과정에서 추구하는 인간상은 건강한 사람, 자주적인 사람, 창의적인 사람, 감성이 풍부한 사람, 더불어 사는 사람이다.

(3) 목적과 목표

2019 개정 누리과정의 목적은 유아가 놀이를 통해 심신의 건강과 조화로운 발달을 이루고 바른 인성과 민주 시민의 기초를 형성하는 데에 있다. 이를 실현하기 위한 목표는 다음과 같다(교육부, 2019).

첫째, 자신의 소중함을 알고, 건강하고 안전한 생활습관을 기른다.
둘째, 자신의 일을 스스로 해결하는 기초능력을 기른다.
셋째, 호기심과 탐구심을 가지고 상상력과 창의력을 기른다.
넷째, 일상에서 아름다움을 느끼고 문화적 감수성을 기른다.
다섯째, 사람과 자연을 존중하고 배려하며 소통하는 태도를 기른다.

(4) 구성의 중점

2019 개정 누리과정은 유아교육의 기본인 놀이를 중심으로 유아들의 배움을 지원하는 유아 놀이 중심교육과정으로 제시되었다. 신체운동·건강, 의사소통, 사회관계, 예술경험, 자연탐구의 5개 영역을 중심으로 3~5세 유아가 경험해야 할 내용을 중심으로 구성되었으며 0~2세 보육과정 및 초등학교 교육과정과의 연계성이 고려되었다. 2019 개정 누리과정 구성의 중점은 다음과 같다(교육부, 2019).

첫째, 3~5세 모든 유아에게 적용할 수 있도록 구성한다.

둘째, 추구하는 인간상 구현을 위한 지식, 기능, 태도 및 가치를 반영하여 구성한다.

셋째, 신체운동 · 건강, 의사소통, 사회관계, 예술경험, 자연탐구의 5개 영역을 중심으로 구성한다.

넷째, 3~5세 유아가 경험해야 할 내용으로 구성한다.

다섯째, 0~2세 보육과정 및 초등학교 교육과정과의 연계성을 고려하여 구성한다.

2) 영역별 목표 및 내용

2019 개정 누리과정에서는 신체운동 · 건강, 의사소통, 사회관계, 예술경험, 자연탐구의 5개 영역별 목표 및 내용으로 제시되었다.

(1) 신체운동 · 건강

신체운동 · 건강 영역은 유아가 다양한 신체활동에 즐겁게 참여하고, 청결과 위생, 즐거운 식사, 적당한 휴식을 통해 건강한 생활습관을 기르며, 일상에서 안전하게 생활하는 방법을 배우고 실천하는 내용을 다루는 영역이다. 신체운동 · 건강 영역의 목표와 내용은 다음과 같다.

① 목표

실내외에서 신체활동을 즐기고, 건강하고 안전한 생활을 한다.

1) 신체활동에 즐겁게 참여한다.
2) 건강한 생활습관을 기른다.
3) 안전한 생활습관을 기른다.

② 내용

내용 범주	내용
신체활동 즐기기	신체를 인식하고 움직인다.
	신체 움직임을 조절한다.
	기초적인 이동운동, 제자리 운동, 도구를 이용한 운동을 한다.
	실내외 신체활동에 자발적으로 참여한다.
건강하게 생활하기	자신의 몸과 주변을 깨끗이 한다.
	몸에 좋은 음식에 관심을 가지고 바른 태도로 즐겁게 먹는다.
	하루 일과에서 적당한 휴식을 취한다.
	질병을 예방하는 방법을 알고 실천한다.
안전하게 생활하기	일상에서 안전하게 놀이하고 생활한다.
	TV, 컴퓨터, 스마트폰 등을 바르게 사용한다.
	교통안전, 규칙을 지킨다.
	안전사고, 화재, 재난, 학대, 유괴 등에 대처하는 방법을 경험한다.

(2) 의사소통

의사소통 영역은 유아가 일상생활에서 다른 사람의 말이나 이야기를 듣고 말하기를 즐기며, 주변의 상징을 읽고 글자와 비슷한 형태로 써 보기에 관심을 가지며, 다양한 책과 이야기를 통해 상상하기를 즐기는 내용으로 구성되었다.

의사소통 영역의 목표와 내용은 다음과 같다.

① 목표

일상생활에 필요한 의사소통 능력과 상상력을 기른다.

1) 일상생활에서 듣고 말하기를 즐긴다.

2) 읽기와 쓰기에 관심을 가진다.
3) 책이나 이야기를 통해 상상하기를 즐긴다.

② 내용

내용 범주	내용
듣기와 말하기	말이나 이야기를 관심 있게 듣는다.
	자신의 경험, 느낌, 생각을 말한다.
	상황에 적절한 단어를 사용하여 말한다.
	상대방이 하는 이야기를 듣고 관련해서 말한다.
	바른 태도로 듣고 말한다.
	고운 말을 사용한다.
읽기와 쓰기에 관심 가지기	말과 글의 관계에 관심을 가진다.
	주변의 상징, 글자 등의 읽기에 관심을 가진다.
	자신의 생각을 글자와 비슷한 형태로 표현한다.
책과 이야기 즐기기	책에 관심을 가지고 상상하기를 즐긴다.
	동화, 동시에서 말의 재미를 느낀다.
	말놀이와 이야기 짓기를 즐긴다.

(3) 사회관계

사회관계 영역은 유아가 자신을 이해하고 존중하며, 친구와 가족 또는 다른 사람들과 사이좋게 지내며, 유아가 속한 지역사회와 우리나라, 다양한 문화에 관심을 갖는 내용으로 구성되었다. 사회관계 영역의 목표와 내용은 다음과 같다.

① 목표

자신을 존중하고 더불어 생활하는 태도를 가진다.

1) 자신을 이해하고 존중한다.
2) 다른 사람과 사이좋게 지낸다.
3) 우리가 사는 사회와 다양한 문화에 관심을 가진다.

② 내용

내용 범주	내용
나를 알고 존중하기	나를 알고 소중히 여긴다.
	나의 감정을 알고 상황에 맞게 표현한다.
	내가 할 수 있는 것을 스스로 한다.
더불어 생활하기	가족의 의미를 알고 화목하게 지낸다.
	친구와 서로 도우며 사이좋게 지낸다.
	친구와의 갈등을 긍정적인 방법으로 해결한다.
	서로 다른 감정, 생각, 행동을 존중한다.
	친구와 어른께 예의 바르게 행동한다.
	약속과 규칙의 필요성을 알고 지킨다.
사회에 관심 가지기	내가 살고 있는 곳에 대해 궁금한 것을 알아본다.
	우리나라에 대해 자부심을 가진다.
	다양한 문화에 관심을 가진다.

(4) 예술경험

예술경험 영역은 유아가 자연, 생활, 예술에서 아름다움을 느끼고, 음악, 움직임과 춤, 미술, 극놀이 등의 예술에서 자신의 느낌과 생각을 창의적으로 표현하는 과정을 즐기며, 다양한 예술 작품을 감상하며 다른 사람의 예술 표현을 존중하는 내용으로 구성되었다. 예술경험 영역의 목표와 내용은 다음과 같다.

① 목표

아름다움과 예술에 관심을 가지고 창의적 표현을 즐긴다.

1) 자연과 생활 및 예술에서 아름다움을 느낀다.
2) 예술을 통해 창의적으로 표현하는 과정을 즐긴다.
3) 다양한 예술 표현을 존중한다.

② 내용

내용 범주	내용
아름다움 찾아보기	자연과 생활에서 아름다움을 느끼고 즐긴다.
	예술적 요소에 관심을 갖고 찾아본다.
창의적으로 표현하기	노래를 즐겨 부른다.
	신체, 사물, 악기로 간단한 소리와 리듬을 만들어 본다.
	신체나 도구를 활용하여 움직임과 춤으로 자유롭게 표현한다.
	다양한 미술 재료와 도구로 자신의 생각과 느낌을 표현한다.
	극놀이로 경험이나 이야기를 표현한다.
예술 감상하기	다양한 예술을 감상하며 상상하기를 즐긴다.
	서로 다른 예술 표현을 존중한다.
	우리나라 전통 예술에 관심을 갖고 친숙해진다.

(5) 자연탐구

자연탐구 영역은 유아가 호기심을 가지고 궁금한 것을 적극적으로 탐구하는 과정을 즐기며, 생활 속의 문제를 수학적, 과학적으로 탐구해 보면서, 생명과 자연환경을 존중하는 내용으로 구성되었다. 자연탐구 영역의 목표와 내용은 다음과 같다.

① 목표

탐구하는 과정을 즐기고, 자연과 더불어 살아가는 태도를 가진다.

1) 일상에서 호기심을 가지고 탐구하는 과정을 즐긴다.
2) 생활 속의 문제를 수학적, 과학적으로 탐구한다.
3) 생명과 자연을 존중한다.

② 내용

내용 범주	내용
탐구과정 즐기기	주변 세계와 자연에 대해 지속적으로 호기심을 가진다.
	궁금한 것을 탐구하는 과정에 즐겁게 참여한다.
	탐구과정에서 서로 다른 생각에 관심을 가진다.
생활 속에서 탐구하기	물체의 특성과 변화를 여러 가지 방법으로 탐색한다.
	물체를 세어 수량을 알아본다.
	물체의 위치와 방향, 모양을 알고 구별한다.
	일상에서 길이, 무게 등의 속성을 비교한다.
	주변에서 반복되는 규칙을 찾는다.
	일상에서 모은 자료를 기준에 따라 분류한다.
	도구와 기계에 대해 관심을 가진다.
자연과 더불어 살기	주변의 동식물에 관심을 가진다.
	생명과 자연환경을 소중히 지킨다.
	날씨와 계절의 변화를 생활과 관련 짓는다.

2 유아 교수학습활동의 실제

1) 유아의 자유놀이

개정 누리과정에서 일과는 놀이와 일상생활을 포함하여 다양한 활동들로 구성되는데 특별히 '놀이'를 중심으로 일과를 편성할 것을 권장하고 있다. 유아들은 주도적인 놀이 경험을 통해 놀이에 자율적으로 참여하고 즐거움을 느끼며 다양한 놀이를 경험하게 된다. 교사는 유아의 흥미에 따라 놀이에 자유롭게 참여하고 즐길 수 있도록 유아의 흥미나 수준을 잘 고려하고 유아가 다양한 놀이를 경험할 수 있도록 적절하고 풍부한 환경을 제공해 주어야 한다. 특히 교사가 미리 예상하고 계획한 놀이지원 방식과 달라지더라도 유아들이 결정한 자료나 놀이방식을 지지하고 활용하는 유연한 태도를 가져야 한다.

(1) 유아의 실내자유놀이

유아의 실내자유놀이는 언어활동, 수 · 조작활동, 역할 · 쌓기활동, 과학활동, 미술활동, 음률활동 등이 있다. 실내자유놀이는 유아와 교사가 가장 활발하게 활동하는 시간이라고 볼 수 있다. 유아의 능동적이며 자발적인 참여에 따라 다양한 학습이 이루어지게 된다. 이때 교사는 유아의 흥미, 수준, 생활주제에 맞는 다양한 활동을 계획하고 적절한 놀이환경을 준비해 줘야 한다.

① 언어활동

언어활동은 유아가 듣기, 말하기, 읽기, 쓰기와 관련된 활동을 하는 것이다. 교사는 언어활동과 관련된 교구를 제시하여 표현력과 의사소통 능력을 촉진하는 환경을 구성해 줘야 한다. 듣기 활동을 위한 교사의 지원은 듣기 태도와 습관을 바르게 형성할 수 있도록 하는 것이다. 유아의 말하기 활동은 자신의 견해를 나누고 감정을 표현하며 의도를 설명하는 것을 연습하는 것으로 다른 사람들과 의사소통을 원활하게 할 수 있도록 지도해야 한다. 읽기 활동을 위한 지원은 유아가 읽기에 관심을 가지게 하고 책을 통해 정보를 찾아보면서 책 읽는 습관을 길러주는 것이다. 읽기 영역에는 유아의 의견을 반영한 다양한 책을 제공하는 것이 좋다. 쓰기활동은 유아가 글자를 인식하고 자신의 생각을 글자와 그림으로 나타내는 것에 흥미를 갖게 하는 것이다.

<table>
<tr><td>활 동 명</td><td colspan="2">글자 만들기</td></tr>
<tr><td>놀이경험</td><td colspan="2">아이들이 모르는 글자를 스스로 써 보려고 하는 모습을 보였다. 선생님께 질문을 하고 친구들에게 물어보며 글자를 쓰려고 하는 아이들이 많이 있어서 자음, 모음 카드와 단어 카드를 활용하여 놀이를 시작하였다.</td></tr>
<tr><td>기대목표</td><td colspan="2">우리 주변의 다양한 글자에 관심을 갖고 자음과 모음이 모여서 글자가 된다는 것을 안다.</td></tr>
<tr><td>놀이자료</td><td colspan="2">자음 글자 칩, 모음 글자 칩, 단어 카드</td></tr>
<tr><td>누리과정 관련 요소</td><td colspan="2">의사소통 〉 읽기와 쓰기에 관심 가지기 〉 말과 글의 관계에 관심을 가진다.</td></tr>
<tr><td rowspan="3">놀이 방법</td><td>놀이 과정</td><td>교사 놀이 지원</td></tr>
<tr><td>1. 글자에 대해 이야기 나눈다.
- 우리가 말없이 생활할 수 있을까요?
- 만약에 목소리가 나오지 않는다면 의사소통을 어떻게 할 수 있을까요?
- 글자가 무엇일까요?
2. 자음과 모음에 대해 이야기 나눈다.
- 글자는 어떻게 만들까요?
- 자음이 뭘까요?
- 모음이 뭘까요?
3. 단어 만들기를 해본다.
- 이곳에 많은 자음과 모음 칩이 있어요.
- 자음과 모음을 분류해 볼까요?
- 우리 이름을 한번 만들어 볼까요?
- 또 어떤 글자를 만들어 보고 싶나요?
  </td><td>*자음 글자 칩
*모음 글자 칩
*단어 카드</td></tr>
<tr><td>4. 글자를 만들어 본 느낌에 대해 이야기 나눈다.
- 글자 만들기를 해보니 어땠어요?
- 만들어보고 싶은 글자가 생겼어요?</td><td></td></tr>
<tr><td>다음 지원계획</td><td colspan="2">- 신체 활동으로 몸으로 글자 만들기 놀이를 한다.
- 자연물을 이용하여 글자를 만들어 본다.</td></tr>
<tr><td>활동평가</td><td colspan="2">- 자음과 모음을 알고 있는가?
- 자음과 모음을 활용하여 원하는 단어를 만들 수 있는가?</td></tr>
</table>

② 수 · 조작활동

수 · 조작활동은 일상생활 속 수학적 개념을 자연스럽게 수학적 지식과 추론활동으로 발전시키는 활동이다. 유아가 일상생활에서 접하는 모든 경험이 수 · 조작 활동과 연관되므로 교사는 일상생활과 관련된 자료를 제공해 주는 것이 좋다. 수 · 조작활동은 유아가 충분한 탐색을 할 수 있는 정돈되고 편안한 공간을 제공해 줘야 한다. 조작적 놀이환경을 제공해 줘야 하며, 유아가 놀이하는 형태가 반복될 때는 복잡한 놀이로 발전될 수 있도록 단계적 지도를 해야 한다. 더불어 유아의 탐색 활동을 관찰하여 수학적 용어로 표현해 줘야 하며, 유아의 행동을 관찰한 것을 가지고 다음 활동을 계획해야 한다.

<table>
<tr><td>활 동 명</td><td colspan="2">덧셈 뺄셈을 해요.</td></tr>
<tr><td>놀이경험</td><td colspan="2">두 수의 합과 차에 대해 놀이를 통해 알아보았다.
게임을 하며 더하기 빼기를 해본다.</td></tr>
<tr><td>기대목표</td><td colspan="2">두 수가 만나면 큰 수가 될 수 있고 작은 수가 될 수도 있음을 안다.</td></tr>
<tr><td>놀이자료</td><td colspan="2">숫자판, 숫자 주사위, 기호 주사위, 카드 칩</td></tr>
<tr><td>누리과정 관련 요소</td><td colspan="2">신체운동 건강 〉 신체 활동 즐기기 〉 신체를 인식하고 움직인다.
자연탐구 〉 생활 속에서 탐구하기 〉 물체를 세어 수량을 알아본다.</td></tr>
<tr><td rowspan="2">놀이 방법</td><td>놀이 과정</td><td>교사 놀이 지원</td></tr>
<tr><td>1. 수를 보며 이야기 나눈다.
- 여기에 쓰여 있는 것은 무엇일까요?
- 어떤 숫자들이 있나요?
2. 덧셈과 뺄셈에 대해 이야기 나눈다.
- 덧셈(뺄셈)이 무엇일까요?
- 덧셈이나 뺄셈을 할 수 있나요?
3. 놀이 방법을 이야기하며 교사와 함께 해본다.
- OO가 숫자 주사위를 던져 볼까요?
- 숫자가 몇이 나왔나요?
- △△가 기호 주사위를 던져 볼까요?
- 어떤 기호가 나왔나요?
- 3과 4를 더하면 몇일까요?
- 카드 칩을 들고 있는 친구들은 답을 찾아서 칩을 올려 볼까요?
4. 유아들끼리 놀이를 한다.

5. 놀이를 통한 마무리 평가를 한다.
- 친구들과 게임을 하면서 덧셈 뺄셈을 해보니 어땠나요?</td><td>*활동판과 주사위 준비하기</td></tr>
<tr><td>다음 지원계획</td><td colspan="2">- 연산 관련하여 보드게임을 제공해 줄 수 있다.</td></tr>
<tr><td>활동평가</td><td colspan="2">- 친구들과 정해진 순서에 따라 함께 도우며 게임을 할 수 있는가?
- 덧셈과 뺄셈을 할 수 있는가?</td></tr>
</table>

③ 역할 · 쌓기활동

역할 · 쌓기활동은 블록과 소품 등 다양한 놀잇감을 활용한 놀이가 이루어지는 활동이다. 유아는 역할 · 쌓기활동에서 자신의 주변에서 쉽게 볼 수 있는 물건, 사람 등을 활용한 구성놀이를 계획하고 발전시킬 수 있다. 이때 교사는 유아의 역할 · 쌓기활동을 관찰하고 언어적, 비언어적 방법으로 자연스러운 상호작용을 해줘야 한다. 또한 유아는 역할 · 쌓기활동에서 또래와 많은 상호작용을 하게 된다. 이처럼 또래와 활발한 상호작용이 이루어지게 되면 소통하는 방법을 익히게 되고 협동의 기술을 향상시켜 사회성이 발달된다.

<table>
<tr><td>활 동 명</td><td colspan="2">우리 동네 만들기</td></tr>
<tr><td>놀이경험</td><td colspan="2">아이들이 살고 있는 동네에 대해 지도를 살펴보고 이야기 나누고 직접 둘러보며 우리 동네에 있으면 좋은 건물이나 집에까지 가는 길에 관심을 보인다. 교실에 있는 모든 도구를 활용하여 구성놀이를 한다.</td></tr>
<tr><td>기대목표</td><td colspan="2">우리 동네에 있는 이웃에 관심을 갖고 자유롭게 구성을 한다.</td></tr>
<tr><td>놀이자료</td><td colspan="2">마을 사진 자료, 다양한 블록, 소품, 교실에 있는 모든 자료</td></tr>
<tr><td>누리과정
관련 요소</td><td colspan="2">사회관계 〉 사회에 관심 가지기 〉 내가 살고 있는 곳에 대해 궁금한 것을 알아본다.
자연탐구 〉 탐구과정 즐기기 〉 탐구과정에서 서로 다른 생각에 관심을 가진다.</td></tr>
<tr><td rowspan="2">놀이 방법</td><td>놀이 과정</td><td>교사 놀이 지원</td></tr>
<tr><td>1. 우리 동네에 대해 이야기 나눈다.
- 우리 동네의 이름은 무엇이지요?
- 우리 동네에는 어떤 건물이 있지요?
- 가장 기억에 남는 장소는 어디일까요?
- 내가 원하는 마을은 어떤 모습을 하고 있을까요?
2. 우리가 살고 싶은 마을을 구성해 본다.
- 마을을 어떻게 만들면 좋을까요?
- 우리 교실에는 무엇이 있어요?
- 교실에 있는 모든 재료를 통해 우리가 원하는 마을을 만들어 볼 수 있을까요?
- 친구들과 협력하여 마을을 만들어 보기로 하자.

3. 활동을 회상하며 이야기 나눈다.
- 완성한 마을을 살펴볼까요?
- 우리가 원하는 마을이 완성이 되었나요?
- 우리가 완성한 마을을 어떻게 기억하면 좋을까요?
- 더 만들고 싶은 부분은 없었어요?</td><td>*마을 사진 자료
*다양한 블록
*소품
*교실에 있는 모든 자료</td></tr>
<tr><td>다음
지원계획</td><td colspan="2">- 교실 전체를 마을로 구성하여 극놀이를 표현해 본다.</td></tr>
<tr><td>활동평가</td><td colspan="2">- 교실에 있는 물건을 적절히 사용하였는가?
- 우리 동네를 유아들이 생각한 대로 의견을 모아 잘 구성하였는가?</td></tr>
</table>

④ 미술활동

미술활동은 유아가 미적인 요소에 관심을 가지고 심미적 태도와 창의성을 길러주기 위한 활동이다. 교사는 유아의 일상생활과 주변 환경에서 예술적 요소를 탐색하게 해야 하며 자연, 사물, 작품을 감상하고 표현하는 과정을 즐길 수 있도록 지도해야 한다. 재활용품을 활용한 작품을 만들어 볼 수 있도록 하는 것도 좋다. 또한 유아의 작품을 보고 막연하게 "잘했다, 예쁘다, 최고야." 등의 칭찬을 해주는 것이 아닌 얼굴 표정과 몸짓을 통해 수용과 긍정적인 의미를 전달해야 하며 유아가 미술활동 과정에서 보인 기법, 방법, 기술 등을 구체적으로 설명하여 격려해야 한다.

<table>
<tr><td>활 동 명</td><td colspan="2">재활용품으로 만든 자동차</td></tr>
<tr><td>놀이경험</td><td colspan="2">매일 다양한 재활용품을 활용하여 미술 놀이를 하던 아이들이 교통기관의 주제로 수업이 진행되자 주제에 맞는 놀잇감을 만드는 모습을 보였다. 다양한 박스까지 제공을 하니 아이들이 자동차에 관심을 갖고 직접 자동차를 만들며 놀이를 하였다.</td></tr>
<tr><td>기대목표</td><td colspan="2">다양한 재료를 사용하여 자동차를 만든다.</td></tr>
<tr><td>놀이자료</td><td colspan="2">박스, 재활용품(접시, 요플레 병, 우유갑, 휴지 심, 병뚜껑 등), 색종이, 가위, 풀, 본드(접착제), 색칠 도구(사인펜, 색연필, 매직, 네임펜) 등</td></tr>
<tr><td>누리과정 관련 요소</td><td colspan="2">예술경험 〉 창의적으로 표현하기 〉 다양한 미술 재료와 도구로 자신의 생각과 느낌을 표현한다.</td></tr>
<tr><td rowspan="2">놀이 방법</td><td>놀이 과정</td><td>교사 놀이 지원</td></tr>
<tr><td>1. 자동차에 대해 이야기 나눈다.
- 우리가 가장 많이 이용하는 교통기관은 무엇일까요?
- 내가 좋아하는 자동차는 무엇일까요?
- 만약에 자동차를 만든다면 어떤 자동차를 만들고 싶어요?
2. 만들고 싶은 자동차에 대해 이야기 나눈다.
- 자동차를 만들려면 무엇이 필요할까요?
- 어떤 모양의 자동차를 만들지 생각해 볼까요?
3. 재활용품을 활용하여 자동차를 만든다.
- 교실에 있는 다양한 재료를 활용하여 자동차를 만들어 볼까요?

4. 완성된 자동차를 보며 이야기 나눈다.
- 내가 만든 자동차를 친구들에게 소개해 볼까요?
- 자동차는 어떻게 전시하면 좋을까요?
- 자동차를 활용하여 할 수 있는 활동이 있을까요?</td><td>*박스
*재활용품 (접시, 요플레 병, 우유갑, 휴지 심, 병뚜껑 등)
*색종이
*가위
*풀
*본드(접착제)
*색칠도구 (사인펜, 색연필, 매직, 네임펜)</td></tr>
<tr><td>다음 지원계획</td><td colspan="2">- 교실에 주차장을 만들고 아이들이 만든 자동차를 역할놀이에서 놀이하며 주차까지 함께 해본다.
- 친구들과 함께 자동차 극장을 구성한다.</td></tr>
<tr><td>활동평가</td><td colspan="2">- 다양한 재활용품을 활용하여 만들기를 하는가?
- 자동차의 구조를 알고 창의적으로 재구성하여 나만의 자동차를 만드는가?</td></tr>
</table>

(2) 유아의 실외자유놀이

유아의 실외자유놀이는 신체활동, 자연탐구활동, 물 · 모래활동, 목공놀이활동, 휴식 등이 있다. 실외자유놀이는 유아가 활발하게 움직이며 탐색하는 놀이활동으로 풍부한 경험을 제공해 주며 놀이를 확장시킨다. 이때 교사는 유아의 안전을 위해 감독할 수 있는 활동을 계획해야 하며 풍부한 학습의 기회를 가질 수 있는 놀이환경을 준비해 줘야 한다.

① 신체활동

유아의 신체활동은 운동기능 발달, 바른 자세 형성에 기초가 되며 스스로 몸을 움직이고 조절하는 신체에 대한 자아존중감을 형성하는 활동이다. 다른 놀이에 비해 많은 공간이 필요하므로 넓고 자유로운 곳에 배치해야 한다. 유아를 위한 놀이기구는 신체발달에 적합한 기구여야 한다. 또한 놀이기구를 사용할 때 발생할 수 있는 다양한 문제상황을 해결하기 위한 방법에 대해 미리 이야기 나누는 것이 필요하다. 유아에게 약속, 차례, 타협, 양보 등의 개념을 안내하고 신체활동 과정에서 나타나는 문제를 해결하면서 사회적 기술을 익힐 수 있도록 지도한다.

활 동 명	사방치기를 해요.	
놀이경험	우리나라 전통 놀이에 대해 알아보며 놀이한다.	
기대목표	사방치기 놀이에 즐겁게 참여한다. 협응력과 균형을 기른다.	
놀이자료	사방치기 판, 말, 마스킹 테이프	
누리과정 관련 요소	사회관계 〉 사회에 관심 가지기 〉 내가 살고 있는 곳에 대해 궁금한 것을 알아보기 신체운동 〉 신체활동 즐기기 〉 신체 움직임을 조절한다.	
놀이 방법	놀이 과정	교사 놀이 지원
	1. 사방치기의 경험을 이야기 나눈다. - 사방치기라는 말을 들어본 적이 있나요? - 사방치기란 무엇일까요? - 직접 해본 적이 있나요? 2. 사방치기 판을 보며 놀이 방법을 이야기 나눈다. - 이 판을 본 적이 있나요? - 놀이 방법을 알고 있나요? (놀이 방법) * 1번 칸에 말을 던진다. * 숫자가 쓰인 순서대로 사방치기 판 위를 한발 또는 두발로 건너간다. * 4번과 5번, 7번과 8번은 함께 밟고, 2번, 3번, 6번은 한 발로 밟는다. * 돌아올 때는 1번에 던져 놓은 말을 가지고 돌아온다. 3. 유아들과 함께 놀이를 한다.   4. 활동을 회상하며 이야기 나눈다. - 친구와 사방치기를 해보니 어땠나요? - 더 재미있게 할 수 있는 다른 방법도 있을까요?	*사방치기 판 만들기
다음 지원계획	- 친구들과 팀을 나누어 함께 놀이하기	
활동평가	- 한 발로 움직일 때 넘어지지 않고 중심을 잘 잡는가? - 놀이방법을 잘 이해하고 놀이를 하는가?	

② 자연탐구활동

자연탐구활동은 유아가 다양한 동식물을 탐색하는 활동을 통해 자연에 대한 이해를 높이는 활동이다. 자연물을 활용한 활동을 통해 자연친화력을 기르고 계절, 날씨와 같은 자연의 변화를 이해하게 된다. 또한 동물을 직접 키워보면서 동물을 사랑하는 마음을 갖게 되고 책임감을 기르게 되며, 식물을 길러보면서 식물의 성장 과정을 관찰하고 식물을 기르는 방법을 알게 된다. 교사는 유아가 키우는 동식물의 이름을 기록해 주거나 성장 과정을 기록할 수 있도록 안내해야 한다. 동식물을 키우기 위한 규칙을 스스로 정하고 지키는 경험을 통해 자율성과 책임감을 동시에 기를 수 있도록 지도한다.

활 동 명	자연물 소꿉놀이	
놀이경험	바깥놀이를 하며 찾은 자연물로 할 수 있는 다양한 놀이에 대해 알아보았다. 바깥에 있는 다양한 자연물을 이용하여 놀이를 시작했다.	
기대목표	자연물로 할 수 있는 놀이를 알아보며 소꿉놀이를 한다.	
놀이자료	다양한 자연물, 소꿉놀이 도구(칼, 도마, 그릇, 접시, 절구 등)	
누리과정 관련 요소	자연탐구 〉 탐구과정 즐기기 〉 주변 세계와 자연에 대해 지속적으로 호기심을 가진다. 예술경험 〉 창의적으로 표현하기 〉 극놀이로 경험이나 이야기를 표현한다. 자연탐구 〉 자연과 더불어 살기 〉 생명과 자연환경을 소중히 지킨다.	
놀이 방법	놀이 과정	교사 놀이 지원
	1. 자연물을 보며 이야기 나눈다. - 우리 앞에 있는 것이 무엇일까요? - 어디에서 가지고 왔어요? - 어떤 자연물이 있는지 살펴볼까요? 2. 자연물로 할 수 있는 놀이에 대해 이야기 나눈다. - 자연물로 놀이를 해본 적이 있어요? - 어떤 놀이를 해보았어요? 3. 자연물을 이용하여 소꿉놀이를 계획해본다. - 자연물을 이용해서 소꿉놀이를 하려면 무엇이 필요할까요? - 어디에서 놀이를 하면 좋을까요? 4. 자연물 소꿉놀이를 한다. - 자연물을 절구에 넣으니 변하가 생겼구나. - 이렇게 만든 것은 어떻게 하면 좋을까요?  5. 놀이를 통한 마무리 평가를 한다. - 자연물로 놀이를 하니 어땠어요? - 다음에는 자연물로 무엇을 해보고 싶어요?	*다양한 자연물 *소꿉놀이 도구 (갈, 도미, 그릇, 접시, 절구 등)
다음 지원계획	- 자연물을 이용하여 그림 그리기를 해본다.	
활동평가	- 다양한 자연물을 활용하여 놀이를 하는가? - 도구를 안전하게 사용하고 있는가?	

③ 물 · 모래활동

물 · 모래활동은 물과 모래를 가지고 다양한 놀이를 하는 활동으로 유아가 성취감과 정서적 안정감을 가질 수 있도록 한다. 이때 유아는 물 · 모래 외에도 다양한 놀잇감을 활용해서 다양한 주제를 가진 놀이로 확장시킬 수 있다. 따라서 교사는 유아가 과학적 실험을 할 수 있도록 다양한 물리적 특성을 가진 놀잇감을 함께 제시해 주는 것이 좋다. 물 · 모래활동은 햇빛이 잘 들고 배수가 용이한 장소에서 할 수 있도록 해야 한다. 모래는 이물질이 들어가지 않도록 깨끗하게 관리해야 하며 최소한 1년에 한 번은 세척 및 소독을 해주는 것이 좋다.

<table>
<tr><td>활 동 명</td><td colspan="2">세차하기</td></tr>
<tr><td>놀이경험</td><td colspan="2">교통기관에 대해 수업이 진행되면서 놀이 시간에 자동차에 대한 경험을 이야기 하였다. 자동차의 다양한 경험에 대해 이야기 하던 중 세차에 관심을 갖았고, 바깥 놀이를 하는 도중에 세차 도구를 챙기며 놀이를 시작했다.</td></tr>
<tr><td>기대목표</td><td colspan="2">자동차를 세차하며 즐거움을 느끼고, 친구와 협력할 수 있다.</td></tr>
<tr><td>놀이자료</td><td colspan="2">자동차, 세제, 스펀지, 대야, 물</td></tr>
<tr><td>누리과정 관련 요소</td><td colspan="2">사회관계 〉 더불어 생활하기 〉 친구와 서로 도우며 사이좋게 지낸다.
자연탐구 〉 탐구과정 즐기기 〉 궁금한 것을 탐구하는 과정에서 즐겁게 참여한다.
예술경험 〉 창의적으로 표현하기 〉 신체나 도구를 활용하여 움직임과 춤으로 자유롭게 표현한다.</td></tr>
<tr><td rowspan="2">놀이 방법</td><td>놀이 과정</td><td>교사 놀이 지원</td></tr>
<tr><td>1. 세차에 필요한 도구와 방법에 대해 이야기 나눈다.
- 세차를 할 때 필요한 것은 무엇이 있을까요?
- 세차를 할 때 조심할 부분이 있을까요?(안전교육)
2. 유아들과 함께 세차놀이를 한다.
- 우리 같이 세차를 해볼까요?

3. 세차를 마무리 한 후 이야기 나눈다.
- 세차놀이를 하니 기분이 어땠어요?
- 세차를 하면서 새롭게 알게 된 점이 있나요?
- 다음엔 또 어떤 놀이를 하고 싶어요?</td><td>*자동차
*세제
*스펀지
*대야
*물</td></tr>
<tr><td>다음 지원계획</td><td colspan="2">- 세차를 하면서 즐거웠던 유아들은 장난감을 하나둘씩 가지고 와서 옆에서 닦기 시작했다. 그러면서 교실에 있는 장난감들도 닦고 싶다고 제안을 하여 닦고 싶은 교구를 선정하여 닦아보기로 하였다.</td></tr>
<tr><td>활동평가</td><td colspan="2">- 세제와 물을 안전하게 사용하여 놀이하는가?
- 친구와 함께 협력해서 활동하는가?</td></tr>
</table>

<table>
<tr><td>활 동 명</td><td colspan="2">캠핑놀이를 해요</td></tr>
<tr><td>놀이경험</td><td colspan="2">날씨가 선선해지면서 캠핑을 다녀오는 친구들이 생겨났다. 친구들과 캠핑 다녀온 이야기를 나누면서 캠핑놀이에 많은 관심이 생겨났고, 놀이도구를 만들어 놀기 시작했다.</td></tr>
<tr><td>기대목표</td><td colspan="2">야외에서 자연을 느끼며 직접 만들어서 꾸민 캠핑장에서 즐거운 놀이를 한다.</td></tr>
<tr><td>놀이자료</td><td colspan="2">캠핑텐트, 다양한 캠핑놀이 도구들</td></tr>
<tr><td>누리과정 관련 요소</td><td colspan="2">예술경험 〉 창의적으로 표현하기 〉 극놀이로 경험이나 이야기를 표현한다.
사회관계 〉 더불어 생활하기 〉 친구와 서로 도우며 사이좋게 지낸다.</td></tr>
<tr><td rowspan="2">놀이 방법</td><td>놀이 과정</td><td>교사 놀이 지원</td></tr>
<tr><td>1. 캠핑을 다녀온 경험에 대해 이야기 나눈다.
- 캠핑을 가본 적이 있나요?
- 누구와 함께 갔었나요?
- 캠핑을 가서 무엇을 했었나요?
2. 우리가 캠핑놀이를 한다면 무엇이 필요할까?
- 캠핑을 갈 때 어떤 준비물을 챙겨서 갔었나요?
- 캠핑을 갔을 때 했던 것 중 어떤 일이 기억에 남나요?
- 맛있게 먹었던 음식이 있었나요?
- 캠핑에서 어떻게 해야 안전하게 놀 수 있을까요?
3. 캠핑놀이를 하기 위해 필요한 준비물을 의논해서 준비한다.
- 우리가 캠핑놀이를 한다면 어떤 것들이 필요할까요?
- 우리가 만들 수 있는 것은 무엇이 있을까요?
4. 캠핑놀이를 진행한다.
- 텐트 설치하기, 음식 만들기, 친구들과 이야기 나누기 등

5. 캠핑놀이를 마무리하며 소감을 이야기 나눈다.
- 친구들과 함께 캠핑을 하니 어땠나요?
- 캠핑놀이를 하면서 더 필요하다고 느낀 것은 무엇인가요?</td><td>*캠핑 텐트
*다양한 캠핑놀이 도구들</td></tr>
<tr><td>다음 지원계획</td><td colspan="2">- 우리가 만든 캠핑장에 필요한 물건들을 직접 만들어서 캠핑장을 계속 꾸미고 교실 안팎으로 확장하여 놀이를 할 수 있도록 다양한 재료들을 제공해 주며, 필요한 장소를 통합시켜 주는 등 유아들의 요청에 따라 필요한 것을 함께 준비한다.</td></tr>
<tr><td>활동평가</td><td colspan="2">- 자연을 느끼며 즐겁게 캠핑놀이에 참여하는가?
- 친구와 협력하여 놀이하는가?</td></tr>
</table>

2) 대·소집단 활동

활동은 유아가 놀이를 통한 배움을 확장해 갈 수 있도록 돕는 교사의 지원으로 유아의 흥미와 욕구, 의도를 고려하고 놀이 맥락 안에서 계획을 실행하는 것이다. 교사는 유아가 주도하는 놀이를 지원하기 위해 필요에 따라 활동을 계획하여 운영할 수 있으며, 유아가 주도하는 놀이의 내용과 연계하여 유아가 놀이 속에서 즐겁게 배울 수 있도록 지원하는 것이 매우 중요하다. 즉, 대·소집단 활동은 놀이와 연계된 놀이지원으로서 교육적 가치가 있는 다양한 활동으로 유아의 현재 흥미나 놀이의 흐름과 관련이 되는 이야기 나누기, 노래, 요리, 동화, 게임 등을 말한다.

교사는 활동을 지원할 때에는 유아의 흥미나 수준을 잘 고려하여 적절한 활동지원이 이루어질 수 있도록 하며, 미리 계획한 활동을 모두 해야 한다거나 정해진 순서대로 일과를 운영해야 한다는 부담을 내려놓고 유아가 주도하는 놀이의 흐름에 따라 융통성 있게 일과를 운영하는 것이 매우 중요함을 인식하고 반영해야 한다.

(1) 이야기 나누기

이야기 나누기는 교사와 유아가 언어적으로 상호작용하는 것으로 다른 사람의 이야기를 듣고 자신의 의견을 표현하게 된다. 이야기 나누기 시간은 교사와 유아가 함께 일과를 계획하거나 가족과 경험한 것을 나누기도 하고 주제에 관련된 개념을 학습한다. 더 넓은 의미로는 교사와 유아 간에 이루어지는 모든 상호작용을 이야기 나누기로 지칭하기도 한다 (허미애, 2013).

① 이야기 나누기의 교육적 효과

이야기 나누기는 다양한 언어적 상호작용이 이루어지는 시간으로 자신의 생각, 느낌 등을 친구들 앞에서 발표해 보면서 자신감과 언어적 표현력을 높일 수 있고 다른 사람의 이야기를 경청하는 태도가 증진된다. 또한 집단의 일원이라는 소속감과 안정감을 느끼고 집단 공동의 경험과 지식을 공유하기도 한다. 이야기 나누기 주제에 따라 여러 다양한 개념을 학습할 수 있고 학습한 내용을 정리하거나 종합하는 능력을 길러준다. 유아는 이야기 나누기 활동을 통해 자신과 다른 사람의 생각이 다를 수 있음을 이해하며 타인과의 의견을 조정하면서 문제해결능력을 높인다. 더불어 자신의 의도와 계획을 이야기하며 다른 사람의 반응을 관찰하고 이를 기초로 자신의 계획을 수정하는 융통성이 높아진다.

② 이야기 나누기의 교수학습원리

첫째, 집단의 크기를 고려해야 한다. 이야기 나누기 특성에 따라 집단의 크기를 달리해야 한다. 반 전체 유아가 함께 결정하거나 공지해야 하는 내용은 대집단으로, 지식을 나누거나 토의가 필요한 내용은 소집단으로 하는 것이 효율적이다.

둘째, 주의집중 시간을 고려해야 한다. 유아의 연령, 흥미, 주제 등을 고려해서 시간을 조절한다. 이야기 나누기 중간에 동적인 활동, 노래 부르기, 목소리 조절하기 등의 기술을 적용해서 집중력을 높일 수 있도록 해야 한다.

셋째, 다양한 학습자료를 준비한다. 활발한 언어적 상호작용을 위해서는 주제와 관련된 다양한 교수매체를 활용해야 한다. 그림, 사진, 비디오, 인형, 실물 등 다양한 시청각 자료를 활용해야 한다.

넷째, 활동목표와 관련된 다양한 질문을 한다. 주제와 관련된 개념, 정보 습득을 위한 질문을 통해 유아의 사고를 확장시켜야 한다. 또한 교사는 유아에게 '예/아니요'로 답할 수 있는 질문만을 하기보다 깊은 사고를 할 수 있는 질문을 혼합해서 활용해야 한다. 질문에 대한 답을 재촉하기보다 생각할 수 있는 충분한 시간을 제공해야 한다.

<table>
<tr><td>활 동 명</td><td colspan="2">우리 가족을 소개합니다.</td></tr>
<tr><td>놀이경험</td><td colspan="2">아이들이 엄마, 아빠 역할 놀이를 하면서 친구들의 가족에 관심을 갖는 모습을 보였다. 다양한 방법으로 가족의 구성원에 관심을 갖고 소개를 하였다.</td></tr>
<tr><td>기대목표</td><td colspan="2">다양한 가족의 구성원에 대해 안다.</td></tr>
<tr><td>놀이자료</td><td colspan="2">역할 놀이 하는 모습의 사진, 가족의 구성원 그림, 아이들의 가족사진</td></tr>
<tr><td>누리과정 관련 요소</td><td colspan="2">사회관계 〉 더불어 생활하기 〉 가족의 의미를 알고 화목하게 지낸다.
의사소통 〉 듣기와 말하기 〉 자신의 경험, 느낌, 생각을 말한다.</td></tr>
<tr><td rowspan="2">놀이 방법</td><td>놀이 과정</td><td>교사 놀이 지원</td></tr>
<tr><td>1. 가족의 구성원에 대해 이야기 나눈다.
- 이 사진은 무엇일까요?
- 친구들이 어떤 놀이를 하고 있는 걸까요?
- 역할놀이를 하면서 어떤 역할을 하였나요?
- 이 친구들의 가족은 누가 있을까요?
2. 아이들의 가족사진을 보며 구성원을 소개한다.
- 이 사진은 누구의 가족사진일까요?
- 사진 속의 주인공이 나와서 가족을 소개해 볼까요?

3. 활동을 회상하며 이야기 나눈다.
- 친구들의 가족 구성원은 모두 같았나요?
- 우리 모두의 가족 구성원이 다 다르구나.
- 친구들이 가족을 소개할 때 궁금한 것이 있으면 질문해 볼까요?</td><td>*역할놀이 하는 모습의 사진
*가족의 구성원 그림
*아이들의 가족사진</td></tr>
<tr><td>다음 지원계획</td><td colspan="2">- 아이들의 가족사진으로 액자 만들기를 한다.</td></tr>
<tr><td>활동평가</td><td colspan="2">- 가족의 구성원을 소개를 할 수 있는가?</td></tr>
</table>

<table>
<tr><td>활 동 명</td><td colspan="2">유치원 돌아보기</td></tr>
<tr><td>놀이경험</td><td colspan="2">신학기에 유치원을 입학하면 아이들은 새로운 공간에 관심을 가진다.
유치원의 다양한 장소를 돌아보며 무엇이 있는지 보았다.</td></tr>
<tr><td>기대목표</td><td colspan="2">유치원에 관심을 갖고 각각의 장소를 안다.</td></tr>
<tr><td>놀이자료</td><td colspan="2">유치원 사진</td></tr>
<tr><td>누리과정 관련 요소</td><td colspan="2">신체운동 건강 〉 안전하게 생활하기 〉 일상생활에서 안전하게 놀이하고 생활한다.
의사소통 〉 듣기와 말하기 〉 말이나 이야기를 관심 있게 듣는다.</td></tr>
<tr><td rowspan="2">놀이 방법</td><td>놀이 과정</td><td>교사 놀이 지원</td></tr>
<tr><td>1. 유치원에 대해 이야기 나눈다.
- 이곳은 어디일까요?
- 유치원에는 무엇이 있을까요?
- 교실에서는 무엇을 할 수 있을까요?
- 화장실은 어디에 있을까요?
- 강당은 무엇을 하는 곳일까요?
2. 유치원을 둘러보기 전 사진으로 먼저 살펴본다.
- 우리가 직접 유치원을 보기 전에 사진으로 먼저 알아볼까요?
- 이곳은 어디에 있을까요?
- 여기에 있는 사람은 누구일까요?
3. 유치원을 둘러보기 전 규칙에 대해 이야기 나눈다.
- 우리가 유치원을 돌아볼 때 어떤 약속이 필요할까요?
- 계단을 올라가고 내려올 때는 어떻게 하면 좋을까요?
- 교실에 들어가서는 무엇을 하면 좋을까요?
4. 아이들과 함께 유치원 둘러본다.

5. 유치원을 둘러 본 느낌에 대해 이야기 나눈다.
- 유치원을 둘러보니 어떤 생각이 들었나요?
- 둘러보면서 궁금했던 것을 말해볼까요?</td><td>*유치원 교실 사진</td></tr>
<tr><td>다음 지원계획</td><td colspan="2">- 우리 교실에 있는 다양한 교구들과 교실 물건들을 살펴보고 규칙을 만들어 본다.</td></tr>
<tr><td>활동평가</td><td colspan="2">- 우리 유치원에 시설에 관심을 갖고 장소와 용도를 아는가?</td></tr>
</table>

(2) 문학활동

문학활동은 동화 들려주기, 동극하기, 동시 감상하기 등이 있다. 동화는 유아의 흥미를 끌며 글과 그림을 구분하게 하고 동화에 담긴 의미를 이해할 수 있게 한다. 동극은 유아가 동화를 듣고 동화를 토대로 극을 만드는 것으로 표현력을 기르고 상상력과 성취감을 높일 수 있다. 동시는 운율이 있는 함축적인 글로 리듬감을 익힐 수 있고 정서를 풍요롭게 한다. 문학활동은 교사가 들려주고 따라 읽어보거나 직접 창작해 보는 활동으로 진행할 수 있다.

① 문학활동의 교육적 효과

유아는 동화를 듣거나 보면서 즐거움을 느낀다. 동화 속 주인공에 공감하거나 재미있는 표현 방법을 즐기며 동화에 대한 긍정적인 태도를 가진다. 동화의 주제가 유아가 생활하면서 발생하는 문제와 갈등을 해결할 수 있도록 돕고 자신감과 용기를 얻게 한다.

동극을 하는 과정에서 유아는 역할표현과 상황표현이 풍성해지고 타인에 대한 이해 능력이 향상된다. 동극을 하기 위해 동화를 듣고 재구성하여 대사, 동작, 표정으로 표현해 보며 의사소통 능력이 발달한다. 또한 유아가 함께 모여서 동극 역할을 정하고 무대장치를 만들어보는 경험을 통해 사회적 가치를 배우며 감상하는 태도를 기른다.

좋은 동시를 감상한다는 것은 유아에게 언어를 통한 재미를 느끼게 하고 감동을 준다. 유아는 운율을 통해 리듬감을 느끼고 비유적 표현, 함축된 표현을 통해 감수성이 자극된다. 동시를 여러 번 듣고 반복하면서 단어에 집중하게 되고 기억력을 높인다.

② 문학활동의 교수학습원리

첫째, 다양한 동화를 균형 있게 제시한다. 좋은 동화를 제공해 주는 것도 중요하지만 다양한 동화를 균형 있게 즐길 수 있도록 해야 한다. 시대, 내용, 형식 등에서 다양한 동화를 제공해 주면 동화에 대한 친밀감이 높아지고 감정표현과 정서발달에 도움이 된다.

둘째, 다양한 전달매체를 활용한다. 동일한 내용의 동화지만 제시하는 방법을 새롭게 하면 색다른 즐거움을 느끼게 된다. 구연동화, 플래시 동화, 그림책, 그림자 동화 등을 활용할 수 있다.

셋째, 동화를 듣고 다양한 방법으로 확장할 수 있다. 동화의 주제와 이야기를 활용한 다양한 활동을 진행한다. 단순히 동화책을 읽고 끝나는 것이 아닌 극놀이, 언어, 조형, 수·과학 등 다양한 활동으로 확장하며 상상력, 창의력을 기를 수 있도록 한다.

넷째, 일상생활과 관련 있는 동시를 선택한다. 유아를 위한 동시는 재미있는 의성어, 의태어가 있고 일상생활의 주제를 가진 동시를 선택하는 것이 좋다. 유아가 동시의 일부분을 바꿔 자신만의 동시를 만들어 보는 활동은 유아의 언어감각을 향상시킨다.

<table>
<tr><td>활 동 명</td><td colspan="2">동시감상</td></tr>
<tr><td>놀이경험</td><td colspan="2">점심시간에 반찬으로 나온 김치에 대해 서로 이야기하는 모습을 보여 다양한 김치에 대해 알아보기로 하였다.</td></tr>
<tr><td>기대목표</td><td colspan="2">우리나라의 전통 음식인 김치에 관심을 갖는다.
동시를 감상한 후 느낌과 생각을 표현한다.</td></tr>
<tr><td>놀이자료</td><td colspan="2">동시판 - 김치악당, 여러 가지 종류의 김치사진 자료</td></tr>
<tr><td>누리과정 관련 요소</td><td colspan="2">의사소통 〉 책과 이야기 즐기기 〉 동화, 동시에서 말의 재미를 느낀다.
의사소통 〉 듣기와 말하기 〉 자신의 경험, 느낌, 생각을 말한다.</td></tr>
<tr><td rowspan="2">놀이 방법</td><td>놀이 과정</td><td>교사 놀이 지원</td></tr>
<tr><td>1. 김치에 관해 이야기 나눈다.
- 우리가 알고 있는 김치는 어떤 김치가 있나요?
- 김치를 먹어 본 느낌을 말해 볼까요?
- 어떤 김치를 좋아하나요?
2. ‘김치악당’ 동시를 소개한다.
- ‘김치’에 관한 동시가 있는데 어떤 동시인지 함께 감상해 볼까요?
3. 동시의 내용에 관해 이야기 나눈다.
- 동시의 제목이 무엇이었나요?
- 왜 김치악당이라고 제목을 지었을까요?
- 동시를 들으면서 어떤 장면이 떠올랐나요?
- 어떤 부분이 가장 기억에 남았나요?
- 그 이유는 무엇인가요?
4. 다양한 방법으로 동시를 읊어본다.
- 동시를 재미있게 읊는 방법이 있을까요?
- 우리 친구와 한 소절씩 나누어 읊어보면 어떨까요?
- 동시에 맞는 동작을 만들어 보면 어떨까요?
- 우리가 만든 동작을 하며 동시를 읊어볼까요?

5. 활동을 마무리한 후 평가한다.
- ‘김치악당’ 동시를 감상해 보니 어땠나요?
- 동시의 어떤 부분이 기억에 남았나요?</td><td>〈동시〉
김치악당
밥 먹을
때마다
밥상에
쳐들어와요
빨간 혀를
날름거려요
퀴퀴한 냄새를
풍겨요
김치악당이에요
매운 맛 좀
볼래?
나를 놀려요
매운 맛 좀
봐라!
내가
물리쳐야겠어요
우걱우걱
씹어요</td></tr>
<tr><td>다음 지원계획</td><td>- ‘김치악당’ 동시를 감상한 후 질문을 만들고 친구들과 토론한다.
- 식사시간에 동시를 한번 읊어보고 김치를 물리쳐볼 수 있도록 연계한다.
- 요리 시간에 김치를 직접 담가보는 활동을 한다.</td><td rowspan="2"></td></tr>
<tr><td>활동평가</td><td>- 동시에서 말의 재미를 느끼는가?
- 상대방이 하는 이야기를 듣고 관련해서 말하는가?</td></tr>
</table>

<table>
<tr><td>활 동 명</td><td colspan="2">의좋은 형제(동화듣기)</td></tr>
<tr><td>놀이경험</td><td colspan="2">친구들끼리 역할 놀이를 하면서 서로 언니, 오빠를 하고 싶어 하는 모습을 보였다. 가족 간에 있는 다양한 역할을 이야기하며 형제 관계에 더욱 관심을 갖도록 구성하였다.</td></tr>
<tr><td>기대목표</td><td colspan="2">형제의 우애에 대해 안다.
동화를 감상한 후 생각과 느낌을 이야기로 표현한다.</td></tr>
<tr><td>놀이자료</td><td colspan="2">동화</td></tr>
<tr><td>누리과정 관련 요소</td><td colspan="2">의사소통 〉 듣기와 말하기 〉 자신의 경험, 느낌, 생각을 말한다.
의사소통 〉 책과 이야기 즐기기 〉 동화, 동시에서 말의 재미를 느낀다.
사회관계 〉 더불어 생활하기 〉 가족의 의미를 알고 화목하게 지낸다.</td></tr>
<tr><td rowspan="2">놀이 방법</td><td>놀이 과정</td><td>교사 놀이 지원</td></tr>
<tr><td>1. 형제에 대해 이야기 나눈다.
- 동생이나 형, 언니, 오빠가 있는 친구들이 있나요?
- 동생(형, 언니, 오빠)과 어떨 때 좋나요?
- 싫고 미울 때도 있나요?
- 왜 형제들끼리 다양한 감정을 느낄까요?
2. 동화의 표지를 보며 내용을 생각한다.
- 동화의 표지에 어떤 그림이 그려져 있나요?
- 어떤 내용의 동화일까요?
- 그렇게 생각한 이유는 무엇일까요?
- 제목을 함께 읽어 볼까요?
3. 동화를 감상한다.
- 동화를 감상하기 전에 지켜야 할 약속은 무엇일까요?
- 동화의 내용을 함께 들어보기로 해요.

4. 동화를 회상하며 느낌과 생각을 이야기 나눈다.
- 동화를 들으면서 궁금한 점은 없었나요?
- 동화에서 볏가리라는 단어가 나왔는데 혹시 볏가리가 무엇일까요?
- 또 궁금한 점은 없었나요?
5. 활동을 회상하며 마무리한다.
- 동화를 듣고 나니 어떤 생각이 들었나요?
- 나는 동생이나 형님에게 어떤 사람이었을까요?</td><td>*의좋은 형제 동화</td></tr>
<tr><td>다음 지원계획</td><td colspan="2">- 언어 영역에 형제와 함께 하고 싶은 놀이를 책으로 만들어 본다.</td></tr>
<tr><td>활동평가</td><td colspan="2">- 동화를 듣고 자신의 경험, 느낌, 생각을 말하는가?
- 형제의 우애에 관심을 갖는가?</td></tr>
</table>

(3) 게임활동

게임활동은 두 명 이상의 유아가 목표 달성의 목적을 가지고 경쟁에 참여하는 놀이활동이다. 일정한 규칙에 따라 활동이 진행되며 유아는 자신의 능력을 최대한 발휘해서 이기려고 노력하게 된다. 게임활동은 경쟁과 협력의 구조를 가지므로 교사가 게임의 평가 기준을 명확히 제시하고 공정한 태도를 가지는 것이 중요하다. 유아는 게임을 통해 규칙을 이해하고 승패를 즐기게 되며 즐거움과 성취감을 얻게 된다.

① 게임활동의 교육적 효과

게임은 흥미로운 활동으로 유아의 자발적 참여를 이끈다. 유아는 게임활동을 하는 과정에서 인지적, 사회적 기술을 익히며 단순하고 복잡한 개념을 이해하게 된다. 게임을 하면서 경쟁적 욕구를 가지게 되고 구성원들 간의 모방의 기회를 얻기도 한다. 이러한 자발성은 개인의 성장과 발달을 돕는다. 게임활동에 참여하는 유아는 상대방의 의견을 수렴하고 소통하며 이기기 위한 전략을 사용하기도 한다. 정해진 규칙에 따라 질서를 지키는 경험은 사회성 발달, 도덕성 발달에 긍정적인 영향을 미친다. 게임 내용에는 수, 모양, 색깔, 위치, 공간 등의 개념이 포함되어 있어 논리적 사고력이 발달하게 되며 문제해결력이 높아진다.

② 게임활동의 교수학습원리

첫째, 게임의 목표와 유형을 명확하게 정의해야 한다. 같은 게임활동이라도 목표와 유형에 따라 자료의 수준, 내용이 변경되어야 하고 유아의 인지발달, 신체발달에 적합한 게임활동을 계획해야 한다.

둘째, 게임의 방법을 안내하고 협의해야 한다. 게임을 하기 전 게임의 이름과 방법을 안내해야 한다. 또한 게임을 진행할 때 발생할 수 있는 문제 상황을 미리 탐색하고 이와 관련된 게임의 방법과 규칙을 유아들과 함께 협의하는 것이 좋다.

셋째, 안전사고에 대비한다. 게임이 진행되는 동안 유아가 지나치게 흥분하거나 혼란스러움을 경험할 때는 게임을 잠시 중단하고 규칙을 다시 상기시키며 분위기를 전환한 후에 다시 진행하는 것이 좋다. 게임 중에 안전사고가 발생했을 때는 게임을 즉시 중단하고 안전 상태를 확인해야 한다.

<table>
<tr><td>활 동 명</td><td colspan="2">컬링 하기</td></tr>
<tr><td>놀이경험</td><td colspan="2">추운 겨울에 눈이 온 후 눈이 얼어서 얼음이 된 곳에서 미끄러지듯 놀이하는 모습을 보았다. 얼음 위에서 할 수 있는 놀이를 찾아보고 아이들과 직접 할 수 있는 놀이를 구성하였다.</td></tr>
<tr><td>기대목표</td><td colspan="2">신체를 움직여 컬링을 한다.
규칙에 맞춰 활동에 참여하며 규칙성 및 사회성을 기른다.</td></tr>
<tr><td>놀이자료</td><td colspan="2">컬링 영상, 컬링 점수판, 컬링스톤</td></tr>
<tr><td>누리과정 관련 요소</td><td colspan="2">신체운동 건강 〉 신체 활동 즐기기 〉 실내외 신체활동에 자발적으로 참여한다.
사회관계 〉 더불어 생활하기 〉 약속과 규칙의 필요성을 알고 지킨다.</td></tr>
<tr><td rowspan="2">놀이 방법</td><td>놀이 과정</td><td>교사 놀이 지원</td></tr>
<tr><td>1. 컬링에 대해 이야기 나눈다.
- 얼음 위에서 할 수 있는 놀이는 무엇이 있을까요?
- 컬링이라는 말을 들어본 적이 있나요?
- 영상을 보면서 컬링에 대해 알아볼까요?
- 컬링 영상을 보니 어떻게 하는 놀이 같나요?
- 컬링을 하기 위해서 무엇이 필요할까요?
2. 게임 방법과 지켜야 할 약속을 정한다.
- 어떻게 게임을 할까요?
- 스톤은 어디에 놓고 시작을 할까요?
- 게임을 할 때 어떤 약속이 필요할까요?
- 함께 게임을 해보기로 해요.
〈게임 방법〉
* 유아 한 명씩 출발선으로 나온다.
* 점수판에 스톤이 도착할 수 있도록 속도를 조절하여 민다.
* 스톤이 도착한 곳의 점수를 확인한다.
* 모든 스톤이 도착한 점수를 합하여 승부를 가린다.
3. 게임을 한다.

4. 활동을 회상하며 이야기 나눈다.
- 친구들과 함께 컬링을 해보니 어땠나요?
- 게임을 하면서 어려웠던 점(즐거웠던 점)은 무엇이 있었나요?</td><td>*컬링 영상 준비하기
*점수판 준비하기
*컬링 스톤</td></tr>
<tr><td>다음 지원계획</td><td colspan="2">- 직접 얼음판에서 컬링을 해본다.</td></tr>
<tr><td>활동평가</td><td colspan="2">- 유아들이 규칙을 잘 지켰는가?
- 게임을 즐겁게 자발적으로 참여를 하였는가?</td></tr>
</table>

(4) 신체표현활동

신체표현활동은 유아가 움직임의 기본 요소를 인식하고 운동능력을 기르는 활동으로 자신의 느낌과 생각을 창의적인 방법으로 표현할 수 있도록 돕는다. 이와 같은 활동은 신체 움직임을 조절하고 복잡한 운동능력으로 발전되는 신체 발달의 기초를 마련할 뿐만 아니라 자신의 주변 세계를 이해하고 자유와 즐거움을 느끼는 인지적 · 사회적 · 정서적 발달에도 긍정적인 영향을 미친다. 따라서 신체표현활동은 유아의 전인적 발달을 도모할 수 있다.

① 신체표현활동의 교육적 효과

신체표현활동은 유아의 기초체력과 운동능력을 높이며 심신의 조화로운 발달을 돕는다. 또한 자신의 몸을 자발적이며 능동적으로 움직이는 신체표현활동은 정서적 안정감을 준다. 신체표현활동은 노래, 악기, 극놀이 등의 활동과 통합될 수 있다. 유아가 음악에 맞춰 신체를 창의적으로 표현하게 되면 표현의 자유를 즐기게 되고 창의성과 상상력을 높일 수 있다.

② 신체표현활동의 교수학습원리

첫째, 신체적 접근에서 창의적 활동으로 확장해야 한다. 신체표현활동 초기 단계에는 신체적 동작을 활용한 방법으로 접근하는 것이 좋고 점차 활동에 익숙해지면 창의적으로 표현할 수 있도록 하는 것이 바람직하다.

둘째, 신체표현활동에 필요한 자료를 제시한다. 유아의 섬세한 표현을 자극하기 위해서 다양한 소품을 제공하는 것이 좋다. 교사가 유아의 신체표현을 지원하기 위해서는 벽면에 배경그림이나 사진을 제시하거나 노래를 틀어주며 흥미를 유발하고 신체표현활동 내용을 구체화하여 풍부하게 표현할 수 있도록 해야 한다.

<table>
<tr><td>활 동 명</td><td colspan="2">매트 구르기</td></tr>
<tr><td>놀이경험</td><td colspan="2">매트 위에서 다양한 놀이를 한다.</td></tr>
<tr><td>기대목표</td><td colspan="2">매트에서 구르기를 할 수 있다.</td></tr>
<tr><td>놀이자료</td><td colspan="2">매트, 음악</td></tr>
<tr><td>누리과정 관련 요소</td><td colspan="2">신체운동 건강 〉 신체활동 즐기기 〉 신체를 인식하고 움직인다.
예술경험 〉 예술 감상하기 〉 서로 다른 예술 표현을 존중한다.</td></tr>
<tr><td rowspan="2">놀이 방법</td><td>놀이 과정</td><td>교사 놀이 지원</td></tr>
<tr><td>1. 매트를 보며 이야기 나눈다.
- 선생님 앞에 있는 것은 무엇일까요?
- 매트에서 놀이를 해본 적이 있나요?
- 매트에서 어떤 놀이를 할 수 있을까요?
2. 유아들이 말한 다양한 방법으로 구르기를 해본다.
- 매트에서 어떤 방법으로 구르기를 할 수 있을까요?
- 어떤 자세로 구르기를 해볼까요?
- 음악을 틀어 놓고 구르기를 해볼까요?
- 친구와 손잡고 한께 굴러볼까요?

3. 활동을 마무리하고 평가한다.
- 매트에서 구르기를 하니 어땠나요?
- 혼자 구르기를 할 때와 친구 손을 잡고 구르기를 할 때 어떻게 달랐나요?
- 다음에는 매트에서 또 어떤 놀이를 해볼까요?</td><td>*매트와 음악 준비</td></tr>
<tr><td>다음 지원계획</td><td colspan="2">- 매트에서 뜀틀 넘기를 해본다.</td></tr>
<tr><td>활동평가</td><td colspan="2">- 매트 위를 굴러가는가?
- 스스로 구르기를 할 수 있는가?</td></tr>
</table>

(5) 요리활동

요리활동은 유아에게 즐거움을 주고 다양한 교육적 의미를 주는 통합적인 활동이다. 재료를 자르고, 끓이고, 섞고, 찌는 과정은 재료의 특성과 변화를 이해할 수 있게 한다. 또한 수 세기, 양, 도형, 측정하기, 협응력, 언어, 예술 등 다양한 영역과 연계하여 제공할 수 있다. 그 외에도 음식 재료를 만지고, 맛보고, 냄새 맡는 등 오감각을 활용한 탐색을 할 수 있고 식습관 지도와 올바른 식사 예절 배우기에도 효과적이다.

① 요리활동의 교육적 효과

요리활동은 유아가 매우 흥미를 보이는 활동이다. 교사가 생활주제와 절기에 맞는 요리를 선정해 요리활동을 실시한다면 유아의 인지발달과 정서발달에 긍정적인 영향을 준다. 또래와 협력하는 요리 활동은 사회성을 발달시키며 의사소통하고 협동하는 기술을 배우게 한다. 음식 재료를 섞고 따르는 활동을 통해 소근육과 눈과 손의 협응력이 발달된다. 또한 컵과 스푼으로 양을 측정하면서 측정 도구와 개념을 익힐 수 있고 음식의 색, 냄새, 크기가 변화하는 것을 실험해 볼 수도 있다. 이처럼 요리활동은 유아에게 직접적이고 구체적인 정보를 제공해 줄 수 있고 다양한 영역과 관련되어 통합적인 활동으로 확장할 수 있다.

② 요리활동의 교수학습원리

첫째, 놀이와 일상경험을 확장 시킬 수 있는 요리를 선정해야 한다. 교사는 유아의 일상 또는 놀이와 관련된 요리를 계획해야 한다. 계절적 특성과 유아의 사전경험을 통합한 요리 또는 팝콘, 아이스크림과 같은 재료의 변화가 두드러지는 요리를 선정하는 것이 좋다.

둘째, 청결과 안전에 주의해야 한다. 요리활동은 무엇보다 청결과 안전이 중요하다. 요리활동 전에 손을 씻고 앞치마를 입게 해야 하며, 안전에 대한 주의사항에 대해 반복적으로 이야기 나눠야 한다.

셋째, 요리순서표를 제작한다. 유아가 요리 방법을 이해할 수 있는 요리순서표를 제시해야 한다. 그림과 단어를 활용한 요리순서표를 보고 요리활동에 적극적으로 참여할 수 있도록 격려해야 한다.

넷째, 완성한 요리를 직접 먹어보고 평가하며 즐거움을 느낀다. 요리가 완성된 후 음식을 관찰하고 먹어볼 수 있도록 한다. 처음 재료와 비교해서 변화된 것을 설명해 볼 수 있도록 한다. 음식의 맛을 느끼고 만족감을 형성할 수 있도록 하며 올바른 식습관을 형성할 수 있도록 격려한다.

<table>
<tr><td>활 동 명</td><td colspan="2">내 얼굴 만들기</td></tr>
<tr><td>놀이경험</td><td colspan="2">거울을 보며 자신의 얼굴을 관찰해 보았다.
거울을 보며 자신의 얼굴을 그려보기도 하고 놀잇감으로 만들기도 해보았다.</td></tr>
<tr><td>기대목표</td><td colspan="2">자신을 소중히 여기고 다양한 재료를 활용하여 표현을 즐긴다.</td></tr>
<tr><td>놀이자료</td><td colspan="2">거울, 식빵, 과자, 젤리, 초콜릿, 딸기잼, 그릇, 숟가락</td></tr>
<tr><td>누리과정 관련 요소</td><td colspan="2">의사소통 〉 듣기와 말하기 〉 말이나 이야기를 관심 있게 듣는다.
예술경험 〉 예술 감상하기 〉 서로 다른 예술 표현을 존중한다.
자연탐구 〉 탐구과정 즐기기 〉 궁금한 것을 탐구하는 과정에 즐겁게 참여한다.</td></tr>
<tr><td rowspan="2">놀이 방법</td><td>놀이 과정</td><td>교사 놀이 지원</td></tr>
<tr><td>1. 내 얼굴을 관찰해본다.
- 우리의 얼굴을 자세히 보기 위해서는 무엇이 필요할까요?
- 거울로 얼굴을 자세히 관찰해 본 적이 있나요?
- 내 얼굴은 어떻게 생겼나요?
- 내 얼굴을 기억하기 위해 어떤 방법이 있을까요?
(사진 찍기, 그림 그리기, 만들기 등등)
2. 요리 활동을 통한 얼굴 만들기에 대해 이야기 나눈다.
- 음식으로도 우리 얼굴을 만들 수 있을까요?
- 무엇이 필요할까요?
- 요리를 할 때 약속은 무엇이 있을까요?
3. 요리 활동을 한다.
- 앞에 있는 재료를 이용하여 내 얼굴을 만들어 볼까요?
〈활동 방법〉
* 식빵을 준비한다.
* 준비된 재료를 식빵 위에 올려서 구성을 한다.
* 잼을 이용하여 재료를 식빵에 고정시킨다.

4. 요리한 음식을 먹으며 활동을 마무리한다.
- 완성한 내 얼굴을 살펴볼까요?
- 친구들에게 내가 만든 작품인 얼굴의 표정과 기분을 소개해 볼까요?
- 직접 음식을 이용해서 얼굴을 만들어 보니 기분이 어땠나요?</td><td>*유아 얼굴 사진
*거울
*식빵
*과자
*젤리
*초콜릿
*딸기잼
*그릇
*숟가락</td></tr>
<tr><td>다음 지원계획</td><td colspan="2">- 미술 영역에서 종이접시를 활용하여 얼굴 만들기를 하고 그 얼굴을 활용하여 역할영역에서 극놀이를 한다.</td></tr>
<tr><td>활동평가</td><td colspan="2">- 도구를 안전하게 사용하는가?
- 내 얼굴의 형태와 표정을 잘 관찰하며 만들 수 있는가?</td></tr>
</table>

<table>
<tr><td>활 동 명</td><td colspan="2">김장 담그기</td></tr>
<tr><td>놀이경험</td><td colspan="2">“오늘은 우리 집 김장하는 날” 동화를 듣고 김장하는 방법에 대해 알아보았다.</td></tr>
<tr><td>기대목표</td><td colspan="2">김장의 의미를 알고 김장김치를 담근다.</td></tr>
<tr><td>놀이자료</td><td colspan="2">김치 만들기 영상, 김치 만들기 재료, 김장매트, 앞치마, 비닐장갑, 고무줄, 머릿수건 등</td></tr>
<tr><td>누리과정 관련 요소</td><td colspan="2">사회관계 〉 더불어 생활하기 〉 약속과 규칙의 필요성을 알고 지킨다.
자연탐구 〉 생활 속에서 탐구하기 〉 물체의 특성과 변화를 여러 가지 방법으로 탐색한다.
신체운동 · 건강 〉 건강하게 생활하기 〉 몸에 좋은 음식에 관심을 가지고 바른 태도로 즐겁게 먹는다.</td></tr>
<tr><td rowspan="2">놀이 방법</td><td>놀이 과정</td><td>교사 놀이 지원</td></tr>
<tr><td>1. 텃밭의 배추에 대해 이야기 나눠본다.
- 텃밭에 자라고 있는 배추를 보았나요?
- 배추로 어떤 요리를 할 수 있을까요?

2. 우리나라의 전통문화 ‘김장’에 대해 알아본다.
- 김장이라는 말을 들어 보았니요?
- 김장은 왜 하는 것일까요?
- 김장하기 위해 무엇이 필요할까요?
3. 요리 방법 및 주의할 점을 알아본다.
- 김장김치 담그는 방법을 알아보자.
- 김장을 할 때 고춧가루는 맵기 때문에 맨손으로 만지면 아프니까 꼭 장갑을 끼도록 해야 해요.
- 혹시 눈이 간지럽거나, 눈에 이물질이 들어가면 절대 손으로 만지지 말고 선생님을 불러주세요.
4. 김장을 해본다.
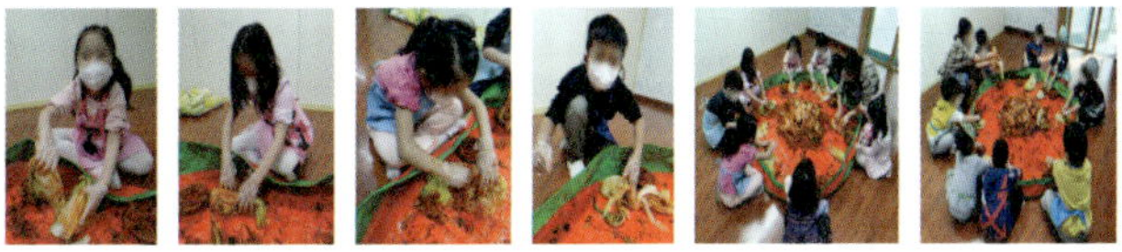
5. 내가 만든 김치를 먹어본다.
- 김장을 하면서 어떤 기분이 들었나요?
- 내가 만든 김치를 먹어보니 맛이 어때요?</td><td>*김장하는 법 영상 보여주기
*비닐장갑 끼워주기
*김장 재료</td></tr>
<tr><td>다음 지원계획</td><td colspan="2">- 소금에 절인 배추 관찰하기</td></tr>
<tr><td>활동평가</td><td colspan="2">- 김장의 의미에 대해 알았는가?
- 김장 활동에 즐겁게 참여했는가?</td></tr>
</table>

(6) 견학활동

견학활동은 유아가 주변에서 일어나는 현상을 직접적으로 경험하는 활동으로 주변 세계 및 문화를 의미 있게 경험하는 능동적 탐색을 의미한다. 공원 산책하기 등과 같이 특별한 목적 없이 자연을 즐기고 경험하기도 하며 지역사회의 명소 방문하기, 부모의 직장 탐방하기, 박물관 견학하기 등과 같이 특별한 목적을 가지고 이루어지기도 한다. 견학활동은 견학 전, 견학, 견학 후 활동으로 나누어 진행한다.

① 견학활동의 교육적 효과

견학활동은 유아의 흥미를 유발시키고 자발성을 유도하여 탐구심과 호기심을 자극하고 과학적 문제해결방법을 터득하게 한다. 도보 견학은 실외놀이터나 공원 등을 걸어다니며 자연을 감상하고 탐색하는 것이다. 소그룹 견학은 유아의 흥미와 관심이 다르거나 특별한 조사 목적이 있을 때 활용한다. 사회 탐구를 위한 견학은 우체국, 도서관, 시장, 미술관 등 특정한 주제와 관련된 장소에서 견학하는 것으로 직접적이고 구체적인 정보를 얻을 수 있고 사회적 기술과 태도를 습득하는데 도움이 된다.

② 견학활동의 교수학습원리

첫째, 생활주제와 관련된 장소를 정해야 한다. 학습활동이 주제와 연계되었는지를 확인하고 유아가 방문하기에 안전한지 살펴야 한다. 또한 유아의 흥미와 발달 수준에 적합한 곳인지를 고려해야 한다.

둘째, 사전답사를 진행한다. 현장학습 장소가 사전 승낙을 받아야 하는 곳이라면 공문을 보내 허락을 받아야 하며 사전답사를 통해 교통, 경로, 휴식 공간, 화장실 위치 등을 점검해야 한다.

셋째, 사전활동, 본활동, 사후활동을 진행한다. 사전활동은 유아에게 방문지를 소개하고 활동 목표, 사전경험, 사진 등을 보며 이야기 나눈다. 본활동은 유아가 충분히 탐색할 수 있도록 격려하고 수시로 인원을 점검하며 안전에 주의해야 한다. 사후활동에서는 유아가 느끼고 체험한 것을 이야기 나누며 창의적인 표현으로 확장시키고 가정연계 활동을 해야 한다.

<table>
<tr><td>활 동 명</td><td colspan="2">봄에 볼 수 있는 곤충 찾기</td></tr>
<tr><td>놀이경험</td><td colspan="2">바깥놀이를 하다 발견한 곤충에 관심을 갖는 모습을 보였다.
봄에 볼 수 있는 곤충에 관한 책도 읽으며 찾아보고 바깥놀이 시간에 곤충을 찾아보는 놀이를 시작했다.</td></tr>
<tr><td>기대목표</td><td colspan="2">봄에 볼 수 있는 곤충을 알아보고 찾아서 관찰한다.</td></tr>
<tr><td>놀이자료</td><td colspan="2">돋보기, 구급약, 도구(채집통, 장갑, 그릇, 접시 등)</td></tr>
<tr><td>누리과정 관련 요소</td><td colspan="2">자연탐구 〉 자연과 더불어 살기 〉 주변의 동식물에 관심을 가진다.
신체운동 건강 〉 신체활동 즐기기 〉 신체 움직임을 조절한다.</td></tr>
<tr><td rowspan="2">놀이 방법</td><td>놀이 과정</td><td>교사 놀이 지원</td></tr>
<tr><td>1. ‘찾았다, 만졌다, 마당의 벌레’ 동화책의 내용을 회상해 본다.
- 지난 시간에 어떤 동화책을 보았나요?
- 동화책에서 어떤 곤충들이 나왔나요?
- 공벌레는 왜 이름이 공벌레일까요?
- 우리 주변에서 본 곤충이나 벌레는 무엇이 있었나요?
2. 곤충을 관찰할 때 지켜야 할 약속에 대해 이야기 나눈다.
- 곤충을 관찰할 때 어떤 점을 조심해야 할까요?
- 우리가 만지지 말아야 하는 곤충도 있을까요?
- 관찰을 다 한 후에는 곤충을 어떻게 하면 좋을까요?
3. 바깥놀이를 나가서 다양한 곤충을 찾아본다.
- 이제 밖으로 나가서 곤충을 찾아볼까요?
- 지렁이가 어디에 있었나요?
- 공벌레는 정말 만지면 공처럼 변하나요?
- 관찰이 끝났으면 다시 자연으로 보내줄까요?

4. 놀이를 마무리 한 후 느낀 점에 대해 이야기 나눈다.
- 어떤 곤충을 찾았었나요?
- 곤충을 관찰하면서 새롭게 알게 된 점이 있었나요?</td><td>*돋보기
*구급약
*도구
(채집통, 장갑, 그릇, 접시 등)</td></tr>
<tr><td>다음 지원계획</td><td colspan="2">- 언어 영역에서 내가 찾은 곤충 책을 만들 수 있다.</td></tr>
<tr><td>활동평가</td><td colspan="2">- 유치원 주변을 주의 깊게 관찰하며 곤충을 찾는가?
- 곤충을 조심해서 관찰을 하는가?</td></tr>
</table>

<table>
<tr><td>활 동 명</td><td colspan="2">감자 수확하기</td></tr>
<tr><td>놀이경험</td><td colspan="2">점심시간에 먹는 음식에 대해 이야기하면서 음식이 어떻게 만들어지는지 관심을 갖게 되었다. 마침 감자를 수확하는 시기가 다가와 아이들과 함께 감자에 대해 이야기하고 관찰하고 알아보며 감자 수확 활동을 하였다.</td></tr>
<tr><td>기대목표</td><td colspan="2">감자의 성장과정을 이해하고 수확하는 방법을 안다.</td></tr>
<tr><td>놀이자료</td><td colspan="2">호미, 바구니</td></tr>
<tr><td>누리과정
관련 요소</td><td colspan="2">자연탐구 〉 자연과 더불어 살기 〉 주변의 동식물에 관심을 가진다.
자연탐구 〉 탐구과정 즐기기 〉 궁금한 것을 탐구하는 과정에 즐겁게 참여한다.</td></tr>
<tr><td rowspan="2">놀이 방법</td><td>놀이 과정</td><td>교사 놀이 지원</td></tr>
<tr><td>1. 감자에 대해 이야기 나눈다.
- 감자는 어떻게 자랄까요?
- 감자에도 꽃이 필까요?
2. 감자 수확 방법에 대해 이야기 나눈다.
- 감자는 어떻게 수확을 해야 할까요?
- 감자를 캐기 위해 무엇이 필요할까요?
- 호미를 사용할 때 주의해야 할 점은 무엇일까요?(안전교육)
3. 감자를 수확한다.
- 우리 이제 감자를 수확해 보자.

4. 수확한 감자를 보며 느낀 점에 대해 이야기 나눈다.
- 감자를 캘 때 어떤 기분이었나요?
- 더운 날 감자를 캐느라 수고한 우리에게 서로 박수를 쳐줄까요?
- 수확하다 더러워진 신발은 어떻게 할까요?
- 우리 같이 수돗가에서 신발을 닦아볼까요?
  </td><td>*호미
*바구니</td></tr>
<tr><td>다음
지원계획</td><td colspan="2">- 감자로 할 수 있는 요리에 대해 알아보고 함께 요리 활동을 한다.</td></tr>
<tr><td>활동평가</td><td colspan="2">- 도구를 안전하게 사용하는가?
- 감자를 수확하는 일에 즐겁게 참여하는가?</td></tr>
</table>

(7) 음악활동

유아기는 음악을 학습하는 데 결정적인 시기이다. 유아의 음악적 경험은 잠재력과 창의력을 높이고 언어, 인지, 신체, 사회 등 다양한 영역의 발달을 촉진시키는 중요한 역할을 한다(Campbell & Scorr-Kassner, 1995). 따라서 유아의 음악적 능력 향상과 정서발달을 위해서는 질 높은 음악활동이 요구된다.

① 음악활동의 교육적 효과

음악활동을 통한 음악적 경험은 유아의 성장과 발달에 필수적이다. 음악을 경험하면서 미적인 즐거움을 누리게 되며 자기표현 능력을 향상시킨다. 소리 탐색 및 만들기, 노래 부르기, 악기 연주하기, 음악 감상하기 등의 음악적 활동은 창의적 표현 능력을 높인다. 음악적 움직임과 소리를 만들어보는 과정을 통해 유아는 자신의 흥미와 경험을 확장시킬 수 있고, 비언어적 의사소통을 통해 감각적 경험을 할 수 있게 된다.

② 음악활동의 교수학습원리

첫째, 바람직한 음악교육 환경을 제공한다. 유아가 다양한 음악활동에 적극적으로 참여하게 하기 위해서는 발달적 적합성, 문화적 적합성 등을 고려한 환경을 제공해 줘야 한다.

둘째, 음악활동과 다른 영역이 상호 연결되도록 한다. 음악활동은 신체, 언어, 미술 등의 다양한 활동으로 통합될 수 있다. 다양한 영역에서 확장될 수 있도록 지도한다. 또한 또래와의 음악적 상호작용이 활발하게 이루어질 수 있도록 지원한다.

셋째, 일과 시간에 배경음악으로 음악을 들려주며 감상하게 하는 것은 피하는 것이 좋다(Albrecht & Miller, 2000). 유아에게 배경음악을 들려주는 것은 소음 수준을 높이는 결과를 가져올 수 있다. 음악은 음악 감상을 위한 시간 또는 전이시간과 같은 특별한 목적을 가진 때에 실시하는 것이 좋다.

<table>
<tr><td>활 동 명</td><td colspan="2">악기 연주하기</td></tr>
<tr><td>놀이경험</td><td colspan="2">토끼와 거북이에 관한 동화를 듣고 몸으로 움직여 보았다.
교실에 있는 다양한 악기를 활용하여 토끼와 거북이를 표현하였다.</td></tr>
<tr><td>기대목표</td><td colspan="2">토끼와 거북이의 특징에 대해 안다.
속도에 따라 악기를 다르게 연주할 수 있다.
악기를 소중히 여기는 태도를 기른다.</td></tr>
<tr><td>놀이자료</td><td colspan="2">토끼와 거북이 머리띠, 작은북, 마라카스</td></tr>
<tr><td>누리과정
관련 요소</td><td colspan="2">의사소통 〉 듣기와 말하기 〉 말이나 이야기를 관심 있게 듣는다.
예술경험 〉 창의적으로 표현하기 〉 신체, 사물, 악기로 간단한 소리와 리듬을 만들어 본다.</td></tr>
<tr><td rowspan="2">놀이 방법</td><td>놀이 과정</td><td>교사 놀이
지원</td></tr>
<tr><td>1. 토끼와 거북이 동화를 듣고 이야기 나눈다.
- 토끼(거북이)는 어떤 동물일까요?
- 토끼는 어떻게 움직일까요?
- 거북이가 움직이는 속도는 어떨까요?
2. 악기를 소개한다.

- 이 악기의 이름은 무엇일까요?
- 어떻게 하면 소리가 날까요?
- 악기를 소리 나게 해볼까요?
- 손바닥으로 두들겨 볼까요?
- 들고 흔들어 볼까요?
3. 악기를 연주한다.

- 토끼처럼 빠르게 연주해 볼까요?
- 거북이처럼 천천히 연주해 볼까요?
- 토끼 팀과 거북이 팀을 나눠서 연주해 볼까요?
- 선생님이 이야기하는 동물에 맞춰서 연주를 해볼까요?
(토끼처럼 빠르게, 거북이처럼 느리게, 강하게, 약하게...)
4. 활동을 회상하며 이야기 나눈다.
- 친구들과 함께 악기를 연주해 보니 어땠나요?
- 악기를 연주하면서 어려웠던 점(즐거웠던 점)은 무엇이 있었나요?
- 속도를 다르게 연주를 하니 어떤 기분이 들었나요?</td><td>* 토끼와 거북이 동화 준비
* 토끼와 거북이 머리띠
* 작은북, 마라카스</td></tr>
<tr><td>다음
지원계획</td><td colspan="2">- 음률영역에 악기를 비치하여 자유롭게 연주해 본다.</td></tr>
<tr><td>활동평가</td><td colspan="2">- 유아들이 빠르게와 느리게를 구분하여 연주하는가?
- 악기연주를 즐겁게 자발적으로 참여를 하였는가?</td></tr>
</table>

활 동 명	비눗방울 노래 부르기	
놀이경험	바람에 대한 수업을 진행하던 중 바람 타고 날아가는 것에 대해 알아보았다. 아이들에게 가장 즐거운 반응을 보였던 비눗방울에 관심이 생기고 궁금증을 생겨하는 모습을 보며 구성하였다.	
기대목표	바람을 불어 할 수 있는 놀이에 대해 안다. 노래에 맞춰 다양한 동작을 만들어 본다.	
놀이자료	가사판, 음원	
누리과정 관련 요소	예술경험 〉 창의적으로 표현하기 〉 신체나 도구를 활용하여 움직임과 춤으로 자유롭게 표현한다. 예술경험 〉 창의적으로 표현하기 〉 노래를 즐겨 부른다.	
놀이 방법	놀이 과정	교사 놀이 지원
	1. 비눗방울에 대해 이야기 나눈다. - 바람을 타고 날아갈 수 있는 것에는 무엇이 있을까요? - 우리가 놀면서 바람을 타고 날릴 수 있는 것도 있을까요? - 비눗방울을 보면 어떤 생각이 들어요? 2. 노랫말을 이야기로 들려준다. - 선생님이 어떤 친구의 이야기를 들려주려고 하는데 잘 들어볼 수 있을까요? - 안녕. 친구들아. 나는 솔바람과 무지개를 타고 둥둥 떠나갈 수 있단다. 다양한 색깔을 가지고 있기도 하고 하늘 높이 날아갈 수 있어. 하지만 손으로 잡으면 펑하고 사라지기도 해. 3. 노래를 듣고 이야기 나눈다. - 노래를 들어보니 어떤 느낌이 들었나요? - 우리 다양한 방법으로 노래를 불러 볼까요? (허밍으로 부르기, 한 음으로 부르기, 노랫말 따라 부르기) 4. 노래의 율동을 만들어 본다. - 우리 같이 율동도 만들어 볼까요? - 어떤 동작으로 만들어 볼까요?   5. 활동을 회상하며 마무리한다. - 우리가 함께 부른 노래의 제목은 무엇이었나요? - 이 노래를 언제 부르면 더 잘 어울릴 것 같나요?	* 비눗방울 음원 * 비눗방울 가사판
다음 지원계획	- 바깥놀이에 나가서 비눗방울 놀이하며 노래 불러 보기	
활동평가	- 노랫말에 맞춰 율동을 잘 만들었는가? - 노래에 관심을 갖고 따라 부르는가?	

(8) 미술활동

미술활동은 유아가 주변 환경에서 아름다움의 요소와 색을 탐색하고 자유로운 자기표현을 할 수 있도록 돕는 활동이다. 유아는 자신의 생각과 감정을 능숙한 언어로 표현하는 것에 어려움을 느낀다. 따라서 미술활동은 언어 이외의 방법으로 자신의 생각과 느낌을 표현하게 하는 자발적인 소통방식이 된다. 다양한 방식으로 미술활동을 즐기며 자신을 표현해 보는 과정을 경험하게 되면 내적 갈등을 해소하게 되고 미적 감수성을 발달시킨다.

① 미술활동의 교육적 효과

다양한 미술재료를 탐색해 보며 자신을 표현하는 미술활동은 다양한 영역의 발달과 학습이 통합적으로 이루어지게 한다. 크레파스, 색연필, 붓 등으로 그림을 그리는 활동은 대·소근육의 발달을 돕고 협응력을 향상시킨다. 또한 발달에 적합한 미술활동에 참여하면서 성취감과 만족감을 높이고 부정적인 감정을 정화시켜 정서를 조절하는 방법을 학습하게 된다. 미술활동은 선, 색, 형, 공간, 구성 등 시각적인 지각능력을 높이며 미술자료를 탐색하고 조작하는 과정을 통해 인지발달에 도움을 준다. 미술활동에는 제한이 없기 때문에 자유롭게 작품을 만들고 적극적으로 표현하는 창의성이 향상한다. 작품을 완성한 후에는 작품에 대해 설명하고 질문하는 과정을 통해 다양한 어휘를 습득하고 언어능력이 발달된다.

② 미술활동의 교수학습원리

첫째, 유아 스스로 계획할 수 있도록 해야 한다. 유아가 자신의 흥미와 요구에 따라 미술활동을 시작했을 때 개별적인 상호작용을 통해 격려해 줘야 한다. 단순히 일회성으로 표현되는 활동일 수도 있지만 또래, 교사, 관찰 등을 통해 얻어진 지식을 표현하는 것일 수도 있다. 그러므로 교사는 유아의 계획을 존중해 주고 관찰자의 역할을 해야 하며 유아가 새로운 재료를 사용할 때는 재료를 사용하는 방법을 알려주는 시범을 보여주거나 설명해줄 수 있다.

둘째, 충분한 시간을 허용해야 한다. 유아가 자신의 생각과 느낌을 표현하는데 많은 시간이 필요할 수 있다. 특히 어린 유아는 미술의 결과보다 탐색의 과정을 반복적으로 즐길 수 있다. 따라서 유아가 미술 재료를 탐색한 뒤 충분히 표현할 수 있도록 시간을 넉넉하게 제공해 줘야 한다.

셋째, 작품 보관을 위한 공간을 마련해야 한다. 유아가 만든 작품을 보관할 장소를 선정하고 전시해야 한다. 서로의 작품을 감상할 수 있도록 해서 성취감과 자아존중감을 높일 수 있도록 한다.

<table>
<tr><td>활 동 명</td><td colspan="2">모나리자 퍼즐 디자인</td></tr>
<tr><td>놀이경험</td><td colspan="2">레오나르도 다빈치의 다양한 작품을 감상하면서 모나리자에 관심을 가졌다. 모나리자의 모습을 여러 가지 재료로 자유롭게 표현하던 중 친구들과 협동하여 만들 수 있는 작품을 구성하고 활동하였다.</td></tr>
<tr><td>기대목표</td><td colspan="2">모나리자 작품을 퍼즐로 만들어 놀이를 해보며 작품에 대한 탐구력과 집중력을 높인다.</td></tr>
<tr><td>놀이자료</td><td colspan="2">모나리자 퍼즐 조각, 색칠 도구(매직, 네임펜, 색연필, 사인펜)</td></tr>
<tr><td>누리과정
관련 요소</td><td colspan="2">예술경험 〉 아름다움 찾아보기 〉 예술적 요소에 관심을 갖고 찾아본다.
자연탐구 〉 탐구과정 즐기기 〉 궁금한 것을 탐구하는 과정에 즐겁게 참여한다.</td></tr>
<tr><td rowspan="2">놀이 방법</td><td>놀이 과정</td><td>교사 놀이 지원</td></tr>
<tr><td>1. 작품을 감상한 후 생각을 이야기 나눈다.
- 지난 시간에 감상한 다빈치의 작품들이 기억나나요?
- 어떤 작품이 가장 기억에 남지요?
- 아름다운 미소를 짓고 있는 모나리자를 다른 방법으로 표현해 볼 수 있을까요?
2. 그림 퍼즐을 탐색한다.
- 그림 퍼즐 게임을 해본 적이 있나요?
- 퍼즐 조각을 꾸며보고 모양에 맞춰 하나의 큰 그림으로 만드는 활동을 해볼 거예요.
- 조각을 꾸미기 전에 먼저 퍼즐을 완성해 볼까요?
3. 퍼즐을 디자인 해본다.
- 각자 퍼즐 조각을 한 개씩 가지고 가서 자신이 원하는 색칠 도구를 활용하여 꾸며보자.

4. 꾸민 퍼즐을 한곳에 모아 퍼즐을 맞춰 보며 하나의 그림을 만들어 본다.
- 이제 색칠이 된 퍼즐 조각을 맞춰보자.
- 우리가 만든 작품의 이름을 다시 지어 준다면 어떤 작품명을 지어 줄 수 있을까요?
</td><td>*모나리자 퍼즐 조각
*색칠 도구 (매직, 네임펜, 색연필, 사인펜)</td></tr>
<tr><td>다음
지원계획</td><td colspan="2">- 미술 영역에서 자신의 얼굴을 보고 자화상 그리기를 해본다.</td></tr>
<tr><td>활동평가</td><td colspan="2">- 다양한 도구와 방법을 이용하여 작품을 구성하는가?
- 친구들의 다양한 표현 방법을 알고 다름과 조화를 이해하는가?</td></tr>
</table>

<table>
<tr><td>활 동 명</td><td colspan="2">흙 속 세상 꾸미기</td></tr>
<tr><td>놀이경험</td><td colspan="2">겨울잠을 자는 달팽이를 보며 흙 속에 사는 생물에 대해 관심을 가지고 알아보았다. 자신의 생각을 그림으로 표현해 보고 발표해 보았다.</td></tr>
<tr><td>기대목표</td><td colspan="2">흙 속에 사는 생물에 대해 알아본다.</td></tr>
<tr><td>놀이자료</td><td colspan="2">흙 속에 사는 생물 사진 자료 및 영상, 활동지, 네임펜, 색연필</td></tr>
<tr><td>누리과정 관련 요소</td><td colspan="2">자연탐구 〉 탐구과정 즐기기 〉 주변 세계와 자연에 대해 지속적으로 호기심을 가진다.
예술경험 〉 창의적으로 표현하기 〉 다양한 미술 재료와 도구로 자신의 생각과 느낌을 표현한다.
사회관계 〉 나를 알고 존중하기 〉 내가 할 수 있는 것을 스스로 한다.</td></tr>
<tr><td rowspan="2">놀이 방법</td><td>놀이 과정</td><td>교사 놀이 지원</td></tr>
<tr><td>1. 교실에서 키우는 달팽이에 대해 이야기 나눠본다.
- 우리가 키우는 달팽이가 요즘 어떻게 지내는지 이야기해 볼까요?
- 날이 추워지면 흙속에 들어가 겨울잠을 잔대요.
- 흙 속에는 또 어떤 생물들이 사는지 알아보자.
2. 흙 속에 사는 생물에 대해 이야기를 나눈다.
- 땅 위에는 어떤 생물들이 살고 있을까요?
- 그럼 흙 속에는 어떤 생물들이 살고 있을까요?
- 선생님과 함께 사진과 영상을 본 후 다시 이야기해 봐요.
3. 흙 속 세상 꾸미기를 어떻게 할지 알아본다.
- 이 노화지에 '흙 속 세상 꾸미기'를 해볼 거예요.
- 어떤 것들을 그려 넣고 싶나요?

4. 완성 후 친구들에게 소개한다.
- 내가 꾸민 흙 속 세상을 친구들에게 소개해 줄까요?
5. 활동을 마무리하고 평가한다.
- '흙 속 세상 꾸미기'를 해보았는데 어땠나요?
- 그리기를 하며 어떤 생각을 했었나요?</td><td>*흙 속에 사는 생물 사진 자료 및 영상
*활동지
*네임펜, 색연필</td></tr>
<tr><td>다음 지원계획</td><td colspan="2">- 완성한 그림을 교실 벽면에 게시해 준다.
- 직접 바깥으로 나가 흙에 사는 생물들을 찾아보고 관찰해 본다.</td></tr>
<tr><td>활동평가</td><td colspan="2">- 흙 속에 사는 생물들에 대해 알고 있는가?
- 자신의 작품에 대해 설명할 수 있는가?</td></tr>
</table>

(9) 과학활동

과학활동은 과학적 현상, 자연의 변화, 동물의 움직임 등을 관찰과 실험을 통해 탐구하는 활동이다. 특히 유아기는 주도성이 발달되는 시기로 호기심이 증가하며 자신의 호기심을 해결하기 위한 다양한 시도를 한다. 따라서 유아의 과학활동은 유아 스스로 과학적 현상에 관심 가지고 탐구하며 과학적 소양을 기르는 것이다.

① 과학활동의 교육적 효과

유아는 자신의 과학적 호기심을 해결하기 위해 주변을 탐구하고 자료를 수집하면서 자신의 과학적 사고력을 높인다. 또한 자신의 주변 현상에 대해 능동적으로 조사하게 되고 생각과 의견을 설명하면서 과학적 기술을 발달시킨다.

② 과학활동의 교수학습원리

첫째, 일상생활과 관련된 과학활동을 계획해야 한다. 과학활동을 선정할 때는 유아의 발달수준을 고려해야 하며 일상생활에서 쉽게 접할 수 있는 주제가 적절하다. 과학적 개념을 유아가 이해할 수 있을지 고려해야 하며 교육주제와 관련된 활동을 계획하는 것이 좋다.

둘째, 과학적 현상에 대한 상호작용이 필요하다. 유아가 특정 과학적 현상에 관심을 보일 때 이와 관련된 적절한 질문을 던져야 한다. 교사가 "이 물건은 물에 뜰 수 있을까? 아니면 가라앉을까?"와 같은 예측 가설을 세울 수 있는 질문을 해주는 것도 유아의 과학적 사고력을 높일 수 있는 좋은 방법이다.

셋째, 적절한 지원과 개입이 필요하다. 과학활동은 결과보다 과정이 중요하다. 과학활동을 하는 과정에서 교사가 암시, 문제제기, 질문, 시범, 비교하기, 관찰, 제안 등의 개입을 통해 과학적 탐구력을 높여야 한다.

<table>
<tr><td>활 동 명</td><td colspan="2">천연 기피제 만들기</td></tr>
<tr><td>놀이경험</td><td colspan="2">날씨의 변화가 생기면서 모기가 많이 생겼다. 아이들이 모기를 물리칠 수 있는 방법에 대해 관심을 갖는 모습을 보였다. 다양한 방법을 찾아 본 후 아이들이 직접 만들 수 있는 천연 기피제를 만들었다.</td></tr>
<tr><td>기대목표</td><td colspan="2">천연 기피제를 만드는 방법에 대해 알며 기피제의 원리에 대해 안다.</td></tr>
<tr><td>놀이자료</td><td colspan="2">모기 퇴치 방법 자료, 통계피, 물, 망사 주머니, 망치, 수건, 신문</td></tr>
<tr><td>누리과정 관련 요소</td><td colspan="2">자연탐구 〉 자연과 더불어 살기 〉 주변의 동식물에 관심을 가진다.
신체운동 건강 〉 건강하게 생활하기 〉 질병을 예방하는 방법을 알고 실천한다.</td></tr>
<tr><td rowspan="2">놀이 방법</td><td>놀이 과정</td><td>교사 놀이 지원</td></tr>
<tr><td>1. 모기에 대해 이야기 나눈다.
- 우리가 요즘 여기저기 가려워하는 이유는 무엇일까요?
- 모기는 왜 생길까요?
- 모기가 우리에게 오지 않게 하려면 어떻게 하는 것이 좋을까요?
- 모기가 좋아하는 냄새는 무엇일까요?
- 모기가 싫어하는 냄새도 있을까요?
2. 모기 기피제를 만드는 방법에 대해 이야기 나눈다.
- 모기 기피제는 어떻게 만들면 좋을까요?
- 이것은 무엇일까요?
- 어떤 냄새가 날까요?
3. 유아들과 함께 모기 기피제를 만든다.
- 우리 다함께 모기 기피제를 만들어 볼까요?
〈만드는 순서〉
* 통계피를 물로 닦는다.
* 계피를 말린다.
* 책상에 신문, 수건을 깐다.
* 망치를 이용하여 계피를 작게 자른다.
* 작게 잘린 계피를 망사 주머니에 담는다.
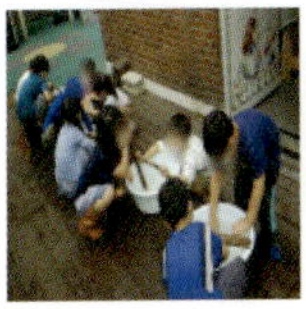   
4. 우리가 만든 모기 기피제를 살펴보며 이야기 나눈다.
- 모기 기피제를 만들어보니 어땠어요?
- 어디에 놓고 싶어요?
</td><td>*모기 퇴치 방법 자료
*통계피
*물
*망사 주머니
*망치
*수건
*신문</td></tr>
<tr><td>다음 지원계획</td><td colspan="2">- 아이들이 모기에 물리지 않도록 천연 스프레이를 만들어 보기로 한다.</td></tr>
<tr><td>활동평가</td><td colspan="2">- 천연 기피제의 용도를 아는가?
- 천연 기피제 만들기에 즐겁게 참여했는가?</td></tr>
</table>

<table>
<tr><td>활 동 명</td><td colspan="2">텃밭 채소를 수확해요.</td></tr>
<tr><td>놀이경험</td><td colspan="2">꾸준히 바깥놀이를 하면서 물도 주고 잡초도 뽑으며 사랑을 준 텃밭 식물의 변화에 관심을 보인다. 수확할 시기에 아이들이 자유롭게 놀이를 하면서 수확도 할 수 있게 하였다.</td></tr>
<tr><td>기대목표</td><td colspan="2">채소마다 적절한 수확 방법을 알고 익은 채소를 수확한다.</td></tr>
<tr><td>놀이자료</td><td colspan="2">바구니, 장갑, 가위</td></tr>
<tr><td>누리과정 관련 요소</td><td colspan="2">의사소통 〉 듣기와 말하기 〉 말이나 이야기를 관심 있게 듣는다.
자연탐구 〉 자연과 더불어 살기 〉 주변의 동식물에 관심을 가진다.
자연탐구 〉 탐구과정 즐기기 〉 궁금한 것을 탐구하는 과정에 즐겁게 참여한다.</td></tr>
<tr><td rowspan="2">놀이 방법</td><td>놀이 과정</td><td>교사 놀이 지원</td></tr>
<tr><td>1. 텃밭에 있는 식물에 대해 이야기 나눈다.
- 우리 텃밭에는 무엇이 심어져 있나요?
- 지금까지 텃밭을 어떻게 가꾸었었나요?
(물주기, 잡초 뽑기, 지주대 세우기)
- 텃밭에 어떤 변화가 생겼을까요?
2. 채소를 수확하는 방법에 대해 이야기 나눈다.
- 우리가 수확을 해야 하는 식물의 열매는 무엇이 있을까요?
- 상추는 어떻게 수확을 할까요?
- 호박을 수확할 때는 무엇이 필요할까요?
- 수확을 하는데 줄기가 뜯어지거나 식물이 다치면 어떻게 될까요?
3. 텃밭에 나가 채소를 수확한다.
- 우리가 수확한 채소를 바구니에 담아 볼까요?

4. 놀이를 마무리한 후 느낀 점에 대해 이야기 나눈다.
- 우리가 심었던 채소를 직접 수확해 보니 어땠나요?
- 힘들었던 점은 무엇이 있었나요?</td><td>*바구니
*장갑
*가위</td></tr>
<tr><td>다음 지원계획</td><td colspan="2">- 직접 수확한 채소를 활용하여 요리 활동을 한다.</td></tr>
<tr><td>활동평가</td><td colspan="2">- 채소를 올바른 방법으로 수확할 수 있는가?</td></tr>
</table>

(10) 안전활동

유아는 자신의 주변환경과 사물에 호기심이 많고 탐구하고자 하는 충동이 강한 발달 특성을 가지고 있다. 그러나 신체 기능이 미숙하고 운동 기능이 충분히 발달하지 않았으며 상황을 판단하는 능력이 부족하므로 안전사고가 일어날 가능성이 높다. 따라서 유아를 대상으로 하는 안전활동은 안전에 대한 바른 인식과 사고를 예방하기 위한 차원에서 필수적이라고 할 수 있다. 안전활동은 소방훈련, 재난대비 안전교육, 교통안전교육, 성폭력 예방교육, 실종·유괴 예방교육 등이 있다.

① 안전활동의 교육적 효과

안전활동은 안전지식, 안전태도, 안전기술을 학습하게 하는 것이다. 안전지식은 사물, 사건에 대한 안전 정보를 획득하는 것으로 상황에 대한 인식능력을 기를 수 있다. 안전태도는 어떻게 행동해야 하는지를 이해하는 것으로 판단 능력을 기르게 된다. 안전기술은 안전에 근거한 해결방법을 선택하고 적용하는 것으로 반복적이고 지속적인 훈련을 통해 습득된다. 유아에게 안전을 위해 필요한 것들을 이해시키며 신중하고 안전하게 행동하는 기능을 갖도록 하는 것은 일생생활에서 발생할 수 있는 사고의 위험성을 줄여줄 뿐만 아니라 삶과 생명에 대한 올바른 가치관을 기를 수 있다. 또한 유아에게 체계적인 안전활동을 실시하면 안전한 생활습관을 기르게 된다.

② 안전활동의 교수학습원리

첫째, 반복적이고 체계적으로 실시한다. 한 번의 안전활동을 통해 안전한 생활습관을 형성할 수 없다. 반복적이고 체계적인 안전활동으로 안전한 생활습관을 형성할 수 있도록 해야 한다. 이때 가정과 연계하여 실시하면 더욱 효과적이다.

둘째, 구체적인 학습활동 자료를 제시한다. 안전과 관련된 자료는 사진, 실물, 동영상 등 여러 가지가 있지만 유아를 대상으로 할 때는 실물자료를 활용하는 것이 좋다. 유아가 안전활동에서 직접적인 경험을 할 수 있도록 하는 것은 안전사고를 예방하는 효과를 높인다.

<table>
<tr><td>활 동 명</td><td colspan="2">소방 대피 훈련</td></tr>
<tr><td>놀이경험</td><td colspan="2">불이 났을 때 대피해야 하는 방법에 대해 다양하게 이야기하던 중 아이들이 자연스럽게 습득하고 기억할 수 있도록 실제 대피 훈련을 진행했다.</td></tr>
<tr><td>기대목표</td><td colspan="2">화재 발생 시 자신의 몸을 안전하게 보호하는 방법을 알며, 신속하게 대피한다.</td></tr>
<tr><td>놀이자료</td><td colspan="2">사이렌, 구급약, 비상 연락망</td></tr>
<tr><td>누리과정 관련 요소</td><td colspan="2">신체운동 건강 〉 안전하게 생활하기 〉 안전사고, 화재, 재난, 학대, 유괴 등에 대처하는 방법을 경험한다.
의사소통 〉 듣기와 말하기 〉 상황에 적절한 단어를 사용하여 말한다.</td></tr>
<tr><td rowspan="2">놀이 방법</td><td>놀이 과정</td><td>교사 놀이 지원</td></tr>
<tr><td>1. 소방 대피 훈련을 하기 위해 수업 중 갑자기 사이렌 소리가 나거나 "불이야."하고 외치는 소리가 날 수 있음을 미리 이야기 나눈다.
- 오늘은 우리가 소방대피 훈련을 할 거예요.
- 소방대피 훈련은 왜 할까요?
- 불이 나면 어떻게 해야 할까요?
- 우리가 안전하게 대피하기로 약속한 장소는 어디일까요?
2. 수업 중 화재 대피 훈련을 진행한다.
〈훈련 방법〉
- 교사는 사이렌 소리를 듣고 불이 난 곳을 확인한다.
- 교사가 아이들을 대피 장소로 인도한다.
- 대피 장소에서 아이들의 인원수를 체크하고, 아이들에게 화재 위치와 상황을 체크하며 이야기한다.

 </td><td>*사이렌
*구급약
*비상 연락망</td></tr>
<tr><td>다음 지원계획</td><td colspan="2">- 다른 위치에 화재 발생을 정한 후 다른 대피로를 확인하여 대피를 한다.</td></tr>
<tr><td>활동평가</td><td colspan="2">- 화재 시 대피하는 방법을 알고 있는가?
- 대피 장소를 잘 알고 있는가?</td></tr>
</table>

3) 전이활동

전이는 하루 일과 중 한 활동이 다른 활동으로 옮겨지는 때를 말한다. 유아교육기관의 하루일과는 놀이와 다양한 활동이 이루어지기 때문에 각각의 활동이 연결되는 과정인 전이시간이 생긴다. 전이시간을 어떻게 계획하고 운영하는지에 따라 하루 일과의 흐름이 편안하거나 어수선해질 수 있으며, 안전사고를 예방할 수도 있는 중요한 시간이기도 하다. 그러나 일반적으로 교사들이 전이시간의 의미를 인식하지 못하고 이 시간을 소홀히 하는 실수를 하기도 한다. 전이활동을 계획할 때에는 활동의 마무리 시간을 미리 알려주고, 유아가 한꺼번에 모든 활동을 마치고 새로운 활동을 할 수 없음을 인지하고 유아의 개별성을 고려하여 먼저 활동을 마친 유아에게 조용하게 활동을 하며 기다릴 수 있도록 안내해야 한다. 때로는 유아가 모처럼 몰입을 해 있을 때는 예외를 두어 활동을 마무리할 수 있도록 충분한 시간을 제공하며 융통성 있게 운영하는 것이 중요하다.

(1) 등원

등원은 유아가 유아교육기관에서 하루 일과를 시작하는 때를 의미한다. 유아가 즐거운 마음으로 하루를 시작할 수 있도록 교사가 따뜻하고 편안하게 맞이해 줘야 한다. 유아의 신체적 · 정신적 건강을 관찰하고 특이사항이 있을 때는 부모와 의견을 교환하는 것이 필요하다.

<table>
<tr><td>활 동 명</td><td colspan="2">안전하게 등원을 해요.</td></tr>
<tr><td>놀이경험</td><td colspan="2">등원할 때의 인사 방법에 대해 알아보았다.</td></tr>
<tr><td>기대목표</td><td colspan="2">즐거운 마음으로 인사하며 하루를 시작한다.</td></tr>
<tr><td>놀이자료</td><td colspan="2">없음</td></tr>
<tr><td>누리과정
관련 요소</td><td colspan="2">신체운동 · 건강 〉 안전하게 생활하기 〉 교통안전, 규칙을 지킨다.
의사소통 〉 듣기와 말하기 〉 상황에 적절한 단어를 사용하여 말한다.</td></tr>
<tr><td rowspan="2">놀이 방법</td><td>놀이 과정</td><td>교사 놀이
지원</td></tr>
<tr><td>1. 유아와 눈을 마주치며 이름을 부른다.
- OO가 왔어? 안녕하세요?
2. 유아와 선생님은 인사를 한다.

3. 유아의 체온을 체크하고 건강을 살핀다.
- 체온 체크를 해볼까?
- 손소독도 하자.
- OO는 아픈 곳은 없었니?

4. 유아는 등원 후 자신의 물건을 제자리에 정리한다.</td><td></td></tr>
<tr><td>다음
지원계획</td><td colspan="2">- 상황에 맞는 인사 방법을 알아본다.</td></tr>
<tr><td>활동평가</td><td colspan="2">- 바르게 인사를 할 수 있는가?</td></tr>
</table>

(2) 정리정돈

정리정돈은 하루 중 여러 번 이루어지며 전체적인 것과 개별적인 것으로 나뉜다. 전체적인 정리정돈은 모든 유아가 동시에 참여하는 것으로 자유놀이 또는 식사 시간이 끝난 후 이루어지게 된다. 개별적인 정리정돈은 자신이 하던 놀이가 끝나고 다른 놀이로 이동할 때 놀잇감을 정리하는 것을 의미한다.

<table>
<tr><td>활 동 명</td><td colspan="2">정리정돈을 해요.</td></tr>
<tr><td>놀이경험</td><td colspan="2">물건을 정리하는 방법을 알고 익힌다.
물건의 제자리를 찾는 놀이를 하며 방법을 알아보았다.</td></tr>
<tr><td>기대목표</td><td colspan="2">물건을 제자리에 바르게 정리한다.</td></tr>
<tr><td>놀이자료</td><td colspan="2">놀이 교구</td></tr>
<tr><td>누리과정 관련 요소</td><td colspan="2">신체운동 · 건강 〉 안전하게 생활하기 〉 일상에서 안전하게 놀이하고 생활한다.
신체운동 · 건강 〉 건강하게 생활하기 〉 자신의 몸과 주변을 깨끗이 한다.</td></tr>
<tr><td rowspan="2">놀이 방법</td><td>놀이 과정</td><td>교사 놀이 지원</td></tr>
<tr><td>1. 놀이 후 주변을 둘러보며 이야기 나눈다.
- 놀이를 하고 나니 우리 주변이 어떻게 되었나요?
- 놀았던 장난감을 어떻게 하면 좋을까요?
2. 물건 정리정돈 방법에 대해 이야기 나눈다.
- 이 물건은 어디에 정리를 하면 좋을까요?
- 바구니에 물건을 넣어볼까요?
- 이 바구니는 어느 자리에 넣어야 할까요?
3. 친구들과 함께 주변에 놀았던 장난감을 제자리에 정리한다.

4. 정리가 끝난 주변을 둘러보며 이야기 나눈다.
- 정리정돈이 된 교실을 둘러볼까요?
- 교실이 어떻게 되었나요?
- 다음에도 놀이가 끝나면 제자리에 정리하기로 하자.</td><td></td></tr>
<tr><td>다음 지원계획</td><td colspan="2">- 놀잇감 제자리 찾기 놀이를 하며 위치를 알고 알맞게 정리할 수 있도록 지원한다.</td></tr>
<tr><td>활동평가</td><td colspan="2">- 물건을 바르게 정리하는가?</td></tr>
</table>

(3) 손 씻기

손 씻기는 것은 위생 · 청결과 관련된 중요한 활동이다. 급 · 간식 시간 전과 후, 실외놀이를 마친 뒤, 화장실을 이용한 뒤 등과 같이 손을 씻어야 하는 시간을 수시로 안내하고 비누로 깨끗하게 씻는 것을 지도해야 한다. 이때 교사는 손 씻는 순서에 관한 사진이나 그림을 유아가 볼 수 있는 곳에 미리 비치해 놓고 손 씻는 것을 습관화할 수 있도록 해야 한다.

<table>
<tr><td>활 동 명</td><td colspan="2">손을 씻어요.</td></tr>
<tr><td>놀이경험</td><td colspan="2">올바른 손 씻기 방법을 배웠다.
손 씻기의 중요성에 관심을 가졌다.</td></tr>
<tr><td>기대목표</td><td colspan="2">음식을 먹기 전 손을 씻어야 하는 이유에 대해 안다.</td></tr>
<tr><td>놀이자료</td><td colspan="2">손 씻는 방법 순서도</td></tr>
<tr><td>누리과정 관련 요소</td><td colspan="2">신체운동 · 건강 〉 건강하게 생활하기 〉 질병을 예방하는 방법을 알고 실천한다.
신체운동 · 건강 〉 건강하게 생활하기 〉 자신의 몸과 주변을 깨끗이 한다.</td></tr>
<tr><td rowspan="2">놀이 방법</td><td>놀이 과정</td><td>교사 놀이 지원</td></tr>
<tr><td>1. 점심을 먹기 전 가장 먼저 해야 할 일에 대해 이야기 나눈다.
- 점심을 먹기 전 가장 먼저 무엇을 해야 할까요?
- 왜 음식을 먹기 전에는 손을 씻어야 할까요?
2. 올바른 손 씻기 방법에 대해 알아본다.
- 손을 씻을 때 가장 먼저 해야 할 일은 무엇일까요?
- 선생님과 함께 그림을 보며 올바른 손 씻기 방법에 대해 알아보자.
3. 손 씻기 순서에 맞게 직접 손을 씻어본다.
- 지금부터 선생님과 함께 화장실로 가서 손을 씻어보자.
- 손 씻기 순서에 따라서 손을 씻어본다.
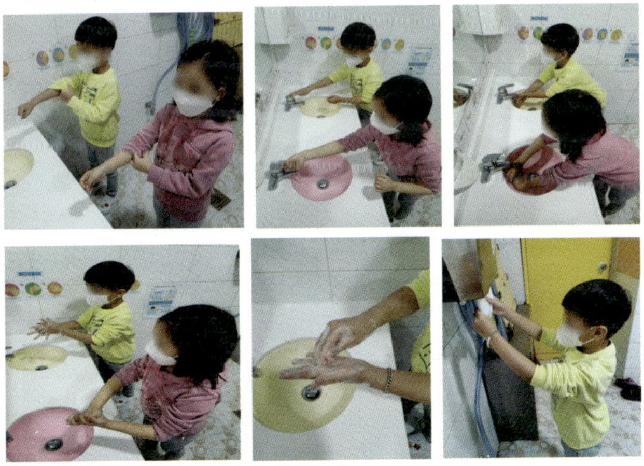
4. 손을 씻어본 느낌에 대해 이야기 나눈다.
- 손을 씻고 나니 기분이 어떤가요?
- 선생님이 화장실 벽면에 손 씻는 방법을 붙여놓았으니 음식 먹기 전에는 스스로 손을 깨끗이 씻기로 해요.</td><td>*손 씻는 방법 순서도</td></tr>
<tr><td>다음 지원계획</td><td colspan="2">- 활동 중간중간에 손이 더러워졌거나 화장실에서 용변을 본 후에는 손을 깨끗이 씻는 것이 습관이 될 수 있도록 손을 씻어야 하는 때를 종종 알려준다.</td></tr>
<tr><td>활동평가</td><td colspan="2">- 질병을 예방하기 위해 손을 씻어야 하는 이유에 대해 아는가?
- 올바른 손 씻기 방법을 아는가?</td></tr>
</table>

(4) 화장실 다녀오기

화장실에 다녀오는 것은 주로 개별적으로 이루어지지만 정리정돈 후, 낮잠 자기 전 등과 같은 일정한 시간에 다녀올 수 있도록 안내하기도 한다. 간혹 놀이에 깊게 몰두한 나머지 화장실에 다녀오고 싶은 신호를 인식하지 못하는 유아가 있을 수 있으므로 교사는 유아의 행동을 주의 깊게 관찰하여 화장실에 다녀오도록 해야 한다.

활 동 명	화장실을 가요	
놀이경험	화장실을 바르고 안전하게 사용했다. 질서를 지켜 화장실을 사용했다.	
기대목표	질서를 지켜 화장실을 사용한다.	
놀이자료	화장실 사용 순서도	
누리과정 관련 요소	신체운동 · 건강 〉 건강하게 생활하기 〉 질병을 예방하는 방법을 알고 실천한다. 신체운동 · 건강 〉 건강하게 생활하기 〉 자신의 몸과 주변을 깨끗이 한다.	
놀이 방법	놀이 과정	교사 놀이 지원
	1. 화장실 사진을 보며 이야기를 나눈다. - 이곳은 어디일까요? - 이곳에서 무엇을 할 수 있을까요? 2. 화장실을 사용 순서에 대해 알아보고, 바르고 안전하게 사용하는 방법에 대해 이야기 나눈다. - 우리가 지금 화장실에 왔다고 생각해 보자. - 변기에 볼일을 보러 들어가기 전 무엇부터 해야 할까요? - 화장실 안에서 노크 소리가 들리면 어떻게 해야 할까요? - 양변기/소변기를 사용하는 방법에 내해 알아본다.  3. 변기를 사용 후 해야 할 일을 알아본다. - 화장실을 사용하고 나서는 무엇을 해야 할까요? - 손을 깨끗이 씻어야 해요. 손 씻는 방법 기억하나요? 4. 화장실 사용 순서도를 보며 순서를 다시 떠올려 본다.	*화장실 사용 순서도
다음 지원계획	- 화장실 안전수칙을 기억하고 지킬 수 있도록 화장실 문에 붙여놓고, 언어 영역에도 놓아주고, 놀이에 몰입하고 화장실을 참는 유아들을 위해 활동 중간중간에 화장실을 다녀올 수 있도록 안내한다.	
활동평가	- 화장실 사용 순서를 아는가? - 질서를 지킬 수 있는가?	

(5) 하원

하원은 유아가 유아교육기관에서 가정으로 돌아가는 때를 의미한다. 귀가할 때는 교사가 부모에게 유아의 하루 일과에 대한 정보를 공유해야 한다. 부모에게 특별히 알려줘야 하는 사항이 있을 때는 미리 준비해 두는 것이 좋다. 또한 유아가 약속된 보호자와 귀가하는지 확인해야 한다.

<table>
<tr><th>활 동 명</th><td colspan="2">하원을 해요.</td></tr>
<tr><th>놀이경험</th><td colspan="2">하원 할 때의 인사 방법에 대해 알아보았다.
집으로 돌아가는 길에 안전한 방법을 안다.</td></tr>
<tr><th>기대목표</th><td colspan="2">하루의 활동을 회상하며 인사하고 마무리한다.</td></tr>
<tr><th>놀이자료</th><td colspan="2">없음</td></tr>
<tr><th>누리과정 관련 요소</th><td colspan="2">신체운동 · 건강 〉 안전하게 생활하기 〉 교통안전, 규칙을 지킨다.
의사소통 〉 듣기와 말하기 〉 상황에 적절한 단어를 사용하여 말한다.</td></tr>
<tr><th rowspan="2">놀이 방법</th><th>놀이 과정</th><th>교사 놀이 지원</th></tr>
<tr><td>1. 다 함께 모여 이야기 나눈다.
- 오늘 하루는 어땠나요?
- 어떤 활동이 가장 즐거웠나요?
- 속상했던 일이 있었나요?
- 지금은 기분이 어떤가요?
- 집으로 돌아가는 시간이니 다 함께 인사를 해볼까요?
2. 유아와 선생님은 인사를 한다.
3. 차량 유아들은 차량으로 줄을 서서 이동하고 도보로 가는 유아들은 부모님을 기다린다.
- 차량에 타는 친구들은 안전벨트를 꼭 하기
- 부모님과 함께 걸어가는 친구들은 주변의 차 조심해서 걸어가기
 </td><td></td></tr>
<tr><th>다음 지원계획</th><td colspan="2">- 하원을 할 때 준비해야 하는 물건을 스스로 챙길 수 있도록 한다.</td></tr>
<tr><th>활동평가</th><td colspan="2">- 하원 할 때의 인사말을 알고 있는가?</td></tr>
</table>

생각해봅시다

1. 유아의 대 · 소집단 활동을 계획할 때 고려해야 할 점을 논의해 봅시다.

2. 책에 제시된 대,소집단 활동 중 1가지 영역을 선정하여 유아의 연령에 맞는 활동을 계획하고 시연해 봅시다.

3. 유아에게 효과적인 전이 활동이 되기 위한 교사의 전이활동 전략을 시간별로 나눠 고안해 봅시다.

CHAPTER 10

융합인재교육(STEAM)을 통한 영유아교수방법

학습목표

1. 융합인재교육(STEAM)을 이론적 배경에 대해서 알아본다.
2. 융합인재교육(STEAM)을 활용한 영유아교수방법에 대해서 알아본다.

본 장에서는 융합인재교육(STEAM)의 이론적 배경에 대해서 살펴보고자 한다. STEAM 교육의 필요성과 교육과정에 대해서 살펴보고, 프로그램 개발에 대한 필요성에 대해서 알아본다. STEAM 교육의 Science(과학), technology(기술), Engineering(공학), Art(예술), Mathematics(수학)의 5가지 분야별로 교육방법에 대해서 알아본다.

1 융합인재교육(STEAM)의 이론적 배경

1) STEAM 교육의 필요성

21세기는 전 세계가 시간차는 있지만 하나의 생활권으로 다양한 사람들이 모임으로 인하여 문화, 예술, 교육 등의 교류와 융합이 중요한 환경이 되었다. 또한, 정보화 시대인 만큼 정보를 먼저 접하고, 공유하는 개인, 기업, 나라 등이 경쟁력을 갖게 되는 구조로 변하고 있다. 우리는 무한경쟁시대에 살고 있음과 동시에 시시때때로 변화하는 환경 속에서 다양성을 가지고, 차별화가 된 인재를 요구하고 있다.

21세기에 들어 가장 이슈화가 되는 4차 산업혁명의 주체는 인간이라고 하며, 미래사회 변화를 주도하는 융합적인 관점에서의 인력 양성이 필요한 시점이다. 이러한 시대에 더불어 STEAM 교육이라는 불리는 융합교육은 4차 산업혁명을 기반으로 변화된 환경에 필요한 융합된 인재를 발굴하고 육성하는 교육방법을 말하게 된다.

융합은 다양한 분야를 결합하여 새로운 기술을 만들어내고, 다양한 정보를 결합하여 새롭고 다양한 가치를 만들어낼 수도 있다. 각 분야에서 융합인재교육방식을 적용하여 앞으로 다가올 미래를 대비하는 융합형 인재를 발굴하고 육성하는 것이 21세기의 주요 교육방법이라는 것을 인지해야 한다.

이와 같이, 과학적, 기술적, 공학적, 예술적, 수학적인 것을 융합하여, 새로운 기술과 문화를 창출하는 것이 융합인재교육(STEAM)의 핵심이라고 할 수 있다.

2) 융합적 사고를 키우는 STEAM 교육

STEAM 교육이란 Science(과학), Technology(기술), Engineering(공학), Art(예술), Mathematics(수학)라는 5가지 교육 요소의 각 단어의 첫 이니셜을 활용하여 STEAM이라는 단어가 생성되었다. STEAM 교육은 서로 연계 또는 결합하여 융합적 사고를 키우고 활용하는 방법에 대한 교육을 말한다.

STEAM 교육은 기존의 단순한 학문적 교육을 넘어서 미래지향적이고 창조적인 인재를 발굴하고 육성하는 것을 목적으로 교육을 하게 된다.

다양한 체험활동과 수업을 연계하여 진로를 계획하는 교육으로 미래인재를 육성하는 프로그램을 말한다. 또한, 융합인재교육을 기반으로 생활과 연계하여 유기적이고 실질적인 문제해결능력을 키우는 것이 목표이다.

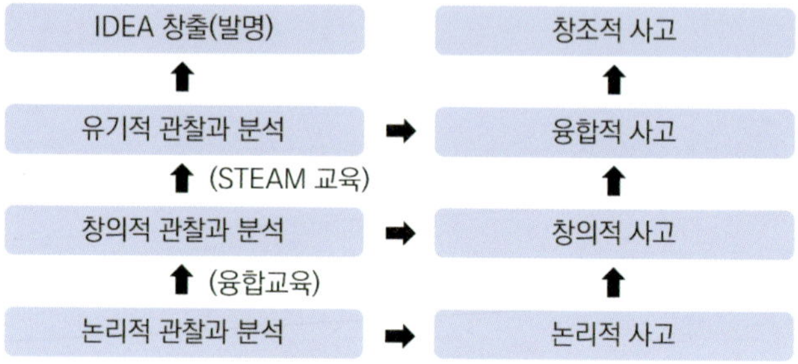

그림 10-1 토론교육

3) 4차 산업혁명에 필요한 인재교육

STEAM 교육은 4차 산업혁명에 필요한 인재에게 적합한 교육이라고 말할 수 있다.

(1) 21세기는 정보관리능력과 아이디어 창출 능력을 가진 창조적인 인재 요구

사회와 기업은 새로운 것을 만들어내는 능력을 요구하고 있다. STEAM 교육은 창조적 사고를 키우는 과정을 말한다. 여기서 말하는 창조는 과거와 다른 새로운 것을 만들 수 있는 아이디어 활용 능력을 말한다. 이와 같이 창조적인 인재를 육성하기 위해서는 교육방법이 중요하다. STEAM 교육은 창조적 사고를 키우는 교육과정을 말하며, 창조적인 인재를 육성하기 위해서는 교육방법이 중요하다.

(2) 정보화시대의 인재교육

현 시대는 정보를 소유하는 시대에서 공유하는 시대로 변하고 있다. 하나의 정보를 독점하고 존재하는 시대에서, 다양한 정보를 창출 및 경쟁력을 창출하는 교육으로 미래인재를 발굴하고 육성하는 것이 중요해졌다.

(3) 창조경제에 필요한 인재교육으로써 세계경제는 창조경제로 경쟁력 창출

사회와 기업은 새로운 시장 개척과 소비자 창출을 기반으로 창조경제에 필요한 창의적인 인재를 발굴하고 교육하고 있다. 창의적인 인재는 새로운 경제를 이끌어 가게 될 것이다.

창의적 인재는 새로운 사고를 기반으로 관찰하고 분석하여, 존재하지 않는 것으로부터 다양한 결과물을 도출하는 도전과 개척정신이 중요하다. 이러한 창의적 인재가 창의경제에 필요한 인재가 될 수 있다. 주어진 환경을 개선하여 사전에 위험을 대비하는 인재로 교육하는 것이 중요하다.

(4) 발명 아이디어를 가진 인재교육

발명은 공개되지 않은 새로운 지식에 의해 정보 수집 및 새로운 아이디어를 활용하여 새로운 상품을 개발하는 것을 말한다. 자료와 정보가 대중들에게 공개되면 발명에 대한 특허권을 보장받을 수 없다. 누구도 생각하지 못한 아이디어로 새로운 것을 만드는 분야가 발명 분야이다. 이러한 발명을 이끌어가는 교육으로 STEAM 프로그램을 활용하기에 적합하다고 할 수 있다.

발명은 다양한 아이디어의 융합으로 만들어진다고 할 수 있다. 아이디어를 도출하는 과정은 철저히 준비된 교육과정에서 아이디어를 도출하는 능력을 교육할 수 있다. 발명 교육은 STEAM 프로그램에서 마지막 교육과정으로 활용을 하게 된다면 가장 효과적이라고 말할 수 있으며, STEAM 교육을 진행할 때에는 단계적이고, 체계적인 방법으로 교육하는 것이 효과적이다.

2 STEAM 프로그램 개발 방향

1) 창의융합형 인재를 위한 프로그램 개발

교육부는 2015년에 발표한 '2015 개정 교육과정'에는 '창의융합형 인재 양성'이라는 교육과정 개정 방향이 주요 내용이며, STEAM 프로그램은 2015 개정 교육과정 총론에서 추구하는 인간상으로 성장시키는데 중요한 역할을 하고 있다.

문화체육관광부에 의하면 국가들의 경쟁력 강화를 위해 OECD를 포함한 선진국들이 융합형 인재 육성을 위해 정책을 수집하고 있다. 또한, 세계적 인재육성을 위한 STEAM 교육을 진행하고 있다(김민아, 김승희, 2019).

학교 교육 과정 속에서 중점적으로 향상시키고자 하는 핵심 역량을 자기관리, 지식정보처리, 창의적 사고, 심리적 감성, 의사소통, 공동체로 제시하였고, 이는 STEAM 교육과 관계가 깊다.

교육부에서 2018년부터 2022년까지, 2017년 융합인재교육(STEAM) 중장기 계획을 발표하였고, 국가적 차원에서 중요성과 필요성을 지속적으로 강조하고 있으며, 2015 개정 교육과정과 연계한 STEAM 프로그램을 개발하여 현장에서 실질적으로 활용될 수 있도록 교사와 학생에게 제공되어야 한다고 말하고 있다.

2) 자율, 창의, 융합능력을 위한 프로그램 개발

교육부와 보건복지부(2019)의 2019 개정 누리과정은 유아의 자율성과 창의성을 증진시키며, 전인적 발달과 행복을 향상시키는 유아 중심 교육과정으로 '자율, 창의, 융합능력'을 키우기 위한 프로그램 개발을 하고 있다.

누리과정을 통해 놀이의 범위를 확대하고, 다양한 활동을 경험할 수 있는 공간을 제공하여, STEAM 프로그램의 특성인 스스로 깨우치는 교육이 될 수 있도록 해야 한다고 제시했다.

STEAM 프로그램과 누리과정을 연계하여 학습의 의미와 학습의 목적을 깨닫게 하고, 실생활에 적용할 수 있는 문제 해결력을 기르는데 도움이 되는 프로그램 개발이 필요하다. 특히, 유아의 전인적 발달을 위해 경험, 흥미, 요구, 교육 내용을 통합하는 것이 필요한데, STEAM 프로그램에서는 통합적인 교과목의 재조직하여 교육함으로서 다양한 효과를 도출할 수 있다.

3) 융합인재교육(STEAM)의 장·단기적 프로그램 개발

최근에는 유·초등 연계를 통한 STEAM 프로그램의 단계적 접근 및 지속성 향상을 위한 프로그램 개발을 진행하고 있다. 현장의 교사들이 STEAM 프로그램의 유·초등 연계를 통해 교육 활동을 실행할 때 불필요한 반복, 역행 등을 막고 교육 시 난이도 조절을 가능하다. 하나의 통합적인 주제를 가지고 수준별 STEAM 프로그램 프로그램을 진행하여 다양한 학습 경험을 제공하며, 흥미를 유발시킬 수 있도록 도움이 된다. STEAM 프로그램 프로그램을 통해 다양한 탐구, 학습을 단계적으로 접근하기 위한 교재, 교구 등을 개발·보급하고자 한다.

3 STEAM 교육 5대 요소

융합인재 프로그램 STEAM은 Science(과학), Technology(기술), Engineering(공학), Art(예술), Mathematics(수학)의 5가지 교육요소로 구성되어 있다.

STEAM 프로그램에서 5가지 교육요소는 유기적인 관계를 가지고 있으며, 각 요소별로 쉽고 재미있게 교육하여 과학, 기술, 공학, 예술, 수학 등을 생활에 적용 및 활용하여 개인, 사회, 기업 및 국가의 경쟁력을 창출시키는데 도움이 될 수 있다.

1) Science(과학) 요소

우리가 생활하는 환경에서 과학이 차지하는 비율은 절대적으로 많다는 것을 알 수 있다. 다른 분야도 마찬가지지만, 과학이 없는 생활은 존재할 수 없기 때문이다. 과학이라는 분야는 과학자에 의해서 발전했던 시대가 있었다. 하지만, 현재에는 누구나 과학적 사고를 하고 있으며, 일상생활에서 응용 및 활용하도록 과학의 생활화를 추구하는 것을 넘어서 필수가 된 시대가 되었다.

자연을 관찰하고 이해하는 행동은 과학의 필수교육 과정이라고 할 수 있다. 과학은 자연현상에 대한 원리와 법칙 등을 파악하여, 물질, 형태, 영향, 변화 등에 대한 구체적인 자료를 관찰하고 분석하여 자연에 적응하고 대응하는 정보를 제공하는 수단을 말한다. 우리는 자연에서 모든 물질을 공급받고 있다. 그것을 통하여 삶의 필요한 영역들을 해결하고 있다는 것을 알 수 있다.

현 시대의 과학자들은 미래 환경에 대응하기 위해 생활화되는 과학으로 발전시키기 위해, 전문과학을 일반과학으로 활성화되도록 노력하고 있다.

2) Technology(기술) 요소

인류역사의 큰 중심축을 과학의 역사라고 한다면, 이러한 역사를 이끌어 온 분야는 과학기술이라고 말할 수 있다. 과학 원리를 발견하고 다양한 기술로 발전시키지 못한다면 경쟁력이 없어지기 때문이다.

도구의 발견은 문명을 발달시키는 계기점이 되었다. 원재료를 다양하게 이용하기 위해 재료의 모양을 기능적으로 만드는 것이 기술이다. 모든 재료가 도구의 효과를 나타내는 것아 아니라 재료의 모양과 성질에 따라서 도구로 활용되는 범위가 달라지게 된다.

재료를 활용하여 어떠한 도구를 만드는가에 대한 기술이 과거 사회를 이끌어가는 리더의 능력으로 평가받았다. 오늘날에는 재료를 가공하는 기술은 침단기술로 평가된다.

3) Engineering(공학) 요소

공학은 다양한 물건을 만들기 위해 과학적 지식을 활용하는 분야이다 전기 전자, 금속 재료, 섬유 화학, 건축 토목, 환경 자원, 컴퓨터 등의 다양한 분야에서 과학적 원리, 지식 등을 활용하여 새로운 제품을 만드는 것을 말한다.

공학교육은 기술교육과 연계되어 있다. 예를 들어 건축물을 제작하는 교육은 조합이라는 기술을 활용한 기술교육으로 새로운 건축공학적 방법을 찾아내는 교육이라고 말할 수 있다. 모형 건물을 만드는 방법으로 장난감 블록이나 나무젓가락을 활용하여 건축물의 구조를 이해시키고, 과학적 원리를 적용하는 방법에 대해서 학습할 수도 있다.

4) Art(예술) 요소

예술은 종합교육이라 말한다. 조각, 미술, 음악, 무용, 댄스 발표회 등의 생활화는 다양한 발표회 및 전시회 등으로 확산되었다. 우리의 생활 속에 있는 모든 것과 연계되어 있는 모든 분야가 예술적 분야라고 할 수 있다. 우리가 살고 있는 공간을 꾸미고, 제품을 시각적으로 보기 좋고, 사용하기 편하게 하는 것이 예술 또는 디자인을 접목하여 소비자의 욕구를 충족시키는 모든 활동이 예술이라고 할 수 있다.

건축, 공예, 미술, 음악, 디자인 등의 모든 예술적 요소에는 과학적 원리가 포함되어 있다. 건축에 대한 과학적 원리, 공예품을 만드는 과학적 원리, 그림을 구성하고, 색을 배합하는 과학적 원리 등이 포함되어 예술은 완성되게 된다. 이러한 예술 분야에서 활동하고 이는 건축가, 미술가, 음악가 등의 예술적 창작성이 과학으로 인정받고 있다.

5) Mathematics(수학) 요소

과학을 통해 예술교육을 이해시키는 방법 중의 하나가 수학 교육이다.

예술적 감각이 있어도 표현하는 방법이 수학적 이해도가 높다는 의미를 수학적 묘사가 예술성으로 나타나게 된다. 건축에서는 수학적 계산에 의하여 만들게 되며, 예술은 아름다움, 화려함, 정교함과 조화로움도 표현한다. 여기에서 정교함과 조화로움은 수학적 요소를 반영한 것이다. 음악의 조화도 리듬, 소리 크기의 조합에 의한 것이며, 박자, 소리 크기 등은 수학적 요소이다.

원리를 응용, 적용, 활용하는 모든 과정에 수학적 요소가 필요하다. 이해도가 높아는 것은 수치적인 이해가 높다는 것을 말한다. 앞에서 말한 정교함과 조화로움은 수치에 의한 기술적 표현 능력이라고 한다면, 수치보다 중요한 것을 수리적 이해라고 할 수 있다. 자연은 수치의 조합에 의하여 만들어졌고, 이해시키는 교육방법으로 수학은 필수과정이다.

4 STEAM 교육의 구성

1) STEAM의 교수·학습 방법

STEAM 프로그램은 종합적 문제해결능력과 융합적 지식을 갖춘 인재를 기르는 교육으로 상황제시, 창의적 설계, 감성적 체험의 학습 준거틀을 가진다(백윤수 외, 2011).

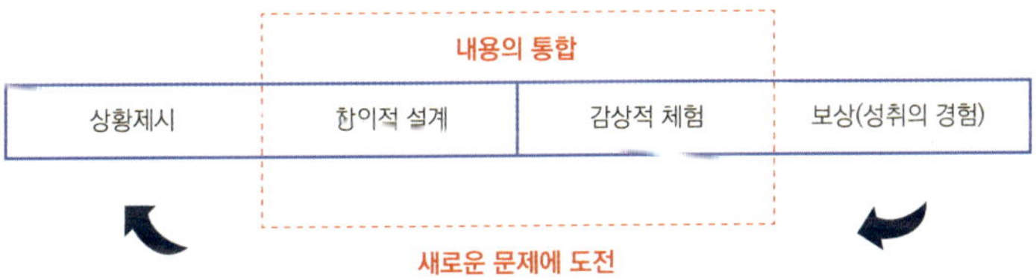

그림 10-2 STEAM 학습 준거틀

위의 STEAM 학습 준거틀을 유아들에게 대입을 할 경우, 첫째, 상황제시에서는 '실생활 문제' 단계로 유아에게 전체를 포함하는 상황을 제시하게 된다. 일상생활 연관된 문제를 해결하게 된다. 이때 유아의 경우, STEAM에 대한 호기심을 갖게 된다. 둘째, 창의적 설계에서는 '아이디어 발현 및 협력' 단계와 관련되어 있다(Kokot, 1997). 유아 스스로가 문제를 인식하게 되고, 창의적 아이디어를 설계하는 것으로 문제 해결 과정을 준비하게 된다. 이때 유아의 경우, 가장 효율적인 방법을 탐색하고 문제를 해결하는 과정을 통해 다양한 결과물을 도출하게 된다. 셋째, 감성적 체험에서는 '성취의 경험' 단계로 유아가 성공 경험과 도전 기회를 갖도록 하는 것이다. 타인의 의견을 수용하고 존중하는 활동이 진행되게 된다(박현주 외 다수, 2012). 이때 유아의 경우 감성적 체험을 통해 학습에 대한 성취감을 높일 수 있게 된다. 결과적으로 볼 때, 유아 STEAM 프로그램은 유아에게 자신과 공동체의 관계와 의미를 발견하게 되며, 학습에 몰입하게 하여 의미 있는 협력 학습이 이루어지게 한다.

2) 디자인 중심 STEAM 프로그램 개발

본 장에서는 유아 만 3, 4, 5세의 융합인재 양성을 위해 디자인 중심 교육과정 기반 STEAM 프로그램 개발을 위해 5단계의 개발 단계를 설정하였다. 1단계는 문헌 분석을 통한 연구의 필요성 및 연구계획수립 단계, 2단계는 프로그램 시안 개발 단계, 3단계는 프로그램 시안 구성 단계, 4단계는 프로그램 시안의 현장적합도 검증 단계, 5단계는 프로그램 최종안 확정 단계로 적용하였다. 백윤수 외(2011)가 제시한 학습 준거틀을 재구성해서 유아 만 3, 4, 5세의 융합인재 양성을 위한 디자인 중심 교육과정 기반 STEAM 프로그램 개발 절차를 제시했다(그림 10-3).

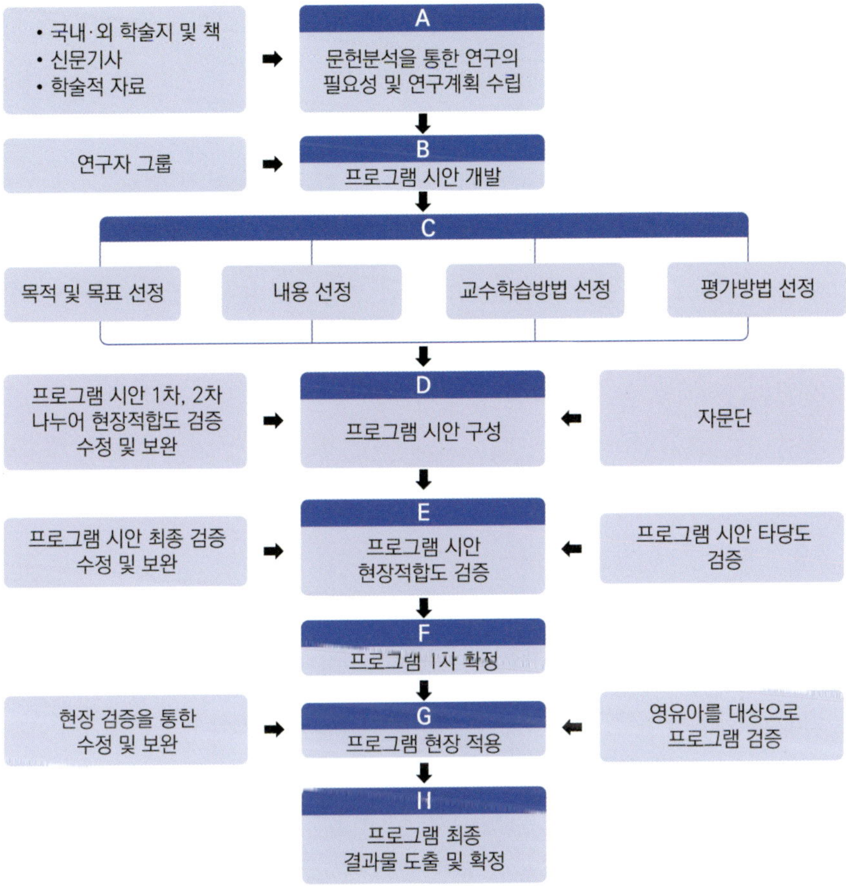

그림 10-3 영유아 디자인 중심 STEAM 프로그램 개발 및 적용 절차 (김민송 외 다수, 2021)

연구자 김민송 외 다수(2021)가 정리한 개발 과정을 보면, 문헌 분석을 통한 연구의 필요성 및 연구계획을 수립했다(A). 이때 연구의 필요성 확인, 및 2019 개정 누리과정과 연령별 교육, 디자인 방법론, 디자인 씽킹 등을 고려해 디자인을 활용한 프로그램의 개발 방향을 설정하게 된다. 이후 프로그램 시안을 개발한다(B). 이 때 유아교육전공 교수 1인, 디자인전공 교수 1인, 유아미술 전문가 1인, 콘텐츠디자인 전문가 1인, 초등학교 교사 1인, 유치원 교사 3인이 연구진이 개발에 참여하였으며, 연구 목적 및 목표 선정, 내용 선정, 교수학습방법 선정, 평가방법 선정 등이 결정한다(C). 이후 프로그램 시안을 1차, 2차로 나누어 현장 적합도 검증과 수정 및 보완을 통해 구성하게 된다(D). 이때 STEAM 교육의 각 분야의 전문가들(디자인전공 교수 1인, 유아미술전공 교수 1인, 과학전문가 1인, 수학전공 교수 1인, 기술전공 교수 1인)의 피드백과 협의가 함께 이루어진다. 이후 프로그램 시안 최종 검증 수정 및 보완을 통해 프로그램 시안 현장적합도를 검증한다(E). 이때 10년 이상 현장 경력 교사를 대상으로 프로그램 시안 타당도 검증을 진행한다. 이후 프로그램을 1차 확정한다(F). 그리고 유아 만 3, 4, 5세를 대상으로 한 프로그램 검증을 위해 프로그램 현장 적용이 진행되고(G), 현장 검증을 통해 프로그램을 수정 및 보완한다. 이후 프로그램 최종 결과물을 도출 및 확정한다(H).

프로그램 관련 교과로는 2015 개정 교육과정을 연계했으며 신체 운동·건강, 의사소통, 사회관계, 예술경험, 자연탐구가 있다. STEAM 요소의 적용으로는 S(탐구과정), T(디지털 도구 조작하기), E(도구 및 재료 탐색하기), A(만들기, 자신의 느낌과 생각 표현하기), M(추론 및 문제 해결하기)가 있다(김진수, 2020; 강충인, 2015). 또한, PBL 요소들도 문제인식 및 탐색, 해결 방법 설계, 문제해결, 결과 공유 및 경험, 평가의 5단계 순서로 프로그램 차시별로 적용했다(벅교육협회, 2017). PBL 순서의 경우, STEAM 교육에서 창의적 설계를 위한 절차 모형을 적용해서 설정했다(김진수, 2020). 교육목표에는 Visual Literacy, Design Literacy, Digital Literacy 등으로 분류하여 적용했다(표 10-1).

표 10-1 STEAM 프로그램 관련 항목

관련 교과	
신체 운동 · 건강, 의사소통, 사회관계, 예술경험, 자연탐구	
STEAM	**PBL**
Science: 탐구과정(분석하기, 해석하기) Technology: 디지털 도구 조작하기 Engineering: 도구 및 재료 탐색하기, 선정하기 Art: 만들기, 자신의 느낌과 생각 표현하기 Mathematics: 추론 및 문제해결하기	인: 문제인식 및 탐색 설: 해결 방법 설계 해: 문제해결 결: 결과 공유 및 경험 평: 평가
교육목표	
Visual Literacy, Design Literacy, Digital Literacy	

개발 절차에 따라서 작성된 프로그램 안 예시는 표 10-1과 같다. 프로그램 안에는 프로그램명, 대상연령, 종과 차시, 교육목표, 관련 주제, 관련 교과, 2019 개정 누리과정 연계 세부사항 등을 적게 되어 있으며 이를 기반으로 구체적인 차시의 설명은 교사용 교육 가이드북과 학생용 교재(활동지)를 제작하게 된다. 교사용 프로그램 교재는 수업과정, 준비물, STEAM 교육용 질문과 대화법 등으로 구성이 되어 있으며 별도의 교육을 진행하지 않아도 교사들이 프로그램 교재를 정독하는 것만으로도 교육이 가능하도록 쉽고 명확하게 제시한다. 또한 과학 교구나 코딩 로봇 등을 응용한 수업 외 응용활동들도 제안하고 있기 때문에 한 가지 프로그램 교재를 통해 확장된 수업활동도 가능하다. 학생용 프로그램 교재는 프로그램 설명과 오리엔테이션, 해당 차시별 활동지와 활동설명 등으로 이루어져 있으며 학생들이 프로그램 활동 시 여러 가지 질문들에 대한 답을 작성하며 과학적인 사고를 통해 디자인을 구성하게 되고, 이를 시각적인 디자인 산출물로 표현할 수 있게 유도하고 있다.

5 STEAM 교육 프로그램 개발 활용

STEAM 교육 프로그램을 개발하기 위하여 효과적인 개발 방법에 대하여 다음과 같이 정리하였다.

1) Science(과학)

Science(과학)를 활용하여 프로그램을 개발할 경우, 창의력, 관심교육, 관찰교육, 분석교육, 기록교육, 토론교육 등을 활용할 수 있다.

Science(과학)
• 창의력: 왜 그럴까? / 어떻게 돌아갈까? / 어떤 이유일까? / 원리를 이해하고 적용시켜 보자. • 관심교육: 무엇을 어떻게 볼 것인가?(동기유발, 비교교육방식으로 자극) • 관찰교육: 어떻게 관찰할 것인가? (서로 다른 모양, 크기, 무게, 구조, 색상, 기능, 효능 등), 왜 관찰을 할 것인가? • 분석교육: 어떤 방법으로 분석을 할 것인가? • 기록교육: 기록은 기록방법이 중요하다. • 토론교육: 주제선택. 토론방식 중요.
• 왜 그럴까요? • 어떤 이유일까요? • 어떻게 관찰하면 좋을까요? • 우리가 생각한 걸 정리해서 적어봅시다. • 친구와 이야기 나눠볼까요?

2) Technology(기술)

Technology(기술)를 활용하여 프로그램을 개발할 경우, 방법교육, 순서교육, 수법교육 등을 활용할 수 있다.

Technology(기술)
• 결과보다 과정이 중요하다. • 실패 경험 교육은 중요하다. • 방법교육: 어떻게 만들었지?, 반복적 학습으로 실험방법을 훈련한다. • 순서교육: 어떤 것부터 하지?, 무엇부터 넣어야 하지?, 제조방법은 특허권에 속한다. 기술교육에서 순서는 결과물에 대한 이해를 높이는 교육이다. • 수법교육: 같은 원리, 같은 재료로 만들었는데 이렇게 만든 비결이 뭐지?, 손재주, 반복교육(테크닉), 내가 가장 잘할 수 있는 재료확인, 능력교육, 가능성, 차별성
• 실수했다면 다시 한번 해볼까요? 어떻게 하면 좀 더 잘할 수 있을까요? • 어떻게 만들어야 할까요? • 어떤 순서로 만들어야 할까요? • 나는 어떤 재료를 가장 잘 사용할 수 있나요? • 남들과 다르게 표현해 보려면 어떻게 하면 좋을까요?

3) Engineering(공학)

Engineering(공학)을 활용하여 프로그램을 개발할 경우, 정보공학, 생명공학, 환경공학, 전자공학, 재료공학 등을 활용할 수 있다.

Engineering(공학)
• 공학의 요소: 경험 / 실험 / 경제 / 환경 / 감성 / 감동 / 엔터테인먼트 • 정보공학: 인터넷을 게임 위주에서 교육 위주로 변화시키는 것. • 생명공학: 식물 성장 과정이나 동물 세포 번식 실험 등을 통해 생명공학의 가치와 중요성 인식 • 환경공학: 환경 오염 지키는 것. 생태계 보존. (건축공학도 여기에 포함) • 전자공학: 가전제품. 통신제품 등은 전기. 전자에 의한 상품임. 어릴 때 자석의 원리를 배우면 전자레인지를 개발하게 될 수도 있음. • 재료공학: 액체, 기체, 고체 등의 재료 형태와 성질을 이용하는 분야. 재료 성질을 학습하는 과정에서 재료의 사용방법과 효과, 기능 등을 다양하게 응용하고 활용하는 교육.

• 실수했다면 다시 한번 해볼까요? 어떻게 하면 좀 더 잘할 수 있을까요? • 어떻게 만들어야 할까요? • 어떤 순서로 만들어야 할까요? • 나는 어떤 재료를 가장 잘 사용할 수 있나요? • 남들과 다르게 표현해 보려면 어떻게 하면 좋을까요?

4) Art(예술)

Art(예술)를 활용하여 프로그램을 개발할 경우, 소재예술, 행위예술, 무대예술 등을 활용할 수 있다.

Art(예술)
• 예술은 남과 다른 생각과 행동으로 창작하는 분야이다. • 관찰과 분석에 의한 과정 + 대화와 토론을 = 과학기술을 예술적 작품으로 창출 • 예술은 심리적 요소가 크다. 실험과 체험과정을 통해 재밌고 흥미 있게 접근해야 함. • 예술은 조화(하모니)가 제일 중요하다. 독립적 요소가 모여서 조화롭게 새로운 것을 창작. • 소재예술: STEAM에서 과학적 원리를 통해 소재의 다양성으로 새로운 예술 장르를 만들 수 있게 교육함.(ex. 스마트폰으로 음악 연주 등) • 행위예술: 미술도구나 전자기기 등을 통해 표현하는 간접표현방식 / 인간의 행동으로 표현하는 직접표현방식 • 무대예술: 연출무대, 연기, 연주, 행위예술(직접적 표현무대) / 전시 무대(간접적 표현무대) / 교실을 무대+체험활동 장소로 바꿔라 • 음악예술: 조화, 융합, 하모니의 개념 이해하기. 소리조절교육으로 인내력+조화력 키우기 • 색상예술: 색상의 조화. 하모니 교육.
• 나만의 생각을 나만의 방법으로 표현해볼까요? • 서로 다른 것을 섞어서 조화롭게 표현해봅시다. • 다양한 방법으로 발표해봅시다. • 목소리도 조절해서 발표해볼까요? 큰 목소리와 작은 목소리를 섞어서 해봅시다. • 여러 가지 색을 사용해서 표현해봅시다. 어떤 색들이 서로 잘 어울릴까요?

5) Mathematics(수학)

Mathematics(수학)를 활용하여 프로그램을 개발할 경우, 수의 크기, 수의 계산, 수의 분리, 수의 결합, 수의 조화, 수의 판단 등을 활용할 수 있다.

Mathematics(수학)

- 수: 크기, 무게, 넓이, 길이, 높이 등의 형태
- 수의 개념을 알고 적당히 수를 조절하는 능력이 필요함
- 수의 역학관계: 수는 물질의 관계를 나타내는 방법임.
- 수의 크기:

물질의 질과 양 판단하는 기준	물질의 구조와 내용을 판단하는 기준
무겁다 / 가볍다 두껍다 / 얇다 높다 / 낮다 많다 / 적다 길다 / 짧다	복잡하다 / 단순하다 어지럽다 / 청결하다 아름답다 / 추잡하다 정교하다 / 조잡하다

- 수의 계산: 덧셈, 뺄셈, 교환 등
- 수의 분리: 수를 파악해서 종류를 구분할 수 있다.
- 수의 결합: 크기 or 무게 or 조직구성 등으로 수가 같은 것을 결합해서 공간을 효율적으로 구성하는 방법 찾기. 다양한 모양을 만드는 방법임. (건축과도 연결)
- 수의 조화: 수에는 일정한 규칙이 있다.
- 수의 판단: 몇 개이지? 어떻게 생겼지? 물질을 구별, 생김새를 질문 하는 것도 수의 판단임.

- (크기/무게/넓이/길이/높이)는 어떤가요? (비교 대상)보다 (수의 크기) 가 어떤가요?
- (예: 가족의 수는 몇 명인가요? 다른 친구들 가족의 수보다 많은가요? 아니면 적은가요?)
- 몇 개일까요?
- 어떻게 생겼나요?
- 어떤 점이 다른가요?
- 어떤 기준으로 분류할 수 있을까요?

생각해봅시다

1. STEAM(융합인재교육) 5대 요소에 대해서 설명해 본다.

2. STEAM(융합인재교육) 5대 요소를 활용한 교육방법에 대해서 발표해 본다.

참고문헌

강충인(2015). **STEAM 교육의 이론과 실제**. 과학사랑. 서울.

교육부(2015). 2015 개정 교육과정: 초·중등 교육과정 총론. 세종: 교육부.

교육부(2017). 2017년 융합인재교육(STEAM) 중장기 계획[2018-2022]. 세종: 교육부.

교육부, 보건복지부(2019). 2019 개정 누리과정 놀이실행자료.

교육부, 보건복지부(2019). 2019 개정 누리과정 해설서. 세종: 교육부, 보건복지부.

김경철, 홍정선(2005). 유아 교수-학습 원리의 뇌 과학적 의의. 열린유아교육연구, 10(4), 199-224.

김명희, 이종현, 고은님(2011). **영유아 교수학습방법론**. 경기: 양서원.

김민송, 김정열, 김정희, 송영(2021). 디자인을 활용한 융합인재교육(STEAM) 프로그램 개발 - 초등학교 1, 2학년을 중심으로. **일러스트레이션 포럼, 22**(69), 188.

김민아, 김승희(2019). 핵심역량 중심 유아 융합인재교육 프로그램 개발과 효과. **유아교육학논집, 23**(4), 151-182.

김정열(2019). 다중지능 활용을 통한 디자인 아이디어 도출에 관한 연구. 한양대학교 대학원 박사학위논문.

김정희, 이용주, 조숙영(2019). **영유아생활시도**. 경기: 공동체.

김진수(2020). **융합 STEAM 교육의 이해**. 서울: 공감북스.

김지은, 문혁준, 김경회, 김현주, 김혜금, 김정희, 신혜원, 안선희, 안효진, 임연진, 황성원, 황옥경(2020). **제4판 보육과정**. 서울: 창지사.

김진영, 백혜리, 최윤정(2003). **유아를 위한 교수-학습방법론**. 서울: 양서원.

문연심(2012). **영유아프로그램 개발 및 평가**. 경기: 공동체.

문혁준, 서소정, 김정희, 김혜연, 김태은, 이종신, 성미영(2015). **개정 아동학개론**. 서울: 창지사.

박찬옥, 최현정, 노희연, 김성숙(2020). **2019 개정 누리과정을 반영한 영유아교수방법론**. 경기: 양서원.

박현주, 김영민, 노석구, 이주연, 정진수, 최유현, 한혜숙 백윤수(2012). STEAM 교육의 구성 요소와 수업 설계를 위한 준거 틀의 개발. **학습자중심교과교육연**

구, 12(4), 533-557.

백영균, 박주성, 한승록, 김정겸, 최명숙, 변호승, 박정환, 강신천, 김보경(2010). **유비쿼터스 시대의 교육방법 및 교육공학**. 서울: 학지사.

백윤수, 박현주, 김영민, 노석구, 박종윤, 이주연, 최유현, 한혜숙(2011). 우리나라 STEAM 교육의 방향. **학습자중심교과교육연구, 11**(4).

벅교육협회. 이예솔 외 다수 역. 처음 시작하는 PBL. 서울: 지식프레임.

보건복지부(2020). 제4차 어린이집 표준보육과정 해설서.

서동미, 엄은나, 이혜경, 박성희(2020). **영유아교수학습방법론**. 경기: 공동체.

송준식, 사재명(2006). **유아교육의 역사와 사상**. 서울: 학지사.

신명희, 강소연, 김은경, 김정민, 노원경, 서은희, 송수지, 원영실, 임호용(2014). **교육심리학**. 서울: 학지사.

신혜은, 고태순, 장세희(2014). **영유아교수방법**. 경기: 양서원.

심승환(2007). **가르침과 배움의 철학**. 경기: 교육과학사.

안선희, 문혁준, 김연하, 김정희, 임연진, 한세영(2021). **영유아발달**. 서울: 창지사.

염지숙, 김혜선, 김희태, 김경희, 이명순, 서동미(2017). **영유아 교수-학습방법**. 경기: 정민사

위영희, 한성희, 박정원, 석은선, 문혁준, 이희정(2010). **영유아교수방법**. 서울: 창지사.

이순복, 김성원, 김정희, 박지영, 석은조(2013). **놀이지도(개정판)**. 경기: 양서원.

이순형, 이혜승, 이성옥, 황혜신, 이영미(2007). **영유아 교수방법**. 서울: 학지사.

이영, 김온기, 우현경(2006). **부모, 교사와 함께 하는 영아놀이**. 서울: 다섯수레.

임부연, 오정희(2013). **영유아 교수 · 학습방법**. 서울: 동문사.

임채식, 김의석, 유현숙, 최윤희(2017). **실기교육방법론**. 경기: 양성원.

정경호(2013). 디자인융합인재의 창의성에 대한 다중지능 및 사고양식 유형 연구. 홍익대학교 대학원 박사학위논문, 67.

지성애, 홍혜경(2008). **영유아생활지도**. 경기: 양서원.

천혜정(2007). 영아반 보육실습 체험에 대한 내러티브 연구. 숙명여자대학교 대학원 박사학위 논문.

함종규(1979). **학습지도**. 서울: 형설출판사.

허미애(2013). 이야기나누기에 대한 바른 이해와 적용. 경상남도 교육연수원 유치원 수업 설계 직무 연수 자료.

황현주, 신현정(2019). **영유아교수학습방법론**. 경기: 양서원.

Albrecht, K., & Miller, L. G. (2000). *The comprehensive toddler curriculum: A complete for toddlers from 18 to 36 months.* Beltsville, MD: Gryphon House, Inc.

Armstrong. T. (2002). *Multiple Intelligences in the Classroom*(2nd ed.). Alexandria, VA: Association for Supervision and Curriculum Development.

Bakeman, R., & Adamson, L. (1984). Coordinating attention to people and objects in mother-in-fant and peer-infant interactions. *Child Development, 55,* 1278-1289.

Bandura, A. (1977). Social learning theory. Englewood Cliffa, N.J.: Prentice Hall.

Bredekamp, S., & Rosegrant, T. (1992). *Reaching potentials: Appropriate curriculum and assessment for young children* (Vol. 1). Washington, DC: NAEYC.

Brown, E. G. (1983). *Principles of educational and psychological testing*(3rd ed.). NY: CBS College Publishing.

Campbell, P. S., & Scorr-Kassner, C. (1995). *Music in childhood.* New York: Schirmer Books.

Corey, S. M. (1971). The nature of instruction. In: The National Society for the Study of Education. Programmed Instruction, the Sixty-sixth Yearbook, Part 2. Chicago: University of Chicago Press, 1967, 5-27.

Frost, J. L., & Kissinger, J. B. (1976). *The young child and the educational process.* New York: Holt, Rinehart, & Winston.

Gagne, R. M. & Briggs, L. J. (1979). Principles of instructional design. NY: Holt, Rinehart and Winstone.

Gardner, H. (1999). *Intelligences reframed: Multiple Intelligences for the 21st century.* New York: BasicBooks.

Gesell, A. L. (1946). The ontogenesis of infant behavior. In L. Carmichael(ed.), *Manual of child psychology.* N.Y.: Harper.

Goodwin, W, L., & Goodwin, L, D. (1982). Measuring young children. In

B. Spodek(Ed.), *Handbook of research in early childhood education.* NY: Free Press.

Guilford. J. P. (1956). Structure of Intellect. Psychological Bulletin(53), 267-293.

Kokot. S. J. & Colman. J. (1997). The Creative Mode of Being. *The Journal of Creative Behavior, 31*(3), 214.

Leavitt, R., & Eheart, B. K. (1991). Assessment in early childhood programs. *Young Children, 46*(5), 4-5.

Maslow, A. H. (1965). A theory of human motivation. In D. E. Hamachek (ed.), *The self in growth, teaching and learning*. Engle

wood Cliffa, N.J.: Prentice Hall.

NAEYC (1991). Guidelines for appropriate curriculum content and assessment in programes serving children ages 3 through 8. *Young Children, 30*, 21-67.

Parten, M. B. (1932). Social participation among preschool children. *Journal of Abnormal Psychology, 27*(3), 243-269.

Snyderman. M., Rothman. S. (1987). Survey of Expert Opinion on Intelligence and Aptitude Testing. *American Psychologist, 42*, 137-144.

Wallach. M. M., Kogan. N. (1956). *Modes of thinking in young children.* New York: Holt, Rinehart & Winston.

두산백과 검색: 지능(intelligence). Retrieved from http://www.doopedia.co.kr/doopedia/master/master.do?_method =view&MAS_IDX=101013000728000

〈사진과 활동사례 제공에 도움을 주신 기관〉

영락유치원

남부선교원

참사랑어린이집

하늘빛어린이집

저자소개

김정희
현) 총신대학교 유아교육과 교수
가톨릭대학교 대학원 이학박사
(아동가족학 전공)

김정열
현) 총신대학교 호크마교양교육원 교수
한양대학교 대학원 디자인학박사
(시각디자인 전공)

승 영
현) 총신대학교 호크마교양교육원 겸임교수
총신대학교 대학원 철학박사
(기독교유아교육 전공)

이경아
전) 일신유치원 원장
현) 남부선교원 원감

개정 누리과정에 기초한

영유아교수학습방법

초판 1쇄 인쇄 / 2021년 12월 24일
초판 1쇄 발행 / 2021년 12월 30일

공저자 / 김정희 · 김정열 · 송 영 · 이경아
발행인 / 이 중 수
발행처 / **동 문 사**

서울특별시 서대문구 홍제원 1길 12
(홍제동 137-8)
Tel : 02)736-3718(대), 736-3710, 3720
Fax : 02)736-3719
등록번호 : 1974.04.27 제9-17호
가격 : 24,000원

ISBN : 979-11-6328-382-9(93370)
E-mail : dong736@naver.com
www.dongmunsa.com